滑雪旅游区规划方法与实务
THE PLANNING METHODS AND PRACTICES FOR SKIING RESORTS

秦芳　贾培义　李路平　著

中国建筑工业出版社

序 一

早在4000多年前，寒地民族源于生存与发展，视滑雪为日常谋生的重要手段之一，人们在林海雪原中滑雪穿行，只为获取更多的食物。随着社会的不断进步与发展，滑雪不仅成为谋生手段，而且成为人们业余消遣的竞技运动之一。19世纪在欧洲阿尔卑斯山地区出现了高山滑雪运动；20世纪20年代，在法国的霞慕尼举行了第一届冬季奥运会，滑雪成为世界竞技体育项目，并且向寒地以外的全球各地辐射。

我国的滑雪发展也是源于竞技体育项目，滑雪场基本上是运动员训练与举办赛事的场地，20世纪50年代，国家在吉林通化投资兴建新中国成立后的第一个标准滑雪场，并举办了全国滑雪比赛。但是滑雪运动并没有在全国普及，仅在寒冷地区的几个省份相对活跃。

随着我国旅游事业的不断进步与发展，滑雪旅游渐成热潮，滑雪场的建设有了突飞猛进的发展。20世纪80年代吉林松花湖滑雪场建成并交付使用，紧接着黑龙江省桃山林业局建设的桃山旅游滑雪场落成，再接着具有国际水准的北大壶、亚布力滑雪场等相继建成，标志着我国旅游滑雪场建设步入大众消费的视野。

滑雪场所的日新月异，使得滑雪者纷至沓来，但是滑雪发展的理论与实践研究者却甚少。本书作者从背景分析篇、规划布局篇和管理运营篇三个方面论述滑雪运动，令人耳目一新，打破了我国高等院校与科研院所专门从事理论研究，规划设计研究院专门从事项目规划与方案设计，企事业单位从事管理运营工作的三分天下格局，将滑雪理论研究与滑雪场所规划建设及其运营管理融合为一体，形成对滑雪产业发展的系统认识，可见本书作者对滑雪研究的功力。

本书撰写的背景分析篇重点讲述了国际和国内滑雪旅游区的发展历程与趋势以及我国滑雪旅游市场分析及产品设计。规划布局篇论述了滑雪旅游区规划体系及山体设施布局和配套服务设施规划布局；阐述了滑雪场所景观规划设计、建筑布局与风貌设计以及生态保护与修复、安全与防灾系统等。管理运营篇叙述了滑雪产业的发展引导、滑雪旅游区开发管理的运营体系。

  书中各个章节援引一些相关案例，"他山之石，可以攻玉"，我国的滑雪旅游尚处在兴起阶段，相信通过这些案例可以促进我国滑雪旅游产业健康和谐地稳步发展。

同济大学建筑与城市规划学院 教授，博导

2017 年 6 月 16 日

序 二

用几天的时间，给写了几年的著作作序言，总归是不够严肃的，好在这本大部头已经有同济大学的严国泰教授作了正式的序言，总算不辜负作者的勤奋与努力。

滑雪究竟是什么？

我们通常愿意接受错误的部门给出的错误定论，那就是滑雪是一项体育运动，况且还是一项高端大气上档次的体育项目。在相当长的一段时间，这变成了小众又小众的事情，因为它很高端，很时尚，因为它需要场地，需要季节，需要设备，需要技术，还因为，它是奥运项目，归体委管。那时国人仰赖电视媒体，即视的画面感深深地刻画着大众的认知，色彩斑斓、风尚前卫、对抗激烈、风驰电掣的滑雪比赛项目是公众的基本认识，除了是体育比赛还能是什么呢？

直到有一天，我们寻找历史的踪迹，发现原来滑雪早在几千年前就已经出现在我们这片土地上，没有文字记载，却有考古发掘，还有岩画佐证。这样的发现让我们惊讶不已。

中原的先民们不喜冬日，蛰伏一季，称"猫冬"。而在更北方，被称为苦寒之地，那里的先民们却从来不畏冬雪，在这个季节，一样地登山入林，凿冰下河，狩猎采集，迁徙运输。一副贴裹了兽皮的木板成为雪地高山间飞驰的最好工具，也由此有了爬犁、雪鞋这些个如今的孩子们没有见过的东西。从小生活在北方的我知道，对于那些一年当中有大半年看得见雪原的人们来说，踏雪寻梅无非是惯常生活。

几千年过去，这片土地上几乎没人会滑雪了，而在另外一片大陆上，却延续着这样的生活。他们把这种生活发扬光大，赋予它更多的竞技内涵，变成一项又一项推陈出新的比赛，回转、速降、高台，再推向世界，再传播回我们这片土地；

他们还赋予它更多的乐趣和品味，成为一种大众的爱好，所以英文里有一个词 HOBBY，这个词内涵很多，例如钓鱼、滑雪、高尔夫，甚至飞行，不是竞赛，而是我们每一个人的喜好，这是我们曾经所没有的，因为所有的 HOBBIES 都建立在富足平和的生活中。

于是，当我们步入这样一种生活的时候，过去小众的竞技运动开始成为大众的娱乐。马拉松赛事越来越频繁，而每一场赛事的专业运动员后面，都是欢乐的健步者的海洋；高尔夫也不再是有钱人的专项，球场上总有小白领的聚会；滑雪场也越来越多，不仅在北方，甚至在亚热带的海滨，也有室内的滑雪场。朋友中亦不乏忠实的滑雪爱好者，每年游走于世界各地的滑雪场。

这是一个回归的时代。滑雪，从精英竞技，终将回归大众喜乐。

而作为规划师，空间的塑造者，也必将为大众喜乐塑造更多、更完美的空间。

很难吗？

这本书告诉你，真的很难。

北京清华同衡规划设计研究院 副院长，总规划师

2017 年 6 月 29 日

前　言

滑雪旅游与温泉旅游、高尔夫球旅游并称为世界三大主题度假休闲旅游活动，又与跳伞、蹦极并称为世界三大落差运动。滑雪既是一项专业的体育运动，也是一项令无数爱好者着迷的休闲活动。[①] 自20世纪80年代以来，一批滑雪场地和配套设施陆续在我国东北、华北、新疆等地建设起来。1996年第三届亚洲冬季运动会于哈尔滨举行后，我国大众滑雪活动进入了一个快速发展阶段，滑雪运动成为一项极具发展潜力的旅游活动。除传统的资源优势区域——东北外，华北、西北、西南，甚至东南沿海地区也陆续开始实施建设一批室内外滑雪场地。滑雪游客规模从1996年开始迅猛增长，到2016年已达到全年近1510万人次，显示出了巨大的市场发展潜力。但我国目前的滑雪旅游发展，无论是理论水平或设施建设上，都处于初级阶段，与欧美传统滑雪强国相比，还有很大的差距。恰逢2022年北京—张家口冬奥会契机，一批新的滑雪场地将陆续建成并投入运营。鉴于此，本书试图从日常工作的实践经验中进行总结，汲取欧美发达国家的理论与实践经验，从背景分析、规划布局和管理运营三个角度阐述滑雪旅游区的规划方法与实务。希望为提高我国滑雪旅游区规划、建设和管理水平作出积极贡献，为规划设计从业人员、滑雪场投资、建设和相关行业管理者提供指导和学习帮助。

本书分为三大版块。第一篇为背景分析篇，分别从国外和国内两个角度说明滑雪旅游区的发展历程、分布特征以及成因分析与未来趋势，并重点说明我国的滑雪市场特征与旅游产品之间的对应关系。第二篇为规划布局篇，也是本书的重点内容。着重说明滑雪旅游区的选址布局因素，雪道、索道以及服务设施的规划布局原则、方法与流程，并重点说明生态承载力、设施承载力在各类设施规模和布局上的影响，为滑雪旅游区的开发布局提供具体工作思想和方法论上的指导。同时从景观设计和建筑布局、生态保护、水资源管理、安全与防灾等几个专业角

[①] 张凌云，杨晶晶.滑雪旅游开发与经营.天津：南开大学出版社，2007：1

度阐明滑雪旅游区在规划设计和管理实施过程中需要注意的问题和对策。第三篇为管理运营篇，重点说明滑雪旅游区的产业布局与开发运营模式。在分析滑雪产业发展现状的基础上形成产业布局引导，阐述资源与开发特点，并借鉴欧洲、北美和日本的发展经验，阐明目前国际三大滑雪区域的主要开发运营模式，希望为我国滑雪旅游区的管理运营提供经验借鉴。

本书是在作者多年工作、学习过程中，结合工程实践和日常理论学习累积思考的结晶。书中全面介绍滑雪旅游区的规划设计及相应的技术措施和实施管理，在国内市场尚无同类书籍，希望借此研究填补国内该领域空白，为指导今后的滑雪旅游区规划建设和管理提供理论指导和案例借鉴。对于书中可能出现的疏漏和错误，恳请读者批评指正，广大读者可以通过邮件方式直接与作者联系：qinfang@qq.com。希望在下一版出版中有机会改正更新。

目 录

第1篇 背景分析篇

第1章 国际滑雪旅游区的发展历程与趋势 ······ 2
1.1 兴起、发展与分布特征 ······ 2
1.2 资源因素分析与发展趋势 ······ 6

第2章 我国滑雪旅游区的发展历程与趋势 ······ 15
2.1 发展历程与分布特征 ······ 15
2.2 资源因素分析与发展趋势 ······ 18

第3章 我国滑雪旅游市场分析与产品设计 ······ 24
3.1 市场分析与定位 ······ 24
3.2 旅游产品设计 ······ 31

第2篇 规划布局篇

第4章 滑雪旅游区规划体系 ······ 68
4.1 规划类型 ······ 68
4.2 规划流程与方法、原则 ······ 70

第5章 选址因素与山体设施规划布局 ······ 74
5.1 影响滑雪旅游区选址布局的因素 ······ 74
5.2 雪道规划布局 ······ 81
5.3 索道规划布局 ······ 91

第6章 游客规模预测 ······ 99
6.1 环境容量 ······ 99
6.2 设施容量 ······ 100

6.3	游客规模	101
6.4	人口总量	101

第7章 配套服务设施规划布局 104
- 7.1 规划内容 104
- 7.2 影响服务设施选址布局的因子分析 108
- 7.3 服务设施规模预测 112
- 7.4 雪道、索道与服务设施之间的布局关系 118

第8章 景观系统规划设计 121
- 8.1 景观规划设计概论 121
- 8.2 景观规划设计方法与原则 123
- 8.3 景观规划设计类型和重点内容 125

第9章 建筑布局与风貌控制 131
- 9.1 影响滑雪旅游区建筑布局的主要因素 131
- 9.2 建筑布局的原则和形式 132
- 9.3 建筑风貌的控制要点 133

第10章 生态保护与修复 145
- 10.1 滑雪旅游对生态环境的影响 145
- 10.2 生态保护与恢复的规划设计策略 150

第11章 造雪与水资源管理 159
- 11.1 关于造雪 159
- 11.2 用水量需求 161
- 11.3 供水管理 165

  11.4 污水处理 ·········· 165
  11.5 雨洪管理 ·········· 167

 第12章 安全与防灾系统 ·········· 169
  12.1 安全系统 ·········· 169
  12.2 防灾系统 ·········· 176

第3篇 管理运营篇

 第13章 滑雪产业发展引导 ·········· 180
  13.1 滑雪产业与滑雪经济 ·········· 180
  13.2 我国滑雪旅游产业发展现状 ·········· 183
  13.3 产业布局与引导 ·········· 185

 第14章 滑雪旅游区开发与管理 ·········· 188
  14.1 资源特点 ·········· 188
  14.2 开发特点 ·········· 188
  14.3 开发建设模式 ·········· 191
  14.4 管理运营模式 ·········· 197

参考文献 ·········· 199

致谢 ·········· 205

第1篇
背景分析篇

第1章　国际滑雪旅游区的发展历程与趋势

滑雪运动的产生最早源于寒地民族的生存与发展，是一项充满了浪漫与刺激的活动。据考证，早在4000多年前，北欧、西伯利亚、乌拉尔山脉周围和中亚北部等地已有人将滑雪作为日常谋生的重要手段。19世纪在欧洲阿尔卑斯山地区，出现了高山滑雪运动，1924年1月25日至2月4日，在法国的霞慕尼举行了第一届冬季奥运会，从此掀开了世界竞技滑雪的新篇章。

随着经济、科技水平的发展和人们闲暇时间的增多，如今，滑雪运动早已发展成为普及程度很高的冬季休闲运动之一，其大众化程度也在不断扩大。自20世纪50年代以来全世界掀起了滑雪旅游的热潮，欧洲、北美和日、韩等国，相继建立了庞大而完善的滑雪旅游产业体系。根据国际滑雪协会2016年的最新统计，全世界范围内共有6000余个滑雪场，每年带来约7000亿美元的产值。滑雪旅游的发展因为经济效益显著，客源市场已经在全球范围内产生了重要的影响，能够在旅游、体育、经济以及人类生活的相关领域发挥重要的作用，国际滑雪旅游产业正在朝多样化、高水平的方向发展。

1.1　兴起、发展与分布特征

1.1.1　兴起与发展历程

1. 兴起

滑雪活动的开展最初是基于人们运输上的需要，随后在军事用途上的重要性逐渐递增，一直到19世纪中叶才发展成为一种休闲运动。冬季的山地冰雪旅游度假开始于瑞士的圣莫里茨山，1866年冬天瑞士的一个饭店业主邀请一批英国客人在那里度假，此后冬季到瑞士山区度假在英国"上流社会"中很快成为时尚。

早期的滑雪场没有上山缆车，滑雪者把大量的时间都花费在步行和爬山的路途中了，1911年美国出现牵引索道。1905年滑雪加入了奥运会这个大家庭，1924年法国的冬奥会滑雪成为正式比赛项目。这时欧洲传统的夏季阿尔卑斯山旅游度假目的地逐渐开始意识到滑雪作为一种资源吸引冬季旅游者的潜力。20世纪30年代，速降滑雪和弯道滑雪得到国际雪联（FIS）的认可，之后第一届世界性滑雪比赛于1933年在纽约举行，引起了美国年轻滑雪运动者的浓厚兴趣。这两件事推动了滑雪进一步成为欧洲和北美冬季的主要旅游活动。自此，滑雪从专业体育运动逐渐走向大众休闲和旅游，第二次世界大战以后，滑雪运动进入到大众普及时代，并迅速风靡欧美。

2. 发展历程

世界范围内的滑雪旅游区大体经历了以运动为主、旅游为辅的初始阶段，运动、旅游融合的发展阶段，扩张阶段和多样化升级发展等4个阶段，各发展阶段呈现出明显的重点区域和发展特点（表1-1）。欧洲、北美和东亚主要滑雪旅游国家在20世纪60年代已经进入滑雪旅游快速发展阶段。

世界滑雪旅游产业发展阶段　　　　　　　　　　　表1-1

发展阶段	发展时间	重点区域	阶段特点
第一阶段（以运动为主、旅游为辅的初始阶段）	19世纪中叶至20世纪20年代	瑞士、奥地利、意大利等	依附于乡村滑雪场，设施简陋
第二阶段（运动、旅游融合的发展阶段）	20世纪30~60年代	欧洲和北美	20世纪20年代，滑雪与旅游紧密地结合起来；40年代中期，滑雪已经成为北美和欧洲居民休闲和旅行的主要活动；60年代是滑雪运动蓬勃发展的开始
第三阶段（扩张阶段）	20世纪70~80年代	日本、韩国、智利、阿根廷等	20世纪70年代是市场和产品的扩张时期；80年代则是产业的巩固期和管理期
第四阶段（多样化升级发展阶段）	20世纪90年代至今	全世界范围内	既保留了第一、第二阶段滑雪运动古朴宁静的乡村风格，又提供了第三阶段现代化的基础设施和服务，全方位满足了游人四季旅游度假的需要

1.1.2　分布特征

滑雪旅游形式宽泛多样，包括滑雪运动、滑雪度假、冰雪观光等，是以"六大要素"综合服务为主，以体育健身为辅的一项旅游模式，它具有康体性、参与性、专业性、教育性、趣味性和时效性等特点。而滑雪旅游区正是滑雪旅游的重要空间载体，依托滑雪场及配套服务设施，滑雪旅游区将运动、休闲、观光、度假和购物等功能整合于一体，在旅游、体育、经济以及文化等诸多领域发挥重要作用。从空间上看，现代国际滑雪旅游区经过一个多世纪的发展，其分布已经趋于稳定，呈现出明显的区域性分布特征。

国际滑雪旅游区的分布大体上可划分为"三区一心"。"三区"包括以阿尔卑斯山脉地区和北欧各国为代表的"欧洲区"，以美国科罗拉多州落基山脉和加拿大惠斯勒山地区为代表的"北美区"，以日本、韩国、中国等国为主的"东亚区"。其中阿尔卑斯山脉地区的高山大型滑雪旅游区是国际滑雪旅游区的核心，即"一心"，主要包括法国、意大利、瑞士、德国、奥地利和斯洛文尼亚等国家。

与整体旅游业发展水平相一致，欧美地区的滑雪旅游发展起步较早、历史悠久，已经形成了相当大的规模，并建立了庞大而完善的滑雪旅游产业体系。世界十大滑雪胜地除澳大利亚占据一席外，其余均位于欧洲和北美地区。

除三大核心区外，南半球的澳大利亚和新西兰则拥有独特的地域优势，当北半球进入夏季的时候，这里能够提供季节差异明显的冰雪旅游体验。此外，在非洲北部、南非及南美洲西部的安第斯山脉也有滑雪场的零星分布。

1. 欧洲区

欧洲区形成了以阿尔卑斯山脉（法国、意大利、瑞士、德国、奥地利和斯洛文尼亚）为中心的高山大型滑雪旅游区和北欧各国（挪威、瑞典、丹麦、芬兰、冰岛）到俄罗斯的越野特色滑雪集群。根据国际滑雪协会 2016 年的最新统计，阿尔卑斯山脉地区在 2015 年吸引到了来自全球的 1.5 亿滑雪者，是当之无愧的世界最佳滑雪胜地。其他滑雪产业较为发达的地区为美洲和东亚地区，游客到访占全球总量的 22% 和 18%（图 1-1）。

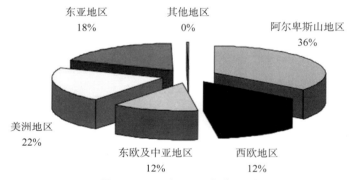

图 1-1　国际主要滑雪旅游区分布

数据来源：2014 International Report on Snow & Mountaion Tourism – Overview of the key industry figures for ski resorts (Laurent Vanat)

法国拥有全球最大的可滑雪场地资源，位居世界冬季运动之首，本土有 7 座大山（北阿尔卑斯山、南阿尔卑斯山、比利牛斯山、中央高原、汝拉山、孚日山和科西嘉山），山地面积达 12 万 m^2。法国由国家制定滑雪旅游的总体发展战略，并提供土地优惠政策，科技部门集中攻关，各方协力相助下，形成了霞慕尼（Chamonix）、拉克吕萨（La Clusaz）、库尔舍维勒（Courchevel）、梅瑞贝尔（Meribel）、蒂涅（Tignes）等国际知名的滑雪旅游区。法国滑雪旅游区的硬件设施非常好，拥有世界上最长的火车隧道，将法国、奥地利、瑞士和意大利的滑雪场连接起来，形成一个总长 650km 的滑雪网络。

瑞士是滑雪天堂，是名副其实的"冰雪王国"，也是欧洲乃至世界的冰雪运动中心，登山和滑雪是瑞士旅游业中最先发展的项目。其 3/4 的国土为阿尔卑斯山地，全国一半以上的面积在海拔 1200m 以上，许多山峰终年积雪，滑雪期可达 10 个月，滑雪场遍及全国。瑞士拥有多个世界级的滑雪旅游区，其中最为出名的是韦尔比耶（Verbier）、策马特（Zermatt）以及位于瑞士东南部圣莫里茨（St. Moritz）。

奥地利是一个滑雪运动强国，滑雪是他们的民族体育项目。奥地利著名的滑雪旅游区包括有圣安顿（St. Anton）、基茨比厄尔（Kitzbuhel）和因斯布鲁克（Innsbruck）。位于蒂罗尔州西端的圣安顿是阿尔堡山（Arlberg）上最有名的滑雪场，被尊称为"奥地利滑雪之父"的汉斯·休伯特的第一所滑雪学校就设在这里。因斯布鲁克在 1964 年和 1976 年两度被选为冬季奥林匹克运动会的会址，虽然小城只有 12 万人口，每年接待的游客却逾 150 万人。

2. 北美区

北美地区的冰雪旅游发展可以分为 5 个阶段：拓荒阶段、初期阶段、雏形阶段、扩大发展阶段和成熟稳定发展阶段。拓荒阶段，拓荒者并没有考虑其旅游价值，只是基于开发自然资源的目的进行开发；之后，随着自然资源开发力度的不断加大，逐步出现少量游客进入其中，资源开发者为少量游客提供简单的食宿等条件，冰雪旅游开始初步发展；在宣传等作用下，该区域知名度与影响进一步扩大，越来越多的冰雪旅游爱好者来到这里，本地区居民也抓住商机，从事旅游服务、旅游接待等，逐步形成了冰雪旅游目的地；随着该区域知名度的进一步提升，政府相关部门开始介入冰雪旅游的开发，投入资金、扩大规模、加强宣传、提升竞争力，种种举措促使冰雪旅游快速发展，并逐步繁荣发展成熟稳定下来。在强大的经济支撑下，北美地区有开发冰雪旅游的优势，能够保证滑雪场地基础设施的完善，并能为住宿、游玩等提供高质量的服务。

北美地区的滑雪旅游区常常以明星滑雪场为主导，整合并购周围其他滑雪场，重组打包上市，并对投资结构进行社会分工，对投资项目进行市场分解。因此北美地区滑雪旅游区的特点是规模较大，并有大量房地产的分布。

美国和加拿大是北美地区最主要的冰雪旅游地集中地区。美国滑雪场主要集中在美加交界地带和阿拉斯加、落基山脉，尤以科罗拉多州为多；加拿大的滑雪场则主要集中在落基山脉地区。北美地区最著名的滑雪旅游区包括美国的范尔（Vail）和加拿大的惠斯勒（Whistler）。

3. 东亚区

东亚地区最早开始发展滑雪旅游的是日本，同时也是目前东亚地区发展最为完善的国家。日本滑雪旅游区具有自身的特色，它将冰雪运动与高品质的温泉度假进行了充分的结合，加上优质的天然雪、舒适的气候以及民族特色，每年仅东南亚及其附近地区就有 40 万人次去北海道滑雪。

日本的国土形状细长，横亘于亚热带、温带和寒带，滑雪场分布是典型的"一头重"格局，主要在日本的东北和上越地区。这两个地区的滑雪场大约占日本滑雪场总数的2/3。其中东北的藏王、信州的野泽、上州的草津，并称日本三大温泉滑雪场，是最具日本传统风格的滑雪旅游区。

目前韩国最为著名的滑雪场有12座，包括川大明度假村、阿尔卑斯度假村、龙平度假村等最受亚洲游客欢迎的滑雪场。韩国滑雪场以高水准、多方位服务为目标，旅游服务完备、休闲设施齐全。阿尔卑斯度假村是韩国冬天游览时间最长的欧洲型度假村，每年第一场雪到第翌年4月份都不会融化。它以积雪量多和雪质好而享誉东南亚，里面建有欧洲的阿尔卑斯式建筑，让前来的冰雪旅游者感觉仿佛在欧洲滑雪。龙平度假村位于海拔1458m高的发旺山山脚，是亚洲第二个世界级的滑雪场，获得过国际雪联（FIS）的认证。该滑雪场是韩国雪道选择最多、缆车路线最长的滑雪目的地，曾举办过世界杯滑雪大赛和冬季亚运会等大型国际活动。

4. 其他地区

欧美地区的冰雪旅游发展起步早、历史悠久，并形成了强大而完善的冰雪旅游产业体系。传统的"欧洲区"、"北美区"和"东亚区"，是世界范围内主要的冰雪旅游目的地和客源地，也是全球旅游业最为发达的地区。

除此之外，位于南半球的澳大利亚、新西兰等国家开发的高山滑雪体验，对冰雪旅游游客也具有较强的吸引力。同时因为季节差异问题，当这里蓬勃开展冰雪旅游的时候，北半球正处于炎热夏季，因此能够吸引北半球较大的客源市场。也有部分滑雪区域依靠名人效应吸引冰雪游客，如澳大利亚墨尔本周边的佛斯奎克（Falls Creek）高山滑雪场，该地区因为是Malcolm Miline的故乡而声名在外（Malcolm Miline是澳大利亚唯一一位获得高山速降滑雪世界杯的运动员）。

1.2 资源因素分析与发展趋势

1.2.1 资源因素分析

自1924年法国霞慕尼冬奥会之后，大众休闲滑雪运动逐渐展开。经过近一百年的发展，逐渐形成"三区一心"的分布结构。通过对这些国际滑雪旅游大区的情况分析，可以看出滑雪旅游区的建设和发展受到以下因素的制约：

1. 滑雪资源

滑雪资源是滑雪场选址和建设所必须考虑的条件，从宏观上讲，涉及因素较多，既包括市场、区位、交通等社会因素，也包括土壤、水源等自然因素。其中气候和地形为两大核心要素。

（1）气候因素

欧洲的滑雪旅游区主要分布在阿尔卑斯山周边国家和北欧地区。北美的滑雪旅游区主要分布在美加交界地带和阿拉斯加、落基山脉地区。这些区域的气候条件大部分属于温带海洋性气候以及受海洋影响较为深刻的大陆性气候和地中海气候等，冬季较为温暖湿润。气候舒适度较好，适宜开展滑雪活动。

（2）地形因素

阿尔卑斯山是欧洲最高大、最雄伟的山脉，平均海拔约3000m。它东西绵延1200km，宽135～260km，最宽处可达300km。耸立于法国和意大利之间的主峰勃朗峰（法语意"银白色山峰"），海拔4810.9m，是阿尔卑斯山系最高峰，其因峰顶终年积雪而得名。高大的山体、起伏的地势为滑雪场的建设提供了天然优势，因此，阿尔卑斯山区历来都是欧洲主要滑雪旅游所在地，也是大部分山地体育运动项目的发祥地。

落基山脉是美洲科迪勒拉山系在北美的主干，被称为北美洲的"脊骨"，南北纵贯4800km。整个落基山脉由众多小山脉组成，其中有名称的就有39个。北美大部分河流都源于落基山脉，是大陆的重要分水岭。这里诸多山脉高耸入云，白雪覆顶，极为壮观。大部分山脉平均海拔达2000～3000m，有的甚至超过了4000m，如埃尔伯特峰高达4399m，是冬季北美地区的滑雪胜地。

惠斯勒山地是世界知名的冬季滑雪胜地，包括惠斯勒山和黑梳山两大滑雪场，雪场面积3307hm^2，海拔2285m，垂直高度1610m，共有缆车线路38条，超过200个滑雪道，最长雪道11km，是加拿大滑雪道最多的滑雪场。

此外，挪威、瑞典、芬兰、丹麦、俄罗斯、日本、韩国以及我国北方地区等地的地形和气候条件也十分有利于滑雪场的选址。对此，美国土地管理局对于滑雪旅游资源的技术性评估选取7个资源因素就体现了这一点（表1-2）。

滑雪旅游资源的技术性评估（美国）　　表1-2

决定因素	评估标准	计分	评估标准	计分	评估标准	计分	评估标准	计分
雪季长短	6个月	6	5个月	5	4个月	4	3个月	2
积雪深度	>1.22m	6	0.92～1.22m	4	0.61～0.92m	2	0.61m以下	1
干雪	3/4季节时间	4	1/2季节时间	3	1/4季节时间	2	0季节时间	1
海拔	>762.5m	6	457.5～762.5m	4	152.5～457.5m	2	45.75～152.5m	1
坡度	很好	4	好	3	一般	2	差	1
温度	>10℃	3	−17.8～6.7℃	2	<−17.8℃	1	—	—
风力	轻微	4	偶尔变动	3	偶尔偏高	2	易变	1

资料来源：保继刚，楚义芳. 旅游地理学[M] 北京：高等教育出版社，1999：95-96。

2. 社会经济与人口

由于滑雪旅游本身是一项高消费的休闲活动，滑雪场各类软、硬件设施建设与维护均需要较高投入，滑雪必需的专业设备和门票费用也相对昂贵，因此滑雪运动在经济发达国家高收入人群中更为流行。从20世纪60年代开始，通过现代滑雪运动的发展历程就可看出社会经济发展对于滑雪运动所产生的深刻影响。

20世纪60年代是滑雪运动蓬勃发展的开始。第二次世界大战后，世界各国经济迅速发展，美国进入经济发展的"黄金时期"，为了满足国内冬季度假的需求，一批新的更大规模的滑雪度假地在新英格兰地区、科罗拉多州等地出现。随着欧洲战后经济复苏，新一轮完整的、一体化的滑雪度假地也陆续出现。欧洲的滑雪场建设不仅规模大，而且质量和档次均较高，大部分都分布在发达国家，并均有较长的旅游发展历史。

20世纪80年代，欧、美各国的滑雪旅游度假地逐渐转向规模化、旅游化发展。在1980年至1990年间，北美滑雪区的数量下降了8%。但与此相对的是，滑雪度假地的容量却比同期增长了大约51%，滑雪逐渐发展成为世界性的主题度假旅游活动。

同期的亚太地区，随着日本、韩国经济的快速崛起，使得两国的滑雪产业也得到了快速发展。1975年，韩国第一家滑雪场正式开业，之后滑雪场很快流行起来。1998年的经济危机减缓了滑雪产业发展，2002年开始复苏，2010年又停滞。滑雪产业停滞的原因更多的还是与国内乃至整个亚洲的经济状况和低迷的市场有关。日本滑雪产业在1970～1990年经历了快速发展，那时的滑雪人次创了历史新高，最好雪季滑雪人数达1800万。1980年代，日本滑雪度假区如雨后春笋般迅猛发展，新建、扩建了若干个滑雪场，拥有当时世界上最现代化的滑雪设施。滑雪在年轻人中间极受欢迎。到了20世纪90年代初，日本经济经历严重的萧条期，房地产受到很大冲击，很多滑雪场融资困难，滑雪人次也显著减少。如今日本每年的滑雪人次低于4000万，约为20世纪80年代的一半。

可见滑雪旅游不同于竞技性滑雪运动，受国家和地区经济发展影响深刻。同时由于滑雪本身的运动属性，它更受年龄在44岁以下的人群青睐。因此，进行滑雪场选址时必须充分考虑周边人口分布情况，既要保证人口相对稠密，同时又要考虑收入水平较高且年龄适中的潜在滑雪参与者占总人口的比例必须足够高，二者缺一不可。

总之，由于滑雪运动的高投入、高技巧性，游客多数为受教育程度较高、经济收入较高的中青年人，尤其是经济发达地区，滑雪者参与度更高。这也印证了国际三大滑雪旅游区都分布在发达国家和地区的原因。

3. 文化传统

按照一般规律，凡是具有冰雪自然环境和冰雪人文环境的地方就会形成当地的冰雪文化。但是由于环境、社会制度及经济增长水平等不同，各地所形成的冰雪文化也会不尽相同。在欧洲，冰雪旅游已经成为人们的重要生活内容。

以冰雪旅游大国瑞士为例，在瑞士，滑雪是普通百姓最普及的冬季户外运动，也是大多数家庭集体参与的项目。以登山和滑雪为龙头的冰雪旅游，成为瑞士重要的支柱性产业之一。每年年初，世界经济论坛年会都会在瑞士著名的滑雪胜地达沃斯举行，为期5天的活动中必定有一天是"滑雪日"，来自世界各国的政要和商界精英都会在这里享受雪上运动带来的乐趣。

北欧的芬兰、挪威和瑞典也都有各自传统的冰雪文化活动。芬兰极地冰雪之旅可以参观体验每年建造一次的冰雪城堡，这是芬兰的极地人工奇观。此外，芬兰的极地冰雪之旅还可以让旅游者了解北极萨米人的拉普兰文化，体验芬兰传统桑拿浴，参观北极圈里的圣诞老人村，乘坐爱斯基摩犬雪橇，进行冰雪垂钓，乘坐破冰船，体验波罗的海的破冰之旅和冰海沉浮。

挪威小城耶卢周围分布着10多处滑雪旅游区，每年举办冰雪音乐节。首都奥斯陆北部的霍尔门科伦山是挪威人的滑雪乐园，每年3月的第一个星期六，挪威人都要欢度他们特有的"奥斯陆滑雪节"，它是挪威仅次于国庆节的第二个盛大节日；与加拿大魁北克的冬季狂欢节、日本札幌的雪节及中国哈尔滨的国际冰雪节并称世界四大冰雪节。

每年3月的第一个星期天是瑞典的瓦萨国际滑雪节，该节日来源于瑞典一个关于历史、文化、国家自由和民族独立的故事，被称为瑞典第二个国庆日。每年都有来自世界30多个国家的15000多名滑雪运动员参加比赛，滑雪节也成为一个真正的国际性节日。

这些都是有冰雪运动传统的国家，同时这些国家也具有悠久灿烂的民族文化，并始终坚持生态性和保护性的原则，在开展冰雪旅游过程中，尊重自然条件和环境现状，突出本土文化、历史和地理环境特点。

4. 市场与产品

冰雪旅游产品是一个整体产品的概念，吃、住、行、游、购、娱六大要素缺一不可。欧洲的冰雪旅游在这方面体现得非常充分。以法国的拉普拉涅滑雪场住宿设施为例，青年旅社、度假村、俱乐部、饭店、酒店式公寓、出租公寓、旅行拖车、木屋等等，从奢华到简朴，不一而足。据统计，这里的饭店仅有1024个床位，而公寓却有17210个床位，俱乐部和旅社有13000多个。因为来到这里的游客大多是以家庭为主，所以饭店并不是主要的，可容纳一家几口的公寓倒是更多。无论是在阿尔卑斯山脚的小木屋，还是在具有阿尔卑斯特色的高级公寓式酒店里，都能够让游客体验到纯正的休闲氛围。这里各项活动设施和商业服务配套齐全，除了滑雪，还有超过50余种的娱乐项目。此外还可尽情购物，享受多姿多彩的生活。

在旅游产品的价格配比方面,也要根据市场需求合理安排。以瑞士为例,其不同滑雪场的消费档次各不相同,高级滑雪者收费相对高一些,初级滑雪者收费则低一些。一些国际著名的高端滑雪旅游区大多采取高端切入的策略,重点建设中、高档度假村及度假酒店,为游客提供星级酒店式的优质服务,甚至是个性化的贴身服务,通过不断更新度假旅游设施及产品提升游客的体验质量。

5. 重大事件

重大事件主要包括冰雪体育赛事和节庆活动,这些也是滑雪旅游区可持续发展的重要因素。重大事件的作用一方面能够吸引世界各地的游客,另一方面能够普及大众冰雪运动。不少著名的滑雪旅游区所在的城市都承办过冬奥会,比如瑞士圣莫里茨、奥地利因斯布鲁克、法国格勒诺布尔、日本札幌等等。同时,在欧洲每个冬季都会举办上百次的滑雪比赛。

另外,积极开发冰雪节庆活动,并在活动的文化主题、市场营销及表现形式等方面突出地方性及多样性的特点,使节庆活动真正成为全民欢庆的节日,让世界各地的游客最大程度地参与进来,而不只是作为旁观者。例如,加拿大魁北克的冬季狂欢节是世界三大狂欢节之一,也是当地人的重要节日和旅游吸引点,对于当地人民和国际旅游者而言都有着特殊的意义。

我们对主要冰雪旅游国家的发展历史、开发特色和节庆活动进行了比较分析,见表1-3,从中可以看到,各大主要滑雪目的地国家的冰雪旅游开发均具有传统与现代相结合、节庆活动丰富等特点。

世界主要冰雪旅游目的地开发比较　　　　　　　　　　　　表1-3

国家	发展历史	旅游开发特色	主要节庆活动
加拿大	1894年已有关于冬季节庆活动的报道	全球最佳的滑雪乐园,一年四季的滑雪度假胜地	魁北克冬季狂欢节(世界三大狂欢节之一)、渥太华冬令节
瑞士	阿尔卑斯山早在1864年就开展滑雪运动	阿尔卑斯山滑雪天堂,欧洲乡村型度假村镇	阿尔卑斯山山地旅游节、格林德尔瓦尔德国际冰雪节
挪威、瑞典、芬兰	世界滑雪故乡,世界滑雪比赛的诞生地	北极圈风光、圣诞老人故乡、冰旅馆、湖泊之城	挪威奥斯陆滑雪节(世界四大冰雪节之一)
日本	1911年引进现代滑雪技术	高品质的冰雪温泉度假旅游,冰雪博物馆	札幌雪节(世界四大冰雪节之一)、北海道冰雪节
韩国	最早的滑雪场始建于1975年	冰雪博物馆、冰雪旅游与高尔夫和室外温泉旅游的最佳组合	太白山雪花节、大关岭雪花节,Fun Ski & Snow Festival 等

资料来源:各国旅游网站及旅游信息介绍。

1.2.2 发展趋势

由于滑雪运动本身的康体性、参与性和趣味性等特点，以及它在人们闲暇生活中和社会经济发展中所起到的作用，今后随着社会文化的不断进步以及社会经济的不断发展，人类对于环境保护的意识不断加强，休闲滑雪运动会向着更完善、更广泛、更立体的方向发展；滑雪旅游区也会不断整合升级，并向综合化和特色化的方向发展，全方位满足游人四季旅游度假的需求。并呈现出以下发展趋势：

1. 国际化视野下的整合与升级

美国滑雪旅游区 20 世纪 30 年代只有 4 个，到 60 年代末已达 600 个，滑雪旅游区总数一直呈指数增长，而到 1978 年只增加了 100 个左右，到 20 世纪末全美国境内的滑雪区大约有 1000 个左右，发展缓慢。在 20 世纪末的 10 年中，北美出现了并购趋势，大型滑雪度假区纷纷吞并一些规模较小的度假区，目前美国滑雪场的产权和管理权基本控制在 4 家主要公司手中，他们更强调旅游业在推动滑雪地区发展中的作用，滑雪逐渐发展成为世界性的主题度假旅游活动。

随着今后国际度假旅游、专项旅游的快速发展，国际滑雪市场份额将进一步提高。面对国际滑雪游客的增加，滑雪旅游区将继续整合升级，更多走向规模化、规范化管理。同时由于上、下游产业的相互影响和促进，从而带动配套产业共同发展，实现集群化规模效应。

2. 强化市场培育与营销

滑雪体育具有刺激性和挑战性，受到全世界的普遍关注和喜爱。目前形成的国际三大滑雪旅游区，滑雪与旅游的结合都非常紧密。由于滑雪旅游属于旅游市场中的一个细分市场，对环境的要求、旅游组织形式以及活动内容、地点和参与者之间的相互作用等都体现出滑雪旅游的特性。随着滑雪旅游朝着规模化、多样化、高水平、高层次的趋势发展，促进滑雪旅游市场的关键因素还在于刺激各种社会需求动机和享受自然环境动机。

以美国为例，1989 年美国国家滑雪协会把滑雪市场分为 7 种消费类型，即潜在滑雪者、新滑雪者、偶尔滑雪者、低频滑雪者、中频滑雪者、高频滑雪者和中途放弃的滑雪者，并针对不同的消费类型加以积极培养。

对于市场已经发展成熟的欧洲而言，随之而来的是市场饱和和设施供大于求的问题。为了保持市场竞争力，滑雪企业必须增加投资和不断创新，保持滑雪度假区的吸引力。各度假区需要不断地开发多样性的、新兴的滑雪项目，与传统项目展开竞争。

3. 旅游功能综合化

随着滑雪旅游的发展成熟，旅游功能综合化趋势逐渐显现并将持续增强。冬季雪上活动内容不断丰富，同时很多大型滑雪旅游区为了满足非滑雪者的需求，开发了多种可供选择的娱乐项目和活动，同时完善非雪季期间的活动内容，真正做到因地制宜、因人而异，在实现四季可游的基础上，进一步向着安全、多样和舒适化方向发展。

如法国拉普拉涅滑雪场除了滑雪，还提供了超过50种的娱乐项目，包括溜冰、狗拉雪橇、游泳、雪地漫步、登山、滑翔伞、三角翼、室内攀岩、雪地摩托、保龄球，甚至水彩画课程，并针对家庭游客较多的现象，提供了大量的家庭公寓。

瑞士日内瓦滑雪场提供了一系列的室内、室外表演活动，观光车、美食等强化了日内瓦的综合吸引力，如游客有康体的需求，还可提供一整套的医疗手段和理疗方式。

瑞士铁力士雪山（Mt. Titlis），隶属阿尔卑斯山脉，也是登山、滑雪、赏雪爱好者的天堂。拥有30多条滑雪道，绝大多数的地形适合中级和初级滑雪者，20%的坡道是留给滑雪高手和单板运动员大显身手的。而且在教练的指导下，游客还有机会挑战非固定滑雪场地。瑞士人在此创造了许多欧洲乃至世界之最——欧洲最高的缆车站、欧洲最高的火车站、世界首创的360°全景观光索道、"冰川飞渡"吊椅等，令游客全方位、多角度地融入自然风光（图1-2、图1-3）。

图1-2 瑞士铁力士雪山360°全景观光索道站
图片来源：李路平 摄

图 1-3　瑞士铁力士雪山 360°全景观光索道（冬季）
图片来源：en.wikipedia.orgwikiTitlis#mediaFileEngelberg-Titlis_cableway_wallpaper.JPG

4. 突出本土化特色发展

世界不同区域滑雪集聚区的自然资源和人文资源是有差异性的，各国各地区针对不同的目标市场，注重发挥本土化、民族化特色，实现旅游产品的差异化，提高旅游产品的持续竞争能力，本土化发展具有代表性的国家为日本。

日本近年来持续受老龄化影响，滑雪市场低迷，平均每年的滑雪人次低于4000万，约为20世纪80年代的一半。为了刺激滑雪市场复苏，日本滑雪企业通过植入更多民族风情内容，努力吸引外来游客。通过加大投资，将一些滑雪场发展成为大型综合度假区，开展滑雪、温泉、观光、美食等特色旅游，旨在吸引更多的滑雪者和非滑雪者。通过展现自己的民族风情与文化内涵，也能进一步扩大国际市场份额。

5. 进一步向环保方向发展

国外一些滑雪旅游目的地政府和旅游企业管理者本着低碳环保的理念，在生态保护和可持续发展方面做了大量的补偿和补救工作。对滑雪地开发中的环境保护，首先要科学评价环境的"奉献"和环境的"限制"。前者，就是把地方资源，特别是珍稀动植物资源、文化古迹和需保护的建筑物调研清楚，在开发中认真加以保护，使其得到永续利用；后者，就是要注意研究各种资源状态，科学利用，不搞"过度开发"。

以意大利多乐美地滑雪大区为例，王冠滑雪场为了控制开发强度，否决了滑雪场扩张方案，达到了经济发展、生态及文化保护的平衡。又如拉金丝滑雪场，17年间没有进行规模扩张，只是在不断地改善环境质量，提高装备水平，最重要的一点也是考虑到降低对生态环境的影响。

在加拿大落基山国家公园的所在地——班夫，冬季滑雪运动的兴起和现代化滑雪场的扩建，使得班夫成为全年运营的旅游胜地。20世纪60年代末，政府还试图在这里举办冬季奥运会，但申请没有成功。后来他们认识到，不在国家公园内举办奥运会是正确的，用严重干扰自然的办法来吸引游客，是有悖于国家公园的原则的，国家公园应该在提升旅游服务的同时，朝着保持环境质量的方向努力。现在，加拿大政府在国家公园条例中明确规定："国家公园是加拿大自然遗产的组成部分，应该作为一种传统的财产永远保留下去，以便现在的和未来的加拿大人都可以享受到这些与众不同的未受干扰的自然景色，动物、植物以及生态环境尽可能存在于自然状态之中。"

第 2 章　我国滑雪旅游区的发展历程与趋势

2.1　发展历程与分布特征

2.1.1　发展历程

我国现代滑雪运动大体上可分为 4 个阶段，即新中国成立前、新中国成立初期、改革开放后和第三届亚冬会后。

1. 新中国成立前

20 世纪 30 年代初，日本人在黑龙江玉泉修建了我国第一个竞技和旅游滑雪场（即现在的阿城体校滑雪场）。1943 年 2 月，有意大利、德国、日本等三国运动员参加的滑雪比赛在吉林北山滑雪场举行。在半殖民地半封建社会的旧中国，滑雪运动为外国殖民主义者及其国民所享受，中国所能做的，只是为其提供无任何报酬的滑雪运动场地。

2. 新中国成立初期

新中国成立后，我国的滑雪场基本上是运动员训练与举办赛事的场地，由政府投资兴建，一般不对旅游者开放。如 1957 年，国家在吉林通化投资兴建的新中国第一个标准滑雪场，全国第一次滑雪比赛即在该地举行。

3. 改革开放后

改革开放以来，滑雪旅游渐成热潮，滑雪场的建设也取得了突飞猛进的发展。1982 年当时国内规模最大的城区滑雪场（吉林松花湖滑雪场）建成并交付使用。1984 年，桃山林业局兴建了黑龙江省第一家旅游滑雪场（桃山滑雪场）。不久，具有国际水准的北大壶、亚布力等滑雪场相继落成，标志着我国滑雪场建设进入了可与世界先进滑雪场竞争的崭新阶段。

为了推动我国滑雪旅游的稳健起步和持续发展，1995 年 7 月国家旅游局在吉林省主持召开了全国滑雪旅游研讨会。1998 年国家旅游局为完善我国旅游产品体系公布了《中国旅游业发展优先项目》，其中与滑雪旅游、冰雪度假有关的共 6 项，约占总项目（43 项）的 14%，为有计划、有重点地开发我国滑雪旅游资源，推进我国滑雪旅游尽快实现产品化并推向海内外市场指明了方向。

4. 第三届亚冬会后

1996 年我国哈尔滨承办第三届亚冬会，成为我国滑雪产业发展的里程碑，当年中国第一家以市场为导向的滑雪场——二龙山龙珠滑雪场诞生，标志着我国滑雪产业进入高速发展时期，滑雪由运动模式向市场模式转化渐成雏形。经过这些年的发展和几次大型综合性国际冬季体育赛事的洗礼，截至2015年年底，全国共建有滑雪场地500余座，雪道面积约3000万m^2，雪道长度约1000km。

2.1.2 分布特征

21世纪以来，伴随我国经济的快速发展，人们的生活方式也在发生着巨大改变，在世界滑雪大潮的带动下，我国滑雪运动近年蓬勃发展。目前全国已建成646家滑雪场，游客年接待量达1510万人次。值得注意的是，国内近3个雪季滑雪人次曾达到或将达到15万人次的雪场约为12家。曾达到5万但少于15万的雪场约为69家。另外487家滑雪场滑雪人次在5万以下，其中至少有超过半数的雪场，全年滑雪人次不超过2万。我国的滑雪产业无论是在滑雪场的数量和规模、滑雪人口的数量上，或是滑雪市场的营销和成熟度上，与欧美及日本、韩国等发达国家相比还存在很大差距。

目前我国已有黑龙江、吉林、辽宁、北京、山东、河北、内蒙古、河南、湖北、山西、新疆、云南、四川等25个省市和自治区建设了规模各异、数目不等的滑雪场（含室内滑雪场馆）。形成三大滑雪产业区域：东北地区（黑龙江、吉林、辽宁）、华北地区（北京、天津、河北等地）和西部地区（新疆、四川等地），这三大区域也是我国冰雪旅游发展的重点区域。东南沿海地区也呈现出一定的散点状布局。

1. 东北地区

由于东北地区得天独厚的地理位置与气候资源，使其既能享受每年大于600mm的充沛降水，又拥有每年平均120～170天的积雪期，且整个区域的侵蚀地貌保证了山体的稳定性，同时东北地区完善的交通网络、丰富的旅游资源和滑雪人口资源都使其满足了所有修建滑雪场所必需的基本条件，适宜进行滑雪场的建设。我国主要的大型标准滑雪场（可以举办大型比赛）均分布在黑龙江和吉林两省的上述地区，这些地区不仅具有自然环境的优势，还有高品位的资源，一旦其他设施尤其是交通设施解决好，将会有很强的市场吸引力。

2. 华北地区

包括北京、河北、山西、内蒙古、山东、河南等省、市、自治区。其中冀北、冀西、晋西北和呼和浩特附近的大青山地区，由于气候原因，与东北地区相比较，降雪量少、积雪期相对短，必须大量采用人工造雪才能保证滑雪场的正常商业运营，而上述地区恰恰处在中国最缺水的华北地区，这就从根本上限制了滑雪场的发展规模。在滑雪场的发展建设上，首先需要确保水资源的合理利用，不过度开采地下水，这也从根本上决定了上述地区的滑雪场建设更应从环境保护与集约利用的角度出发，满足华北地区滑雪爱好者的需求。目前北京市域范围内已经建成23家滑雪场，几乎个个爆满，适宜普及型滑雪，该地区滑雪市场潜力巨大。

3. 西部地区

西部地区冰雪旅游发展较为领先的地区主要包括新疆维吾尔自治区和云南、四川两省靠近横断山脉处的区域。

新疆目前建有滑雪场约20个，集中在乌鲁木齐附近天山山脉处以及阿勒泰、昌吉、伊犁、石河子、博州和哈密等地。连绵不断的雪山、广阔的草原、丰富的少数民族风情是新疆冰雪旅游的优势条件，去年全疆用于滑雪旅游设施的投入达1亿多元，并在全国范围内大力宣传促销。

四川、云南与青藏高原交界处的横断山脉，垂直气候带特征明显，分布有多座极具开发价值、高度适宜、终年积雪的大雪山。云南、四川两省内拥有一些相当完善的滑雪场，如西岭滑雪场，距离成都约120km，雪场标准非常高，综合设施好，但雪期短，交通不便。峨眉山、云南玉龙雪山积雪期较长，雪质柔软，也具有较好市场条件。

4. 东南沿海地区

该区域自然气候条件不适于开展户外滑雪运动，但该地区经济发达，人民群众生活水平较高，业余休闲需求旺盛，因而在上海、浙江、广东等地，陆续兴建了一批室内滑雪场馆，具有一定的市场潜力。

2.2 资源因素分析与发展趋势

2.2.1 资源因素分析

我国现代大众滑雪运动的发展始于1996年哈尔滨的第三届亚冬会，自此提高了东北滑雪旅游的知名度，我国大众滑雪产业也因此进入了高速发展期。经过20年的发展，目前已经形成三大滑雪产业区域。其中的因素很多，主要包括：

1. 滑雪资源

（1）气候因素

1）气温

我国幅员辽阔，从南到北同时拥有热带、亚热带、暖温带、温带、寒温带几个不同的温度带，各地气温分布差异较大。在冬季，特别是我国的北方地区主要受到来自北半球高纬度地区季风的影响，它的特点是寒冷且含水量较小。

按照每年1～2月份平均温度低于0℃的标准对我国的气温带进行划分，把西藏东部、川西高原、甘肃陇南地区、陕西关中地区、山西与河南省的交界处、河北省南部、山东省的北部连接成一条曲线，这条曲线以北的区域能够满足这一条件。三大区域内的东北地区、华北地区和西北地区均位于这一范围内。然而滑雪场的建设，还需要考虑积雪期长短。根据国际雪联标准，最适宜开展高山滑雪的气温条件为 0 ~ 5℃ 之间，在这个温度区间内，既有利于积雪的保存，又有利于开展滑雪活动。

2）降水

我国地形条件复杂，降水也呈现出明显的区域分化特点。大部分北方地区年降水量不足 800mL，这就意味着滑雪场的供水，不能仅仅依赖于天然降水，人工补水是非常必需的。以华北地区为例，由于年降水量不足 800mL，滑雪场的供水系统非常依赖于人工给水，但由于对地下水资源的利用上存在着过度开采问题，导致地下水位快速下降，引发地下水资源不足。

当前，保护地下水资源，杜绝过度开采已经成为政府、企业和每一个社会成员的共同责任和义务。这就迫使滑雪场的选址建设不得不将水源，特别是人工造雪用水，转向其他可以开发利用的水资源上来。合理利用降水及地表径流的水资源已成为解决滑雪场人工造雪用水问题的主要方式。

（2）地形因素

1）高差

垂直落差是决定滑雪场能否兴建的一个决定性因素。对于冬奥会高山滑雪竞技项目（回转、大回转、超级大回转、滑降和高山全能），滑雪场滑道的起点和终点必须具有足够的垂直落差，来保障严格的竞赛场地规则，所以滑雪场山体要与地面具有足够的高度差。对于以大众滑雪为主的滑雪场，在地势、海拔以及高差等方面的要求就较为宽松。

根据《中国滑雪产业白皮书（2015 年度报告）》统计，截至 2015 年底，我国现有滑雪场中，垂直落差超过 300m 的雪场有 19 家，垂直落差在 100 ~ 300m 的雪场有 103 家，垂直落差小于 100m 的滑雪场有 446 家。

2）海拔

滑雪场的绝对高度（即滑雪场的海拔高度）受气温直减率影响，即随着海拔高度的增加，气温会随之降低。根据周淑贞的研究，气温的直减率为 0.65℃/100m，具体来说，海拔高度每升高 100m，气温平均会下降 0.65℃。热带或亚热带地区，可以借助气温直减率的影响，利用海拔高度来建设滑雪场，否则在低纬度地区是无法建设高山滑雪场的；而在中纬度地区，由于大气压力原因，随着海拔高度的增加，气压也会随之降低，因此，一般条件下也不会选择海拔超过 3000m 的位置建设滑雪场。具体来说，当海拔高度达到 2000m 时，大气压力就会下降到标准大气压的 80% 以下，这时，会有相当数量的人出现气喘、胸闷和眩晕等高原反应。如果海拔高度继续增加至 4000m，大气压力就会下降到标准大气压的一半以下，高原反应就会更加明显，一般人就会感到呼吸困难，根本无法进行任何形式的体育运动。因此，通常来说海拔 4000m 是大众高山滑雪者的极限高度。

我国山地分布广泛，大小山脉纵横交错。自西向东分布着天山山脉、昆仑山脉、阿尔泰山脉、喜马拉雅山脉、喀喇昆仑山脉、祁连山脉、秦岭山脉、横断山脉、阴山山脉、武夷山脉、台湾山脉、大兴安岭以及长白山脉等等。从地势与海拔要素上来看，除昆仑山脉、祁连山脉、喜马拉雅山脉、喀喇昆仑山脉等因绝对海拔过高，其他多数山脉均有滑雪场选址建设。

根据《中国滑雪产业白皮书（2015年度报告）》研究显示，我国垂直落差超过300m的大型滑雪场中，只有云南香格里拉滑雪场山顶海拔接近4000m，新疆丝绸之路滑雪场山顶海拔接近2500m，其他均位于2000m上下（表2-1）。

国内垂直落差超过300m的滑雪场统计表　　　　　　表2-1

排序	滑雪场	已开发垂直落差（m）	山顶海拔（m）	山脚海拔（m）	所在地	所属山脉
1	长白山天池	950	2600	1650	吉林	长白山脉
2	亚布力体委	885	1360	475	黑龙江	长白山脉
3	北大壶	870	1404	534	吉林	长白山脉
4	云南香格里拉	662	3980	3318	云南	横断山脉
5	万科松花湖	600	935	335	吉林	长白山脉
6	崇礼万龙	580.3	2110.3	1530	河北	阴山山脉
7	新疆丝绸之路	580	2440	1860	新疆	天山山脉
8	亚布力阳光	540	995	455	黑龙江	长白山脉
9	崇礼太舞	510	2062	1552	河北	阴山山脉
10	美林谷	480	1660	1180	内蒙古	大兴安岭—太行山脉
11	崇礼密苑云顶	420	2100	1680	河北	阴山山脉
12	阿勒泰将军山	405	1320	915	新疆	阿尔泰山脉
13	伏牛山	400	1931	1565	河南	秦岭山脉
14	丹东天桥沟	392	878	486	辽宁	长白山脉
15	万达长白山	380	1200	820	吉林	长白山脉
16	崇礼多乐美地	323	1963	1640	河北	阴山山脉
17	石京龙	310	836	526	北京	燕山山脉
18	帽儿山	308	626	318	黑龙江	长白山脉
19	崇礼长城岭	300	2060	1760	河北	阴山山脉

资料来源：伍斌、魏庆华，《中国滑雪产业白皮书（2015年度报告）》，2016年2月。

2. 社会经济与人口

滑雪场的建设、维护与器材设备成本以及受众群体决定了它的发展必然受当地社会经济和人口规模与结构影响。根据《中国滑雪产业白皮书（2015年度报告）》分析研究，与2014年相比，2015年我国滑雪场数量增长最多的是华东区域，新增滑雪场36家；其次是华北区域，新增20家。相比2012年，同样是华东及华北两个区域新增滑雪场数量排在前列，分别新增58家和49家。根据国家统计局分析，2015年全国31个省、市、自治区人均GDP排名中，华东地区有5省、市（上海、江苏、浙江、福建、山东）进入前十，华北地区有三省、市（天津、北京、内蒙古）进入前十。可见，社会经济的快速发展和人民生活水平的提高为大众开展休闲运动和娱乐消费提供了极大的可能性。

以北京市滑雪市场为例，《北京市2013年国民经济和社会发展统计公报》显示，2013年北京全市常住人口2114.8万人。城镇居民人均可支配收入达到40321元，比上年增长10.6%，农村居民人均纯收入18337元，比上年增长11.3%，城镇居民恩格尔系数为31.1%，农村居民恩格尔系数为34.6%。北京市城乡居民的生活水平均已达到联合国划定的相对富裕型社会标准。同时随着国内外旅游人数的增加，旅游业的快速增长和巨大的经济驱动也促进了滑雪旅游的发展。

北京知名滑雪场——南山滑雪场2013年度的统计资料显示，滑雪游客平均年龄为29.5岁，其中20岁以下的滑雪者占15.6%，21～35岁的滑雪者占54.9%，36～50岁的滑雪者占24.3%，50岁以上的滑雪者占5.2%。文化程度方面，5.6%的滑雪者受教育程度为高中或中专，65.6%的滑雪者受教育程度为大专或本科，具有研究生教育层次的滑雪者占27.8%，三者相加占总滑雪游客规模的97.9%。经济方面，个人月收入在2000元以下的占总滑雪者的16%，2001～5000元的占22.9%，5001～8000元的占34.0%，8001～10000元的占17.0%，10001元以上的滑雪者占10.1%。可见，年龄在21岁与35岁之间，有良好的教育背景，较强经济支付能力的滑雪者构成了市场的主体。这也与国际滑雪市场的游客特征相符。

3. 政策支持

在我国滑雪旅游区的发展历程中，政府扮演的角色非常重要，包括宏观行政管理和政策调控等。在良好的政策支持和带动下，无论是滑雪场前期的选址建设，还是后期的经营管理，都会顺利开展。以黑龙江为例，早期滑雪场建设主要为了运动员开展体育训练和竞赛使用。1996年哈尔滨亚冬会结束后，亚布力在政府的支持下，不失时机地创建了旅游滑雪场并对外营业，成为中国大众滑雪的里程碑。自此中国的大众滑雪在黑龙江、吉林、北京、河北等地蓬勃展开，滑雪旅游走上了产业化道路。与此同时，黑龙江省为了继续巩固和扩大滑雪市场优势，政府先后组织专家编制全省滑雪旅游专项规划，提出了滑雪旅游产业中远期发展目标；滑雪场管理方面，在全国率先开展了旅游滑雪场等级评定工作，并不断对评定标准进行修订完善，对滑雪旅游目的地的硬件设施建设和软件服务进行标准化管理，引导消费，促进目的地之间的良性竞争。

政策的引导和支持，能够促进不同类型的滑雪场合理布局，充分发挥各自的资源优势，实现联合发展、互利共赢，同时带动当地公共服务设施、市政基础设施的优化、升级，促进滑雪旅游与当地社会、经济更稳定、长期、合理地可持续发展下去。

4. 市场与产品

从规划角度而言，市场定位对旅游产品有先决作用。以我国东北、华北两大滑雪区域为例，就可看出其市场与产品的不同。

东北滑雪市场中，国内市场份额约占一半。主要包括以北京为核心的华北地区，以上海、杭州为核心的华东地区以及以广州为核心的华南地区和部分东南沿海及内陆省、市游客。这些远程游客前往东北旅游重在体验冰雪风情，因此购买的旅游产品除滑雪外，往往还包括其他游览、观光、体验产品，如冰雪大世界、雪乡以及城市观光等，反映在产品体系上更强调滑雪体验与周边其他旅游产品相结合。所以，通过完善周边旅游资源开发，形成组合产品体系，提升旅游大区的配套服务设施，也是影响和推动滑雪旅游区长远发展的因素之一。

华北滑雪市场与东北市场相比，呈现出明显的近程市场特点。滑雪者以京津冀地区 20～45 岁的青年为主，并且大部分以休闲娱乐、社会交往、强身健体作为主要出游动机。作为华北地区的滑雪大区，河北省张家口市崇礼区目前开发的若干滑雪旅游区中，均强调对目标市场群体的个性化服务，除传统滑雪外，还通过各种专业滑索、业余赛事吸引目标客群，同时在产品体系上提供酒吧、主题餐厅、越野自行车、滑索、主题夏令营等丰富的户外活动项目。由于滑雪场多远离市区，需要乘坐交通工具才能到达，交通也是制约滑雪场发展的重要因素，而京津冀地区发达的高速路网为自驾游提供了硬件支持，随着 2022 北京—张家口冬奥会的到来，规划中的京张高铁、延崇高速等交通设施的建设落成，将进一步提升北京周边地区的道路密度网，提高可达性。

2.2.2　发展趋势

1. 滑雪区域一体化发展

国内滑雪企业普遍规模小、实力弱、经营散。国内发展经验通常认为，一个区域内旅游开发的主体越多，经营环境就会越差，更易引发恶性商业竞争。而国外冰雪旅游的启示证明，成熟滑雪区的建设往往经历高速增长、缓慢增长及重组并购三个阶段。目前我国的滑雪区建设正值高速增长阶段，随着滑雪市场的不断发展成熟以及滑雪经营管理的不断完善，今后滑雪经营更趋向于大区一体化发展模式，滑雪旅游将不是一项单纯的旅游项目，由滑雪所衍生和关联的第一、第二、第三产业，将形成纵横交错的产业链条，滑雪企业之间形成良性互动与共同发展，从根本上转变区域传统产业结构，实现区域内同业共兴共荣，从而带动区域经济快速发展。

2. 借助体育赛事的推动力

体育赛事是推动滑雪旅游产业的重要载体，通过体育赛事可实现对滑雪场的提档升级，促动地区滑雪产业的发展。国际体育旅游委员会的统计报告中显示，全球旅游总收入的32%都来源于体育市场的收入。悉尼申报奥运会成功后，从1994年到2006年整个奥运周期里，体育旅游给悉尼带来了65亿澳元的收益，澳大利亚GDP增长2.78%。2004年葡萄牙的欧锦赛带来了8亿欧元的体育旅游收入，给整个欧洲创造了巨大财富。由于滑雪运动自身的康体性、挑战性，其受到全世界适龄人群的普遍关注和喜爱。滑雪运动在西方已经形成了产业体系，能够创造最大化的经济利益。美国、法国等滑雪大国也非常重视滑雪体育运动，将滑雪与旅游紧密结合，朝着规模化、多样化、高水平、高层次的趋势发展。随着我国2022年北京—张家口冬奥会的来临，各类滑雪配套政策、设施和服务将进一步优化与升级，我国的滑雪产业也会迎来新一轮的发展机遇。

3. 室内滑雪成为新兴热点

随着我国大众滑雪的逐步兴起，大众滑雪热情高涨。室内滑雪场馆在华东、华南等地区自然而然应运而生，室内场馆的建设克服了自然气候的不利条件，为更多的滑雪爱好者提供了接触滑雪运动的机会。其最大的特点是不会受到气候条件的影响，一年四季365天都可以满足人们的滑雪需求，同时这些地区大多经济发达，市场客群为滑雪体验者、初学者和滑雪发烧友。通常室内滑雪场馆提供滑雪教学、体验等专业指导，有些还配合模拟设备练习，大部分场馆提供餐饮服务，有些还开展各类主题活动，使滑雪者在健身、娱乐的同时，还可以满足聚会、拓展、亲子等综合休闲需求。随着室内滑雪场馆在华东、华南等沿海地区的不断发展完善，今后可能结合其他体育活动，形成体育主题公园的发展模式，如以大型冰雪主题馆为核心，结合酷炫运动馆、极限运动馆等，形成休闲运动综合体，满足城市中体育人群的需求。

4. 注重可持续发展

随着社会的不断进步和科学的不断发展，现代滑雪旅游区的建设要求也会更加严格，在这其中对于环境的保护将首当其冲，可持续发展更显重要。

滑雪作为亲近大自然的一种休闲运动形式，要求我们在滑雪旅游区的选址布局中，既要满足人们日益增长的社会、文化要求，又要科学合理地保护人类赖以生存的自然环境。因此，当前滑雪旅游区建设中存在的一些破坏自然环境的情况，包括水土流失、破坏森林植被、局部生态环境变化、人工造雪引发的水污染等，均需通过各种技术手段与方法在不久的未来得到解决，促进滑雪运动在人与自然和谐相处的前提下，健康、可持续发展。

第3章 我国滑雪旅游市场分析与产品设计

3.1 市场分析与定位

市场分析与定位包括两方面的含义：一是充分发挥现有市场的潜力，提高对现有市场的占有率；二是开拓新的旅游市场，通过市场调查与细分，选择目标市场，确定合适的旅游产品与服务，满足旅游市场需求，从而获得效益最大化。

3.1.1 市场分析

根据《2016 年中国滑雪产业白皮书》统计，2016 年全中国滑雪人次达 1510 万，总滑雪人口为 1133 万人。滑雪场建设速度不减，全年新增雪场 78 家，总数达 646 家，形成东北地区、华北地区和西部地区三大滑雪区域，东南沿海地区的室内冰雪运动也发展迅速。在全国滑雪市场中，拥有 23 家滑雪场的北京以每年游客 169 万人次居首，成为滑雪人次最多的区域，紧随其后的为黑龙江 149 万人次，吉林 96 万人次。由于滑雪场和滑雪人口众多，东北和华北地区不出意料地成为 2016 年雪季滑雪人次最多的两个区域，分别占总人次的 34.01% 和 24.83%。通过对我国当前滑雪市场深入分析可以得出我国滑雪游客的基本特征：

（1）我国经济发达城市的高收入人群和高阶层群体，其中大多数来自北京、上海、广州、深圳和其他经济发达地区。

（2）旅行社组团和家庭、亲朋好友出游等散客群体的主要旅游目的是冰雪观光和初级滑雪体验，包括参与冰雪嘉年华、冰雪旅游节、冰雪冬令营等冰雪体验活动，侧重于冰雪产品的初次体验。

（3）在华的外国人，包括外企、合资企业、大使馆、领事馆等管理工作人员及家属。

（4）东南亚游客，以旅行社组织的团队旅游为主。

这些不同滑雪者的停留时间、技术水平和消费也呈现出一定的分布规律，见表3-1。

不同滑雪游客类型特征　　　　　表 3-1

类型	客源	技术水平	停留时间	花费水平	比例
一次性	来自国外和国内远程游客	一般	1～3天	较高	30%
专程	国内少数高收入阶层、发烧友、入境旅游者和驻华领事馆、外商、留学人员	较高	4～6天	高	15%

续表

类型	客源	技术水平	停留时间	花费水平	比例
多次性	省内、国内近程大、中城市	一般	1~2 天节假日	中等，3~4 次/年	50%
会员制	滑雪俱乐部	较高	2~3 天节假日	高，6~8 次/年	5%

资料来源：刘家明，刘爱利，陈田. 滑雪旅游开发布局影响因素与对策研究——以内蒙古自治区滑雪旅游开发为例. 地理科学进展. 2005，24（5）：105-112。

从游客特征来看，三大滑雪区域以及东南沿海地区也都呈现出各自的特点。

1. 东北地区

东北地区主要包括黑龙江、吉林、辽宁以及内蒙古东部的大部分地区。这一区域从 11 月至翌年 3 月都以降雪为主，冬季降雪日数为 20～50 天，降雪初日与终日间隔 180 天左右；冬季积雪日数 80～120 天，积雪初日与终日间隔 140～170 天，部分地区最大积雪深度可达 2m。凭借优良的自然资源条件，加上传统市场优势，东北地区一直以来都是全国冬季旅游最受欢迎的地区，春节期间更为火爆。地方政府也极为重视冰雪旅游的发展，以黑龙江省为例，《2015 年黑龙江省旅游市场报告》中就明确规定，全省要依托资源优势，打造世界知名旅游目的地，成为"国际滑雪旅游胜地、世界冰雪旅游名都、避暑度假旅游天堂"。凭借多年的冰雪旅游发展，东北地区市场整体特征呈现为：

（1）以国内远程市场为主

以黑龙江省统计数据为例，黑龙江省的滑雪客源市场可以分为三大来源：外省客源市场，主要包括以北京为核心的华北地区，以上海、杭州为核心的华东地区以及以广州为核心的华南地区，也包括部分东南沿海和内陆省、市游客，约占总游客规模的 45%；省内客源市场，主要包括哈尔滨、大庆、牡丹江等城市，也包括部分其他市、县游客，约占总游客规模的 35%；国外客源市场，主要为东南亚的滑雪者，也包括少量俄罗斯、日本和韩国的滑雪者，约占总游客规模的 20%。可见，黑龙江省的滑雪游客以国内远程市场为主，这也是东北地区滑雪市场的缩影。

（2）滑雪旅游通常与其他观光产品形成组合

根据各大旅行社提供的旅游产品显示，从国内其他地区前往东北的旅游产品中多为 4～8 日的观光游，其中冰雪活动占半日到一日，其余还包括各类城市观光、自然观光、民俗风情文化体验等内容。仍然以黑龙江省统计数据为例，2014 年春节期间，黑龙江省共接待国内游客 2285 万人次，由北京、上海、广州、重庆、厦门、杭州等城市飞往哈尔滨的航班客座率达到 90%。游客出行目的主要以冰雪旅游、返家探亲、访友为主。其中，亚布力滑雪旅游度假区春节期间每天到访的人数接近 5000 人，而平日滑雪场日均客流量为 1000 余人。冰雪大世界春节期间共接待游客 19 万人次，最高日接待游客超 4 万人次。

（3）市场基数大，近年来增长动力不足

据统计，1996～2001年，黑龙江省滑雪收入和接待游客量占国内整个滑雪市场份额的70%，但到了2004年却只有40%左右，其余份额被迅速成长的北京、河北、吉林、辽宁等地的滑雪场所瓜分。另一方面，日、韩等国滑雪场也看到了中国滑雪消费者的消费潜力，纷纷通过各种宣传促销手段来切分市场。

2. 华北地区

华北地区市场主要集中在以北京为核心的京津冀地区。目前华北地区滑雪场最集中的两个区域为北京市和张家口市崇礼区。以崇礼区为例，由于崇礼境内森林覆盖率达48.37%，多中低山脉，山地坡度多在5°与35°之间，优良的自然生态环境和山体条件，造就了理想的地形地貌和生态小气候，使这里冬季降雪频繁且雪量大，一个雪季累计积雪厚度达1m左右，存雪期150多天，且雪质优良，非常适宜开展高端竞技滑雪运动。同时崇礼距首都北京全程高速直达仅两个半小时车程，京张高铁与崇礼支线对接通车后，车程将缩短到一个小时以内。目前崇礼区内已建成及在建的滑雪场有9家。然而崇礼冬季平均气温为-12℃，较为寒冷，一定程度上削弱了滑雪者的舒适体验，另外对索道的抗风稳定性也提出了更高的要求。北京市域范围内，由于面对的滑雪者大多为北京市民，几乎所有的滑雪场都分布在交通便利的地区，且绝大多数分布在距离市区100km的范围内。随着2022年冬奥会申办成功，北京和崇礼两地将进一步完善滑雪场的配套设施建设，提高服务管理质量。根据近年来华北市场的统计分析发现，华北地区市场整体特征呈现为：

（1）市场规模增长迅速

据统计，2015年申冬奥成功后，2015～2016年的首个滑雪季，共有超过205万人涌入崇礼，整个滑雪季旅游收入超过14亿，较往年增长了30%。

（2）与东北地区相比，华北地区整体市场呈现为以京津冀地区近程市场为主

根据崇礼近5年的统计数据显示，滑雪者按来源地构成可分为：张家口（22.07%）、河北省内其他地区（38.10%）、北京市（17.59%）、国内其他地区（20.86%）以及国外（1.38%）。其中，京津冀地区的滑雪者占到总人数的77.76%。

（3）滑雪者年龄构成以青年为主

据统计，北京市滑雪者的年龄构成比例为：25岁以下的青少占15%，25～45岁的青年人占60%，45～60岁的中青年占25%。

崇礼区近5年接待的滑雪者年龄构成比例为：20岁以下的青少占7.11%，20～39岁的青年人占80.53%，40～49岁的中青年占11.31%，50岁以上的中老年占1.05%。

从年龄构成来看，北京、崇礼两地滑雪旅游消费者的年龄构成呈现出中间多两头少的特点，在一定程度上可以反映出中青年消费者对滑雪旅游有较强的消费意愿。

（4）休闲娱乐、社会交往、强身健体是滑雪者的主要出游动机

根据对北京市滑雪者的抽样调查分析显示，北京市大部分人进行滑雪消费的主要动机是休闲娱乐、强身健体和体验刺激。按照滑雪者冬季滑雪动机进行排序，位列第一的是休闲娱乐，占85.1%；其次为强身健体，占68.2%；第三为体验刺激，占52.1%；第四为追求时尚，占27.7%；第五为交际应酬，占22.7%；最后为其他，占14.9%。

根据对崇礼区滑雪者的抽样调查，我们发现以休闲娱乐为出发点参与滑雪运动的人数最多，占据了调查总数的81.24%；其次是朋友聚会、社会交往的动机，占39.45%；第三是个人爱好，占21.11%；第四为强身健体，占18.44%；其他动机所占比例较低。

由此可见，消费者的旅游动机和旅游态度是决定其是否会参加滑雪旅游的直接因素。随着人们可支配收入的不断提高和价值观念的不断转化，对于愉悦身心和强身健体越来越重视，滑雪旅游的市场份额也在不断攀升。

（5）滑雪者受教育程度较高，收入较高，具有较强的消费能力

根据赵兴的研究，北京市的滑雪旅游者收入较高，将近半数的消费者月收入都在5000元以上，他们具有较强的购买力水平，而且大部分是商业、服务业人员、企事业职员等。其中，人均月收入在10000元以上的，占10%；8000～10000元的，占17%；5000～8000元的，占34%，2000～5000元的，占23%；2000元以下的，占16%，这部分主要是学生。

根据白梅瑛的研究，崇礼滑雪者中从职业构成来看，行政与企、事业单位人员（42.12%）、学生（23.25%）占消费人群的多数。这类旅游者有着共同的特点：他们的工作基本稳定，有着较丰厚的收入和固定假期，也比较重视休闲娱乐享受。学生群体虽不能独自承担消费，但学生群体爱旅游、爱运动，偏好冒险刺激项目，而且学生群体消费的同时往往会带动周围人的消费，节假日期间学生是消费的主力军。

从被调查者的学历构成来看，崇礼滑雪旅游消费者的学历普遍在大专或本科以上，其中以本科学历人数最多，占到总调查人数的50.35%，研究生及以上学历人数，占调查总数的18.61%，大专学历占到17.19%，中专、高中及以下学历人数较少，所占比例占调查总数的13.85%。学历调查结果显示出滑雪消费者普遍学历较高，且有较高的文化素养。

从被调查者的月均收入来看，月收入在3000～5000元的滑雪者为主导，占45.22%；其次为月收入1000～3000元，占24.32%，第三为月收入1000元以下的，占18.55%，最后为月收入5000元以上的，占11.91%。

3. 西部地区

西部地区市场主要包括以新疆维吾尔自治区为代表的西北地区和以云南、四川

两省靠近横断山脉处区域为代表的西南地区。

（1）西北地区

新疆是我国雪资源富集区之一，尤其北疆温度既低，降水又丰富，因而积雪期相当长，特别是在迎风的山地。例如，乌鲁木齐地区平均积雪期为120天，阿尔泰山南麓积雪日数在140天以上，天山中山地带长达6个月左右；乌鲁木齐地区平均积雪厚度18.75cm左右，北疆天山北麓、伊犁河谷等地最大积雪深度可达60cm以上。目前新疆建有滑雪场约20个。整体市场特征呈现为：

1）市场规模增长迅速

新疆滑雪旅游虽然起步比较晚，始于1997年，但发展比较快，客源市场增长率高，1998年增长2倍，1999年增长50%，2000年增长33.3%，2001年增长25%，2002年增长1.4倍，2003年增长2.2倍，2004年增长3.19倍，2005年增长76%，2006年增长67%。2010年春节黄金周期间，乌鲁木齐周边五大滑雪场共接待游客14.5万人次。

2）休闲娱乐、社会交往和放松身心为主要出游动机

根据抽样调查数据显示，新疆滑雪者以休闲娱乐为首要出游动机，占受访人数的56%；其次为公司、社团组织集体活动，占20.5%；放松身心、调节精神、减轻压力居第三，占16.5%；体育锻炼、强身健体的比例较低，只有5.5%；另外还有少量受访者（占1.5%）属于好奇了解。

3）滑雪者年龄构成以青年为主

新疆地区滑雪者年龄结构上，主要以18～30岁的人群作为主要参与者，占53.85%；其次是30～44岁的人群，占28.20%；18岁以下人群占11.54%；45岁以上人群占6.41%。这主要是由于滑雪运动具有一定的竞技性，对身体素质条件要求较高，因此18～45岁的中青年占据市场主导。

4）滑雪者受教育程度较高，收入较高，具有较强的消费能力

从学历构成上看，接受过大专学历教育的人数占53.58%；接受过本科及以上学历教育的人数占39.74%；受过高等教育的人群占主导。从职业构成上看，企事业管理人员占据首要位置，占41.03%，属于中高层收入阶层；其次为工人、学生、公务员等。

5）以省内近程市场为主导，重游率低

前往新疆各大滑雪场的游人中，近89%的游客为新疆本地人员，内地游客人数仅占7%，国际游客占比很小。

从游客参加滑雪旅游的次数来看，其中有50.5%的游客多年参加一次滑雪旅游，有37.2%的游客几乎每年来一次，只有12.3%的人每年多次参加滑雪旅游。如果将滑雪作为一项健身运动引入人们的日常生活中，形成长期习惯，则市场开发潜力巨大。

（2）西南地区

西南地区因自然地形特点所带来的垂直气候带分布，使得云南、四川等地近年来逐渐建设了一批设施完善的滑雪场，如四川的西岭雪山、峨眉山、云南玉龙雪山滑雪场等。与东北、华北地区相比，地处新疆天山山脉的西北地区，因少数民族众多，具有较强的民族特色，西南地区则因为秀丽的风景而形成了一定的知名度。

以西岭雪山和峨眉山为例，西岭雪山自落成以来，它的知名度不断提高，市场影响力不断扩大。2008～2010年上半年共接待游客总数为48万人次，其中2010年截至6月底前为18万人次。峨眉山的冰雪节从1998年举办以来，每年都接待了30多万各地游客。

与东北、华北等成熟的北方市场相比，西南地区的滑雪市场尚不成熟，以本地市场为主，冰雪项目体系尚不完备，但市场潜力旺盛。对于西南地区而言，还需要从提高当地的冰雪资源开发管理水平，健全冰雪产品体系，完善管理人才团队，注重与周边明星产品的资源整合与利用等多方面提高西南地区冰雪旅游竞争力。

4. 东南沿海

除室外滑雪场，我国东南沿海各大、中城市如上海、广州、深圳等地，陆续掀起建设室内滑雪场的热潮。据统计，2016年室内滑雪馆新增3家，总数达12家，室内滑雪场馆成为东南沿海地区都市人群节假日休闲运动的好去处。

由于室内滑雪场具有温度可控、设施健全、交通便利、针对家庭市场、活动内容丰富等优势条件，在南方具有较好的市场发展前景。不少南方地区滑雪者均从当地室内滑雪场馆起步，随着滑雪技术水平的提高，雪季期间前往东北、华北等知名滑雪场开展滑雪活动，已经成为一种趋势，这可以从东北地区每年的航空客运量及各大滑雪场的统计资料中得到验证。

3.1.2 市场定位

根据前文对我国三大滑雪旅游区域的客源市场分析可以得出我国滑雪市场的定位与特征：

1. 市场规模——市场潜力巨大，发展迅速

根据《2016年中国滑雪产业白皮书》统计，2015年全国滑雪场数量568个，到2016年增长为646个，新增滑雪场78家，增长率为13.7%。其中，华北与西北地区新建雪场明显，东北地区增速较缓但仍保持领先地位。

2015年我国全年滑雪人次1250万，2016年为1510万人次，同比增长20%。年人均滑雪次数也呈现出同样的稳步增长态势，2016年全国滑雪人口1133万，年平均每人参与滑雪1.33次，较2015年年均每人滑雪1.30次、2014年年均每人滑雪1.27次有明显上升。这一数据表明在滑雪总人口、总人次上升的情况下，滑雪发烧友的比例也在稳步增长。

伴随冬奥契机，我国滑雪产业不断发展完善，滑雪市场将具有更大的发展潜力。滑雪爱好者也将逐步转向俱乐部化、专业化方向。

2. 地理特征——三大稳定市场，东南沿海成为新的增长点

根据前文分析，我国的东北、华北和西部三大滑雪市场均呈现出快速发展潜力，尤其是以北京为核心的华北市场，增长速度快，重游率高，滑雪者个人拥有的装备配置以及技术水平也均有显著提高。因此，滑雪场在雪道的规划布局中就需要通过客源市场分析，确定不同难度等级雪道的分布比例，从而满足市场需求。同时，东南沿海的室内滑雪市场也呈现快速增长趋势，伴随着南方室内滑雪场馆建设高潮的来临，今后东北、华北客源市场中的南方滑雪者规模也将陆续增长。

3. 人口特征——以中青年为主，高知、高收入人群占主体

旅游消费者具有年龄、职业、收入、文化程度、宗教信仰等不同属性，按照这些属性可以将其划分为不同的旅游消费群体。年龄因素是影响游客选择不同类型旅游地的重要因素。按年龄细分客源市场有两种方式，一种是按照儿童、青少年、青年、中年、老年等粗略的划分方式，一种是按照年龄段的划分方式。从近年来掌握的国内滑雪市场情况来看，滑雪旅游者中以18岁与45岁之间的中青年群体、受过高等教育的高收入群体占主导。同时也发现，近年来参与滑雪旅游的游客中三口之家的比例逐年上升，大多为年轻夫妇带着8~14岁的孩子，可见核心家庭群体将成为未来冰雪旅游的市场重点。

4. 心理、行为特征——休闲娱乐、强身健体为主要动机

根据对我国三大滑雪区域客源市场分析，休闲娱乐、强身健体在出游动机中位列前二。由于多数滑雪者均为18~45岁的中青年游客，在游客喜好选择方面，既希望通过滑雪体验速度和激情，享受运动带来的舒适与愉悦，同时也希望开展相关的休闲娱乐，放松身心，这就意味着在旅游产品的规划组合中，除了核心的滑雪运动外，还要考虑安排一定的娱乐性、参与性活动，满足滑雪者休闲娱乐的需求。

3.1.3 市场预测

1. 市场规模

根据国家体育总局发布的《冰雪运动发展规划（2016~2025年）》和《全国冰雪场地设施建设规划（2016~2022年）》。到2022年，全国滑雪场数量将达到800座，雪道面积达到10000万 m^2，雪道长度达到3500km，其中新建滑雪场不少于240座，雪道面积不少于7000万 m^2，雪道长度不少于2500km。预计到2025年，我国将形成产业体系较为完备的冰雪运动发展格局，冰雪运动产业体系初步形成。参与冰雪运动的人数稳步增加，直接参加冰雪运动的人数超过5000万，并"带动3亿人参与冰

雪运动"。预计到 2020 年我国冰雪产业总规模达到 6000 亿元，到 2025 年达到 10000 亿元。

2. 发展导向

在国家大力发展冰雪运动的政策促进下，推进冰雪运动"南展西扩"战略。形成以京津冀为引领，以东北三省提升发展为基础，发挥新疆、内蒙古等西北、华北地区的后发优势，带动南方地区协同发展，形成引领带动、三区协同、多点扩充的发展格局。

东北地区进一步巩固冰雪运动发展基础，促进健身休闲、竞赛表演、冰雪旅游、用品制造等各产业门类协调发展。

华北地区以筹办 2022 年冬奥会为契机，充分利用华北地区的区位、交通、资源和人口等优势，在京津冀地区建设一批能承办高水平、综合性国际冰雪赛事的场馆，依托该地区旺盛的消费需求，积极普及冰雪运动项目，大力发展冰雪健身休闲业、高水平竞赛表演业和冰雪旅游业，带动全国冰雪运动发展。

西北地区重点发展冰雪旅游，发挥新疆作为丝绸之路经济带核心区的优势，带动西北地区充分利用冰雪资源和民族文化，与旅游相结合，发展冰雪健身休闲业和冰雪旅游业。

南方地区结合各地自然条件和资源禀赋，因地制宜，合理发展冰雪运动项目，扩大冰雪运动群众基础及项目影响力。西南和华东地区可利用高山冰雪资源修建冰雪场地，发展本地区的冰雪运动；经济发达城市建造滑冰馆和室内滑雪场，发展竞赛表演业和健身培训休闲业，普及冰雪项目。

3.2 旅游产品设计

3.2.1 旅游产品特点

与其他类型旅游区相比，滑雪旅游区受其资源、气候和市场因素影响，产品呈现出以下一些特点。

1. 依托资源

从定义上看滑雪旅游是依托雪资源，集参与性、趣味性、刺激性于一体的具有休闲、健身、娱乐、度假功能的运动旅游，它具有反复消费、附加值高的特点。资源等级的高低很大程度上决定了滑雪旅游产品的差异化与市场分化。

2. 季节性强

除全年可滑的滑雪旅游区外，多数滑雪旅游区面临雪季与非雪季的产品组合、市场推广等问题，从而避免非雪季期间资源浪费与设备闲置。

根据北美的滑雪管理机构 SAM（Ski Area Management Research）研究显示，北

美地区 44% 的滑雪旅游区都在全年运营，其中山地自行车（Mountain Bike）是最普遍的夏季活动项目，占到 61% 的比例。超过 1/4 的滑雪旅游区统计显示，因为夏季活动的展开，年营业收入至少增长了 20%。

3. 市场指向性强

滑雪旅游产品因其体育旅游特性，在市场上呈现明显的指向性分化特点。以加拿大 2002 年滑雪市场规模为例，2002 年加拿大参与高山滑雪游客总量 3655000 人次，包括以下各个年龄阶段人群：12～17 岁：903000 人次，占 24.7%；18～24 岁：730000 人次，占 20.0%；25～34 岁：735000 人次，占 20.1%；35～49 岁：900000 人次，占 24.6%；50～64 岁：302000 人次，占 8.3%；65 岁以上：85000 人次，占 2.3%。12～49 岁人群占据市场主导。高山滑雪者家庭收入情况：37.6% 的高山滑雪者家庭年收入大于 75000 美元；28.5% 的高山滑雪者家庭年收入介于 50000 与 74999 美元之间；23.7% 的高山滑雪者家庭年收入介于 35000 与 49999 美元之间；71.6% 的高山滑雪者家庭拥有自己的私人房产。一方面，由于滑雪必需的专业设备和门票费用很昂贵，因此滑雪运动在比较富有的人群中更为流行；另一方面，由于滑雪的运动属性，因此滑雪更受年龄在 49 岁以下的人群青睐。

4. 专项产品逐步转向度假产品

国家旅游局文献表明，我国在国际、国内旅游市场上形成的旅游产品主要分为四大类型：一是观光旅游产品，以文物古迹、山水风光、民俗风情为特色的具有神州风韵的观光产品。它是人们萌发旅游动机的第一选择，也是最直观、最深刻、最容易被人们接受的旅游产品。二是度假产品，包括乡村度假、海滨度假、节日度假等。三是专项旅游产品，即有一定目的性、专门性的产品，包括修学旅游、保健旅游、江南水乡游、休闲运动游等。四是生态旅游产品。

随着近年来滑雪旅游的逐步推广与发展，滑雪已经由时尚运动转变成深受游客欢迎的旅游项目和冬季休闲生活的重要内容，从传统的体育专项旅游走向大众休闲旅游。以我国滑雪大省黑龙江为例，外地出游组团到黑龙江省的旅游团 90% 以上都会选择滑雪项目；对省内居民而言，滑雪活动已经走入寻常百姓家庭，成为朋友聚会、家庭出游经常选择的休闲方式；滑雪运动已经从专项旅游产品逐渐走向大众休闲、度假产品。

国外冰雪旅游呈现出同样的特点，人们对山体度假区的需求已经从以往的单一的观景、运动需求转向"山体休闲"、"消费者/顾客导向"的综合需求模式。包括综合的山体体验：登山、观景、运动、休闲、康疗养等，在感受山体的美丽景色的同时，享受其干爽纯净的空气与蓝天。以往单一季节的休闲模式已经成为过去（图 3-1）。

(a) 高尔夫

(b) 滑翔

(c) 骑马　　　　　　　　　(d) 徒步

图 3-1　夏季旅游产品

图片来源：(a) https://www.standrews.com；(b) en.laclusaz.com；
(c) http://glenworth.com.au/horse-riding；(d) www.whistler.com

3.2.2 旅游产品规划原则

旅游产品的规划设计是一个依据资源特色而构建和创造的过程,旅游资源形形色色,旅游产品表现形式也多种多样,这更增加了产品创造的难度和挑战性,需要按照一定的原则实施,这些原则主要包括定位导向原则、市场导向原则、层次性原则和稳定性原则。

1. 定位导向原则

定位导向原则是指旅游产品的规划设计要以旅游地形象定位为指导,处处体现定位特色。以河北崇礼密苑云顶滑雪旅游区规划为例,在旅游定位中强调将密苑云顶建设成为以滑雪运动为特色,集避暑疗养、会议培训、生态体验为一体的国际知名、国内著名的高等级综合度假旅游目的地、国家级旅游度假区,北京市的生态郊野体育公园,张家口崇礼滑雪板块的生态旅游度假产业示范区。突出冬季冰雪旅游胜地,企事业年会聚集地,距北京最近的夏季避暑疗养胜地,冰雪及高尔夫赛事举办地,户外运动旅游地的目标。因此在产品规划中包括时尚运动、避暑疗养、会议培训、生态体验、文化游览、特色服务和节事赛事等7个类型(图3-2,彩图见文后彩页)。

2. 市场导向原则

市场导向原则是指旅游产品的规划和设计要既要考虑竞争因素又要考虑游客偏好。同样以河北崇礼密苑云顶滑雪旅游区规划为例,在旅游产品规划上,既考虑主

图 3-2 河北崇礼密苑云顶滑雪旅游区

图 3-2　河北崇礼密苑云顶滑雪旅游区（续）
图片来源：秦芳、叶成康　摄

打市场（北京）充分的市场潜力（全市常住人口总量为2172.9万）与出游率［寒暑假（36.3%）、黄金周（19.6%）及个人假期（18.2%）］，家庭出游占主导（43.9%）的出游方式，同时要兼顾周边的万龙、多乐美地、长城岭等滑雪场现有的旅游产品类型，走差异化发展道路。

3. 层次性原则

层次性原则是指旅游产品要成系统，要多样化，要有主打产品和辅助产品，有重有轻，富有层次性。主打产品应该最能突出旅游地定位，也是吸引游客的核心旅游项目，要重点开发、建设和维护。辅助产品是为了满足游客多种需求的旅游产品。滑雪旅游区产品体系中，要以滑雪类产品为拳头产品，结合冰雪等其他休闲运动，强调四季可游的特色，对应的旅游产品体系就要有四季可选的类型。如欧洲阿尔卑斯山地区的奥地利因斯布鲁克、法国的阿弗里阿兹、意大利的多罗米、瑞士的达沃斯等，这些滑雪胜地各有特色，有的主要面向家庭游客、有的以"会议＋滑雪"为特色、有的以"温泉＋滑雪"为主要吸引物。著名的瑞士小镇达沃斯，已经形成会议、冰雪运动、夏季休闲、体育赛事、度假、文化为特色的6大产品体系，冬夏两季游客规模比例为6∶4。阿尔卑斯山冰雪旅游正逐步向特色化和多元化发展（图3-3，彩图见文后彩页）。

图3-3 瑞士达沃斯

图 3-3 瑞士达沃斯（续）
图片来源：李路平 摄

4. 稳定性原则

稳定性原则要求旅游产品的核心理念要稳定，这样有利于形象定位的塑造。以加拿大最著名的冰雪旅游地惠斯勒为例，几乎每年都会被《滑雪》杂志评为"世界十大滑雪旅游胜地"。其产品围绕冬季冰雪运动为核心展开，其他季节开展山地度假活动，如今，惠斯勒已经成为全球顶级的滑雪度假胜地之一（图 3-4）。

图 3-4　加拿大惠斯勒
图片来源：www.whistler.com

3.2.3　旅游产品体系与重点项目

滑雪旅游区的产品体系要紧密结合冰雪资源，突出冰雪旅游的"核心吸引力"。在此基础上，积极开发项目丰裕度，不仅可以拓展产品体系，丰富产品层次，延长游客滞留目的地的时间，增加冰雪产业的经济效益，同时有利于旅游区向综合型、多元化方向发展。总体来看，滑雪旅游区的产品体系分为核心产品与辅助产品两条线。核心产品突出冰雪资源，集中在雪季期间展开，辅助产品围绕冰雪以外的资源，结合客源市场特点，积极开展差异化发展，弥补非雪季期间的发展需求。

1. 核心产品

核心产品根据其产品特点，一般包括：

（1）运动类产品

作为滑雪旅游区的核心产品，主要包括大众滑雪、专业滑雪、滑雪学习与练习等。运动类产品是滑雪旅游区对滑雪游客的初始吸引。冰雪旅游发展初期，游客要求滑雪体验的欲望较为单一，高山滑雪、地形公园、滑冰等是目的地居民冬季经常参与的活动内容。

在加拿大等国际滑雪胜地，逐步发展起另一种高端滑雪活动，直升机滑雪。开展这项滑雪运动的区域通常为海拔垂直落差较大，全年降雪量大、雪期较长的滑雪旅游区。游客抵达后入住在当地滑雪小镇的宾馆内或山里的滑雪度假木屋中。度假

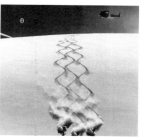

图 3-5 直升机滑雪
图片来源：www.whistlerblackcomb.com

木屋内配套各种游憩、餐饮设施，为滑雪游客提供舒适的服务，游客在木屋中能够拥有绝对的私人空间。直升机随叫随到，负责将滑雪游客运送到山顶开展滑雪活动。直升机滑雪的缺点在于对天气依赖性很强，碰到糟糕天气的时候，直升机无法起飞，游客只能选择开展其他活动（图3-5）。

（2）竞技类产品

竞技类冰雪活动对游客更具挑战性，是为了进一步细分客源市场而开发的冰雪活动项目，包括越野滑雪、高山滑雪、雪上技巧、空中技巧、攀冰、攀岩等。竞技类冰雪活动有两大特点，一是具有一定的难度，对游客的挑战性较强，需要游客曾经进行过长期的练习，才能保证该活动的顺利进行；二是参与竞技类冰雪活动的游客群体较为稳定，参与竞技活动的游客，经过长期的训练，对冰雪活动已经有了较为深刻的理解，是冰雪活动的忠实爱好者，因此在所有半专业冰雪游客中占据了较大比例。

（3）娱乐类产品

娱乐类活动项目是适合大众休闲的活动项目，在各目的地均有开展，因此其普适性较强。如雪圈（图3-6）、雪地摩托、雪地徒步、狗拉雪橇等。娱乐类活动项目难度较小，挑战性较低，因此面向的游客群体最为广泛。这对冰雪游客的吸引主要体现在两个方面：一是对于资源指向型目的地来说，娱乐类活动项目已经成为该区

图 3-6 雪圈滑雪
图片来源：www.skicamelback.comsnow-tubing-poconos.aspx

域居民冬季的常规活动。二是对于市场指向型目的地来说，娱乐类活动项目是冰雪旅游体验的一种，因此具有一定的吸引力。

（4）节庆类产品

滑雪旅游目的地多通过举办重大国际、国内赛事来提高目的地的品牌知名度。如欧洲圣莫里茨大小冰橇世界杯、圣莫里茨湖雪上马球赛、美食节、雪上音乐节等。国内如哈尔滨国际冰雪节、黑龙江国际冰雪节、长春净月潭冰雪节、吉林国际雾凇冰雪节、沈阳冰雪节、呼伦贝尔·中国开雪节、阿尔山冰雪节、北京延庆冰雪旅游节、中国崇礼国际冰雪节、乌鲁木齐丝绸之路冰雪风情节等等（表3-2）。节庆类活动项目能够充分调动本地居民的冰雪参与积极性，同时通过事件性活动吸引外来游客到访。

非雪季里，同样可以通过大力发展节庆和主题庆典活动，丰富旅游产品业态，增加到访率、延长游客停留时间。例如开展一些具有地方特色的民俗文化节、夏季避暑节、秋季红叶节等，也可以举办一些由民间或官方组织的体育休闲赛事活动，如徒步登山、山地自行车骑行、高尔夫赛事等。同时可以在整个旅游区内通过建筑、景观与环境的设计和营造，打造丰富多变的景观效果，充分考虑当地建筑特色与内涵，营造具有地域风格的主题文化休闲氛围。

国内主要冰雪旅游目的地开发比较 表3-2

省、市、区	主要城市（区、县）	主要节庆活动	滑雪场（家）
黑龙江	哈尔滨、齐齐哈尔	哈尔滨国际冰雪节、中国黑龙江国际冰雪节	120
吉林	长春、通化	中国长春净月潭冰雪节、吉林国际雾凇冰雪节	37
辽宁	沈阳、大连	沈阳冰雪节、大连冰雪游园会	31
内蒙古	阿尔山、呼伦贝尔	呼伦贝尔·中国开雪节、阿尔山冰雪节	26
北京	延庆、密云	北京延庆冰雪旅游节、密云旅游冰雪节	23
河北	崇礼	中国崇礼国际冰雪节	40
新疆	乌鲁木齐、阿勒泰、伊犁	新疆阿勒泰国际冰雪艺术旅游节、乌鲁木齐丝绸之路冰雪风情节	52
四川	成都、峨眉山	中国南国冰雪节、峨眉山冰雪温泉文化节	10

资料来源：各地官方网站、旅游网站等。滑雪场数据来源：伍斌、魏庆华，《中国滑雪产业白皮书（2015年度报告）》，2016年2月。

（5）特色类产品

为体现区域特色，滑雪旅游目的地多数将本地民俗等独特元素融入冰雪旅游中来。如日本北海道温泉、吉林查干湖渔猎、四川九寨沟的冰瀑布等。同时特色住宿、特色美食、特色交通、特色休养保健等也逐步走入大众消费行列。特色类活动项目是近年来各区域滑雪旅游开发的重点，一方面个性化的发展途径使本区域与其他目的地的滑雪活动区分开来，在游客心中留下不可替代的深刻印象；另一方面能够弱化临近目的地之间的屏蔽效果，使游客参与体验的欲望更为强烈，从而更具吸引力。

2. 辅助产品

（1）会议类产品

以冰雪资源为依托，结合成熟的服务设施与配套管理开展会议旅游，已经成为国际上很多著名滑雪旅游胜地的选择。以欧洲著名滑雪小镇达沃斯为例，其发展历程印证了从疗养名城转变为国际知名的运动、会议、度假胜地。著名的"达沃斯论坛"已成为世界政要、企业界人士以及民间和社会团体领导人研讨世界经济问题重要的非官方聚会场所之一。每年冬天，达沃斯都会吸引全世界的目光。正是借助这一耀眼的招牌，达沃斯已经成为世界上知名度较高的冰雪旅游胜地之一。

会议旅游业为达沃斯带来了总计全年130000人次的过夜游客量，占达沃斯酒店过夜游客总人次数的8%。如今，每年在达沃斯举办的300～1500人规模的大型国际会议就有50多个，小型国际研讨会数量则将近200个，涉及的领域包括经济、科技、医疗、教育等，甚至一些跨国公司也把全球性的年会设在达沃斯。这些国际会议带来的收入占到达沃斯全年GDP的27.4%。

（2）度假类产品

度假旅游产品可以分为雪季度假与非雪季度假两类。雪季度假产品侧重于依托其良好的空气、环境资源，甚至结合温泉等优势资源开展冬季滑雪度假活动。非雪季的度假活动侧重于山地度假，通常面向家庭游客，开展各类徒步、观光、山地自行车等观光活动，结合各类室内外休闲运动以及主题夏令营等，辅助开展一些节庆活动，烘托节日气氛。如加拿大的惠斯勒被誉为"北美最好的四季度假区"之一。惠斯勒春季和秋季的时间较短，各有一个月的时间，即每年的5月份为春季，9月份为秋季。为了吸引游客，惠斯勒会在春季和秋季推出许多特色活动。如在春季面向家庭游客推出数花节、森林探险节等活动。在秋季，会开展酒庄之旅、枫叶之旅等活动。而夏季是除冬季以外最重要的季节，适合开展各类山地度假活动（图3-7、图3-8）。

图3-7　惠斯勒数花节

图3-8　惠斯勒森林探险节

图片来源：www.whistler.com

图 3-9　黑龙江滑雪胜地亚布力　　　　图 3-10　亚布力的地中海俱乐部（Club Med）

图片来源：Club Med 2016/2017，冰雪度假村

我国一些知名滑雪旅游区目前也在这方面加快脚步，迎头赶上。如四川西岭雪山滑雪旅游区在 2010 年初从瑞典原装进口了斯堪的纳木屋度假别墅，并配备高山热矿疗温泉及 SPA 水疗休闲设施；黑龙江滑雪胜地亚布力在 2009 年引入国际著名度假品牌"地中海俱乐部（Club Med）"，这是 Club Med 在中国开设的第一个度假村（图 3-9、图 3-10）。高端度假酒店的引入和建设都将极大地提升滑雪旅游区的市场定位与目的地形象，也将在非雪季更好地满足中高端游客的休闲度假需求，同时拓展中高端商务会议市场，从而让滑雪旅游区从单一的运动旅游目的地转型升级为运动休闲综合型度假目的地。

（3）观光类产品

滑雪旅游区的夏季活动中，观光类所占比例较大。根据纽约滑雪组织 SANY（Ski Areas of New York）研究显示，美国各大滑雪旅游区中，夏季游客日均消费额约为冬季游客日均消费额的 80%。山地旅游在夏季的主要吸引力还在于美丽景致、与自然环境亲密接触等因素。

有研究显示，人们最喜欢的夏季活动是徒步，欧洲的阿尔卑斯山区域，超过 65% 的夏季游客选择徒步登山活动。其次是登山、山地自行车、野营、漂流（图 3-11～3-16）等。根据北美的滑雪管理机构 SAM 研究显示，北美地区滑雪场的夏季到访游客中，约 30% 的游客只是为了通过乘坐索道欣赏风景、放松心情。全球很多高山滑雪旅游区都会在夏季运营至少一条索道，有些滑雪旅游区夏季到访游客规模会超过 250000 人次。

图 3-11　夏季徒步
图片来源：www.vailcascade.com

图 3-12　夏季登山
图片来源：www.whistler.com

图 3-13　夏季自行车
图片来源：www.vailcascade.com

图 3-14　夏季漂流
图片来源：www.whistler.com

图 3-15　夏季钓鱼
图片来源：www.vailcascade.com

图 3-16　夏季露天演出
图片来源：www.vailcascade.com

3.2.4　案例

1. 加拿大惠斯勒（Whistler）镇

（1）概况

被誉为全球十佳滑雪胜地之一的惠斯勒地处加拿大境内的温哥华北部地区，距温哥华 125km。是世界著名的滑雪胜地，无数滑雪运动爱好者为之向往的地方。在 1992～1995 年，连续四年被滑雪杂志 *Snow Country* 评为"北美第一滑雪旅游胜地"、"最佳度假胜地设计"，同时也是 2010 年冬季奥林匹克运动会的举办地之一（图 3-17、图 3-18，彩图见文后彩页）。

图 3-17　惠斯勒冬季景观
图片来源：图 3-17、图 3-19、图 3-20 均引自 www.whistler.com

图 3-18　惠斯勒夏季景观
图片来源：www.whistlerblackcomb.com

惠斯勒（Whistler）面积 161.72km^2，人口 9824（2011 年）。滑雪场分为两部分，即惠斯勒山滑雪场（Whistler Mountain）和黑梳山滑雪场（Blackcomb Mountain）。它们不仅是北美两大滑雪场，而且是国际级的滑雪场地。

惠斯勒山滑雪场于 1966 年启用，占地 1480hm^2，共有超过 100 个滑雪道，是加拿大滑雪道最多的滑雪场。其中有 25% 的专业滑雪道，55% 为中级滑雪者设计的滑雪道，20% 适合初学者所用的滑雪道。惠斯勒山开放时间为每年 11 月至翌年 4 月。滑雪道设计合理，能够吸引大量滑雪爱好者，尤其是初级滑雪爱好者。

黑梳山的滑雪场占地 1353hm^2，1980 年开放启用。黑梳山滑雪道较惠斯勒山宽，但多斜坡地，主要为中、高级雪道，不适合初学者。此外还包括三个冰川滑雪场以及 13 个别具一格的高山碗状斜坡滑雪场和极具挑战性的雪上技巧雪道。

（2）市场概况

惠斯勒地区经过 100 年的发展，逐步形成冬夏两季平衡发展、以中产阶级家庭为主的稳定客源结构。

据统计，惠斯勒地区年游客规模 220 万人次，冬、夏游客基本持平，分别占 48% 和 52%。其中，冬季国际游客比例多，停留时间较长，一般 3 天以上；夏季以省内和周边周末度假游客为主，停留时间较短。

无论冬、夏两季，惠斯勒家庭游客都是名副其实的主力客群，占到 58% 的比例，其次是专业发烧友或滑雪爱好者，旅游团商务会议、高端度假人群比例不高。

（3）旅游产品体系

作为全球十佳滑雪胜地之一，惠斯勒的旅游产品体系非常丰富。冬季产品体系不仅包括速降滑雪、直升机滑雪、林间滑雪、越野滑雪、攀登雪山、雪地行走等运动、竞技类产品，还包括雪圈滑雪、雪地摩托、滑冰、狗拉雪橇、直升机空中观光等娱乐和观光类产品，以及室内外瑜伽、SPA养生、酒厂参观等特色类产品（图3-19～图3-22）。

图3-19　惠斯勒冬季滑雪活动

图3-20　惠斯勒冬季雪地行走

图3-21　惠斯勒冬季雪地摩托

图片来源：www.hellobc.com.cnbritish-columbiathings-to-dowinter-activitiessnowmobiling.aspx

图 3-22　惠斯勒室外瑜伽
图片来源：www.whistlerblackcomb.com

图 3-23　惠斯勒夏季徒步活动
图片来源：图 3-23～图 3-26 均引自 www.whistler.com

除了冬季的核心产品，惠斯勒夏季的辅助产品也独具特色，充满热情。每年的春季到秋季之间，惠斯勒主打各种节庆类产品，天天都有精彩的节目，街头艺人、小丑、乐师以及露天音乐会将游客的情绪带到最高潮。同时夏季的度假游也是重点，因为这里的气候夏季凉爽舒适，是理想的避暑胜地。游客可以到邻近山区的湖泊钓鱼、徒步健行、索道观景、骑行山地自行车、打高尔夫球（图 3-23～图 3-26），因此夏季的游乐人潮并不亚于冬季（表 3-3）。

图 3-24　惠斯勒夏季观光活动

第1篇 背景分析篇

图 3-25　惠斯勒夏季山地自行车活动

图 3-26　惠斯勒夏季高尔夫活动

惠斯勒旅游产品一览表　　　　　　　　　　　　　　　　　表 3-3

旅游产品体系	产品类型	所属季节	项目	项目简述
核心产品	运动类	冬季	林间滑雪	在不同尺度和形状的树林之间滑雪，惠斯勒因为山地森林覆盖率较高，是理想的林间滑雪胜地
			直升机滑雪	乘坐直升机直达大不列颠哥伦比亚省海岸群山之巅，从山顶顺势滑下
			冰川滑雪	全北美唯一可以在冰川上滑雪的旅游地
			攀登雪山	雪地行走、攀登雪山是惠斯勒除滑雪之外非常受欢迎的户外活动
		夏季	夏日滑雪	黑梳山顶几乎终年积雪，夏季也可以体验滑雪，并在冰河上享受滑行的乐趣
			山地自行车	惠斯勒山地自行车公园被公认为是世界上最好的。它拥有 200 多公里长且附有座椅升降服务的车道，还有三个技艺中心和两个跳跃公园区域
			越野自行车	除了山地自行车公园，惠斯勒还拥有几百英里环绕四周山峦湖泊的宽窄相间的越野自行车道和一条为休闲骑车爱好者而铺设的长 35km 的山谷车径
			滑行飞索	全身被绳索固定，而后沿着黑梳山与惠斯勒山之间的滑索急速穿越山谷丛林，感受一次独特的"飞翔"之旅

续表

旅游产品体系	产品类型	所属季节	项目	项目简述
核心产品	竞技类	冬季	高山滑雪	高山滑雪是黑梳山和惠斯勒山的传统冬季项目。这里的滑雪学校针对不同年龄和能力开展训练课程
			越野滑雪	可在贯穿整个山谷并且经过人工修整的雪道上滑雪，也可以到为2010年奥运会而兴建的北欧项目场所——惠斯勒奥林匹克公园滑行
	娱乐类	冬季	雪地摩托	雪地摩托被誉为雪地上活动最快的交通工具，在专业教练的陪同下体验它的速度与刺激
			雪圈滑雪	雪圈滑雪简单易学，由于它娱乐性强，虽惊险但刺激性低、安全性高，不需要特别的技巧和运动员体能，所以深受家庭游客的喜爱
			狗拉雪橇	这是一种加拿大特有的探险活动，可以驾驭一队健壮的雪橇犬在惠斯勒山区雪地上滑行，欣赏沿途风光
		夏季	山地探险	探险区中还提供蹦床、空中吊杆、迷宫、仰卧雪橇赛、热气球、陀螺仪、赛道骑乘等不同类型的活动，给游客更多选择
	节庆类	春季	艺术节、数花节、世界滑雪节	惠斯勒艺术节在整个2月期间向公众展现各种歌舞演出、文学活动、电影放映、冰雪雕塑、艺术展览和街头表演等。数花节期间开展各种丰富多彩的森林徒步和观光活动。4月的研科电讯世界滑雪节则涉及音乐、艺术和体育活动，包括加拿大最大的户外免费音乐会系列，专业的单板滑雪和双板滑雪比赛，摄影和电影展示活动等
		夏季	山地自行车节	7月的山地自行车节会吸引各地高手前来一决高下，同时还有现场音乐表演、冰火表演等各种娱乐活动
		秋季	酒庄之旅、枫叶之旅	秋季开展酒庄参观、品尝红酒和森林枫叶观光、森林徒步与探险、漂流等活动
		冬季	电影节	12月的电影节活动，包括放映加拿大本土和国际独立制片人拍摄的影片，举办电影工作坊和一些特别的电影活动，同时包括各种街头表演、音乐会等文化娱乐活动
	特色类	全年	直升机观光	冬季乘坐直升机去体验挑战地心引力之雪上飞机之旅。而夏季则可以从高空俯瞰美丽的大地或者来一次直升机加徒步健行，探索鲜为人知的地域，甚至可以乘坐直升机在冰河上降落
			横渡峰顶缆车（PEAK 2 PEAK GONDOLA）	横渡峰顶缆车往来于惠斯勒山山顶和黑梳山山顶，它是全球同类型中最高（436m）和最长（4.4km）的无支撑高空索道缆车。冬季游客乘坐缆车可以在两座雪场之间切换，夏季亦可欣赏冰川覆盖的山景及惠斯勒山谷盛景
			斯阔米什利瓦特中心	这里是原住民文化中心。可以欣赏原住民艺术家的歌声与击鼓表演，探寻博物馆中馆藏丰富的艺术品，包括图腾柱、面具和织物，还能欣赏到一部关于当地原住民历史的影片
			室内瑜伽、SPA	全年开展室内瑜伽、健身、SPA等休闲健身活动
			酒厂参观	全年可以组织前往惠斯勒本地红酒酿造工厂参观，了解红酒生产、酿造全流程，同时包括产品展示与销售等

续表

旅游产品体系	产品类型	所属季节	项目	项目简述
辅助产品	度假类	全年	餐饮购物	惠斯勒拥有200多个零售商店，超过30个酒吧、小酒馆和夜总会，90多个餐厅以及18个温泉水疗馆可供选择，游客在此可以充分享受购物、餐饮和休闲娱乐的乐趣
		夏季	高尔夫	惠斯勒度假村拥有出自世界著名设计师的4个合乎国际标准的世界级高尔夫球场，吸引了众多职业、非职业高尔夫球手来此一试身手
		夏季	钓鱼及其他水上活动	惠斯勒拥有5个美丽的湖泊，分别是Lost Lake、Alta Lake、Alpha Lake、Nita Lake以及Green Lake，其中Lost Lake和Alta Lake，非常适合游泳、划独木舟或驾驶风帆等其他水上活动
	观光类	全年	惠斯勒登云者号观光列车	惠斯勒登云者号观光列车，从温哥华至惠斯勒的3小时火车观光之旅。该旅程全长118km，沿途可欣赏到连接不断的美丽景致：山涧幽泉泻玉、瑶池碧水盈天、豪湾中镶嵌着的翡翠般的小岛、飞流直下三千尺的香侬瀑布以及白雪覆盖蜿蜒起伏的海岸山脉
		冬季	冰川之旅	可以在惠斯勒山顶开展冰川雪原行走之旅
		夏季	徒步	惠斯勒周围拥有许多健行步道，并且可以在风景优美、空气清新的高山中锻炼身体，这里还提供私人导游服务
			越野车之旅	在专业导游引领下，乘坐全地形越野车穿山越岭，寻微探幽
			观赏野生动植物	通过观赏当地植物群、雨林、冰川、熊以及其他野生动物，可以了解当地自然生态特色
			泛舟水面	惠斯勒地区有众多湖泊、河流。泛舟水面可享受周围的宁静与自然风光

资料来源：世界滑雪旅游研究报告。

（4）旅游服务设施

惠斯勒小镇始建于1980年，坐落在惠斯勒山和黑梳山的山脚下，环绕着5个湖泊、4座高尔夫球锦标赛球场以及1座迷人的上村村庄，风景如画、四季皆宜（图3-27，彩图见文后彩页）。小镇为游客提供了健全的住宿接待设施：目前惠斯勒共有约120家不同等级的度假酒店，包括3200个酒店房间，其中90%以上都是由国际知名的酒店管理机构在管理，以便为游客提供高质量的住宿服务；同时还有5000多个其他可供游客住宿的单位，包括公寓、家庭旅馆和度假木屋等。对外交通方面，惠斯勒山谷特快巴士全年提供惠斯勒小镇以及惠斯勒往返彭伯顿地区的巴士服务；每年的5～9月份，还开通往返于温哥华至惠斯勒的惠斯勒登云者号观光列车。内部交通方面，升降缆车、自行车线路、徒步线路构成了惠斯勒的内部交通构架。同时小镇还建有超过200坐商店、商场和90多个餐厅，为滑雪游客购物提供了便利，还有画廊、温泉水疗馆、咖啡馆、酒吧、夜总会、宠物酒店、儿童托管中心等设施。这些丰富的旅游服务设施为惠斯勒赢得了"全球最佳滑雪胜地"的美名。

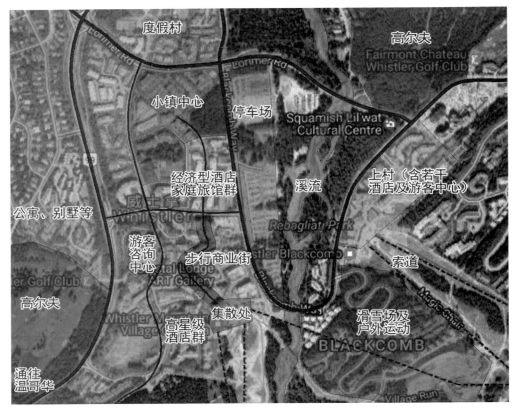

图 3-27 惠斯勒小镇空间布局意向
图片来源：作者自绘

2. 瑞士圣莫里茨（St. Moritz）滑雪小镇

（1）概况

圣莫里茨小镇位于瑞士东南部格里松斯地区，周围有 4 个大型滑雪场和 5 个小型滑雪场。雪道总长度约 350km，海拔最高超过 3000m。每年 11 月到次年 4 月是最主要的滑雪季（图 3-28、图 3-29，彩图见文后彩页）。因其得天独厚的"香槟气候"，造就了圣莫里茨丰富多样的四季景观，这里冬季湖水会结冰，夏季 7~8 月都可能下雪，四周更有 173 座冰川环绕。凭借优越的自然条件，圣莫里茨以一流的雪道、设施，结合现代化高端服务以及配有直升机的豪华度假酒店，成为世界上最著名的滑雪胜地之一。

（2）市场概况

圣莫里茨兼具意大利、德国和瑞士本土传统文化气息，如今已成为全球著名的冬季运动天堂和夏季矿泉疗养与观光胜地。这里还曾举办过两届冬季奥运会和五次国际雪联（FIS）高山滑雪世锦赛。除滑雪运动爱好者外，它还尤其受到世界各地政商界、文化界名流和皇室成员及贵族的喜爱。

图 3-28 圣莫里茨冬季滑雪

图 3-29 圣莫里茨冬季夜景

图片来源：https://www.stmoritz.ch/winter/ski-snowboard/

（3）旅游产品体系

圣莫里茨除了是举世闻名的滑雪胜地之外，四季都可以享受徒步、自行车、高尔夫、帆船、骑马等多姿多彩的活动。同时这里还是冰川列车和伯尔尼纳快车等著名的全景观光列车的出发点，具备绝佳的旅行条件（图 3-30，彩图见文后彩页）。这里常常举办雪地赛马及马球等活动，戏剧节、英国古典车展和恩噶丁音乐节也是这里的特别活动，这都体现着圣莫里茨在文化底蕴上的特色（表 3-4）。

（4）旅游服务设施

作为全球最奢华的阿尔卑斯山度假胜地，这里是世界上密度最大的五星级酒店聚集地，这座小城拥有 8 家五星级酒店、24 家四星级酒店、40 家三星级酒店和接近 100 家非星级酒店。这里也是高端奢华公寓最密集的地区之一，其价格跻身世界前十大最独特、最奢侈房产之列。

与此同时，3000 多年历史的矿物温泉所带来的温泉理疗和 300 多米长的 Via Serla 街道所包含的顶级购物体验都为圣莫里茨添加了更多色彩。

图 3-30 冰川列车

图片来源：https://www.stmoritz.ch/en/lifestyle

圣莫里茨旅游产品一览表 表3-4

旅游产品体系	产品类型	所属季节	项目	项目简述
核心产品	运动竞技类	全年	马术障碍赛	圣莫里茨是阿尔卑斯山区马术运动的中心,冬、夏两季均会举办的马术障碍赛充分体现了这里的运动传统。由于独特的季节性优势,圣莫里茨马术障碍赛在冬季与夏季都有其独特的卖点。将传统与流行的马术结合,亦为喜爱马术的人士提供了交流之地,逢夏季开赛的圣莫里茨马术障碍赛更倾向于山地风格。观众可在怡人的气候里与骑手和马儿近距离接触,感受传统马术的魅力
		冬季	高山滑雪	圣莫里茨周围有4个大型滑雪场和5个小型滑雪场。雪道总长度约350km,具有得天独厚的滑雪条件。在考尔维利亚山还有瑞士最险峻的出发坡——内尔山,陡坡的倾斜度接近垂直,令人头晕目眩,可以在7s内从零加速到130km/h
			越野滑雪	这里有为越野滑雪爱好者专门准备的越野雪道网络
			单板滑雪	为单板滑雪运动爱好者设置了永久性的单板U形池、串联式雪台以及适合高原训练的设施
			圣莫里茨冰湖赛马	每年2月左右举行。源于1907年的这项顶级赛事包含了赛马、美食、音乐和各类创意展览
			暗夜冰湖赛马	纯种优质赛马在冻结的圣莫里茨湖面上为荣誉而战。美食、音乐、冰与火元素,都融入阿尔卑斯深夜的景致中,带来独一无二的体验。可容纳超过5000名观众观赛
			圣莫里茨雪地马球世界杯	1985年圣莫里茨举办了欧洲第一届冰湖马球比赛,是世界最著名的冬季雪地马球比赛。每年1月末在冰封的湖面上都有四支队伍为赢得荣誉而战。观众们在梦幻的山峰背景前体会着这项受力量、速度、荣誉和传统体育精神影响的世界级运动
			冰上高尔夫球	在冻结的圣莫里茨湖面上开展冰上高尔夫球运动,也成为圣莫里茨一道独特风景
		夏季	恩嘎丁冲浪风帆比赛	圣莫里茨湖适合夏季扬帆,2003年起举办的风帆赛每年都吸引世界顶尖的专业风帆选手和爱好者前来一展身手
			山地自行车	圣莫里茨湖边或者山地森林是骑行爱好者会爱上的地方,镇上也提供专业的自行车租赁服务
	节庆类	冬季	圣莫里茨美食节	每年1月末左右举办。已有19年历史的圣莫里茨美食节吸引来自30多个国家的厨师和超过6万名的食客参与。游客可以在这里尽享美食、畅饮酒水、聆听动人音乐,还有和小朋友互动的游戏环节
			蓝调音乐节	在寒冷的冬日感受蓝调音乐带来的温度,顶级艺术家为现场观众带来传统芝加哥蓝调音乐
		夏季	圣莫里茨歌剧节	每年欧洲的顶尖歌唱艺术家都会汇聚圣莫里茨,为歌剧爱好者带来独特的视听盛宴
			恩嘎丁音乐节	每年夏季8月初举办。音乐节在保持它的传统和原汁原味时,也会加入一些富有创意的新元素。已经度过74个年头的恩嘎丁音乐节旨在培养和发掘年轻艺术人才,各类富有生机的原创音乐作品或经典演奏轮番上演,为听众带来融合阿尔卑斯山地特色的音乐盛宴

续表

旅游产品体系	产品类型	所属季节	项目	项目简述
核心产品	节庆类	夏季	圣莫里茨爵士音乐节	作为欧洲爵士音乐节里的佼佼者也是海拔最高的爵士音乐节，圣莫里茨爵士音乐节将当地和国际歌星以及他们的蓝调歌曲汇聚在传奇般的德古拉俱乐部
			切勒里纳新奥尔良爵士音乐节	音乐节邀请顶级本土和国际爵士巨星演出。游客可在富有田园气息的切勒里纳乡间漫步，享受乡村广场上的表演和酒店里令人激动的夜间音乐会
			圣莫里茨艺术大师节	整个恩嘎丁布置一新，成为瑞士本土和国际艺术景观的舞台。"艺术漫步"将阿尔卑斯壮美的景色与当代艺术完美地呈现在游客面前
	特色类	全年	伯尔尼纳快车冰川列车	伯尔尼纳快车连接阿尔卑斯恩嘎丁和地中海南部最美的铁路线，全程穿越55座隧道，跨越196座桥梁，文化古迹、冰川和棕榈树尽览其间。 著名的冰川列车是世界上最慢的特快列车，7.5小时的观景车程中，一幕幕山、谷、桥、湖之美景让游客一饱眼福。 这两条世纪之久的高山线路都已被联合国教科文组织列为世界遗产
			阿尔卑斯格鲁姆餐厅	海拔2091m的阿尔卑斯格鲁姆餐厅可俯瞰冰雪覆盖的山川美景，那里露台上的冰川火锅和烤乳猪是餐厅特色
			阿尔卑斯山瑞士木屋	紧邻巴德鲁特宫廷酒店，离购物街100m之遥，是典型的阿尔卑斯山瑞士木屋，体现出当地建筑特色与人文传统
		冬季	滑雪学校	瑞士第一家滑雪学校Schweizer Skischule St. Moritz于1929年在圣莫里茨成立，除此之外还有多家滑雪学校，家长可以将孩子送到滑雪学校中学习最基本的滑雪技巧
		夏季	英国古典车展	活动从1994年以来每年7月都会有超过200辆英国老爷车参加，是风景与复古相结合的视觉盛宴
			恩嘎丁意式老爷车展	展示1984年以前生产的经典意大利老爷车，观众能看到极具历史价值、保存完好的经典意大利老爷车。年年展示的车辆不超过100辆，每一台老爷车独特的外形和故事都将老爷车的风情展现得淋漓尽致
辅助产品	度假类	全年	温泉理疗与养生	独一无二的香槟气候，让圣莫里茨终年包裹在纯净舒爽的气息中，并使得水质更为清澈。来此处温泉理疗与养生，始终是游客最重要的目的之一
			特色酒店	云集了众多高级度假酒店
		夏季	高尔夫	圣莫里茨的山谷里散落着优质的高尔夫球场，在五星级酒店—库尔姆酒店就可以享受挥杆的乐趣
			泛舟钓鱼、冲浪与帆船等	山下的圣莫里茨湖，在夏天是泛舟钓鱼的好去处。每逢夏季来临，像长龙一样的白色马洛亚风沿着山谷摇晃曳而来，风向的偏移，扫去了午间的闷热，给人们带来阵阵凉爽，同时也适合冲浪与帆船运动

续表

旅游产品体系	产品类型	所属季节	项目	项目简述
辅助产品	观光类	全年	直升机观光	乘坐直升机掠过壮丽山峰，俯瞰冰川地貌和湖泊美景的旅程更是让人禁不住连连惊呼
			塞根蒂尼博物馆	乔凡尼·塞根蒂尼，意大利杰出画家，被誉为"阿尔卑斯的画家"，画作大多都与生命、自然、死亡的主题相关。这是献给画家乔瓦尼·塞根蒂尼的博物馆，他曾在恩嘎丁度过了生命中最后的5年，馆内收藏了他早期以及在圣莫里茨创作的50多幅作品（图3-31）
			恩嘎丁博物馆	博物馆已有100年历史，恩嘎丁风格的藏品和装饰风格向来客讲述着阿尔卑斯的风情与历史。馆内装饰以恩嘎丁松木制品为主，藏品时间范围涵盖13～19世纪，藏品4000余件
			圣莫里茨斜塔	斜塔原本是1890年倒塌教堂的一部分。斜塔高33m，倾斜5.5°。自12世纪以来它一直是这座城市的地标，见证着圣莫里茨的历史变迁。如今斜塔成为圣莫里茨的必去景点之一
		夏季	徒步	山间徒步是圣莫里茨夏季非常热门的一个项目，夏季山顶仍有雪，雪山徒步更有乐趣，魔女峰就是上好的选择，这是圣莫里茨乃至瑞士有名的徒步路线
			骑马与马车游览	伴随着马蹄声的冥想和路旁野玫瑰的芳香，骑马及马车游览亦可呈现日间的浪漫和夜晚的温柔

资料来源：http://mini.eastday.com/mobile/160617172023179.html。

瑞士圣莫里茨小镇的运营成功经验除了得天独厚的自然条件、冰雪运动传统外，还包括两点：以丰富的多样性文化赋予了小镇独特的文化气质，提升了小镇的度假品质；特色的交通工具，将游览观光与交通运输完美地结合在一起。

图3-31 塞根蒂尼博物馆
图片来源：https://www.stmoritz.ch/en/lifestyle

3. 黑龙江亚布力滑雪场

（1）概况

亚布力滑雪旅游度假区是由风车山庄、国家体委、交通山庄、大青山滑雪场、通信山庄、电力山庄、云鼎山庄、雅旺斯好汉泊雪场等共同组成，位于黑龙江省东部尚志市境内，距哈尔滨市193km，距牡丹江市120km。属中温带大陆性季风气候。最高峰海拔1374.8m，极端最低气温是－44℃，平均气温－10℃，冬季山下积雪深度为30～50cm，山上积雪厚达1m左右，雪质优良，硬度适中。积雪期为170天，滑雪期近150天，每年的11月中旬至次年3月下旬是这里的最佳滑雪期（图3-32）。

图 3-32 黑龙江亚布力滑雪场
图片来源：http://www.yabulichina.com/index.shtml

亚布力滑雪旅游度假区自 1994 年以来，成功举办了 10 届中国黑龙江国际滑雪节首滑式，先后承办了 3 次全国冬季运动会以及 100 余次洲际大、中型赛事。现有高山滑雪场地、自由式滑雪场地、跳台滑雪场地、单板场地、越野滑雪场地和冬季两项滑雪场地以及适合旅游者滑雪的初、中、高级滑雪道。

经过 20 年的发展，目前亚布力滑雪旅游区共拥有雪道 50 条，总长度 90km。其中，高山雪道 50.8km，初级雪道 9.2km，越野雪道 30km；索道 25 条，总长度 21km；最长单条雪道长 5km，最长高山雪道 2680m；高山竞技雪道最大落差 900m，休闲旅游雪道最大落差 600m。同时还有占地 33.8hm^2 的亚布力雪山水世界和专业山地自行车公园，包括 20km 林间专业赛道、168km 大众公路车道和 30km 栈道便道。

（2）市场概况

亚布力滑雪场最初是为运动员备赛训练而创设的训练基地，20 世纪 90 年代后逐步开展大众滑雪旅游。因此，其市场客群也从专业运动员逐步向大众滑雪者过渡。据相关研究，目前亚布力的滑雪旅游主体为年龄在 15-44 岁之间的中等收入阶层，尤其是家庭游客出游率最高。

（3）旅游产品体系

亚布力的冰雪旅游资源主要集中在冬季滑雪项目中，核心产品为高山滑雪，同时还包括：雪橇滑雪、雪地摩托、雪圈滑雪、儿童滑雪、马拉爬犁、夜间滑雪、雪地烟花篝火晚会等传统和新兴雪上户外项目以及山地自行车、林间徒步观光等非雪季期间的特色项目（表 3-5）。

（4）旅游服务设施

目前亚布力有五星级酒店 3 家、三星级酒店 3 家以及部分木屋、公寓、农家乐等住宿和餐饮设施，日接待住宿能力为 6000 人。同时设有雪具出租店和滑雪学校，

亚布力旅游产品一览表　　　　　表3-5

旅游产品体系	产品类型	所属季节	项目	项目简述
核心产品	运动竞技类	冬季	高山滑雪	高山雪道50.8km,初级雪道9.2km,最长高山滑道2680m;高山竞技雪道最大落差900m,休闲旅游雪道最大落差600m
			越野滑雪	亚布力拥有越野雪道30km
			其他类	可以开展包括自由式滑雪、跳台滑雪、单板滑雪和冬季两项滑雪等竞技体育比赛的专用场地
		夏季	山地自行车	专业山地自行车公园中包括20km林间专业赛道以及168km大众公路车道和30km栈道便道
	娱乐类	冬季	雪橇滑雪	在4~6只健壮雪橇犬的带领下在雪地上滑行,欣赏沿途风光
			雪地摩托	雪地摩托被誉为雪地上活动最快的交通工具,在专业教练的陪同下体验它的速度与刺激
			雪圈滑雪	雪圈滑雪简单易学,由于它娱乐性强,惊险但刺激性低、安全性高,不需要特别的技巧和运动员体能,所以深受家庭游客的喜爱
			儿童滑雪	亚布力有专门为儿童开辟的滑雪区域,供儿童学习滑雪
			马拉爬犁	滑雪者乘坐爬犁,在专业人员的驾驭下,由马匹牵引爬犁在雪上滑行
		夏季	滑道	夏季在专门开辟的滑道路线上开展滑行
			雪山水世界	占地33.8hm^2,包括5大区域,22个组合产品,可开展丰富的水上活动
	特色类	冬季	夜间滑雪	亚布力有专门开辟的夜间滑雪场地,保证夜间照明的安全性和舒适性
			雪地烟花篝火晚会	冬日晚间的篝火晚会,具有欢快的节日气氛
辅助产品	观光类	夏季	徒步	新建30万m^{2}的溪水景观带,草木丰盛,鸟语花香,适宜开展林间观光与徒步活动

配套有酒吧、快餐店、购物中心、红十字救护站以及国际、国内长途电话和卫星电视等服务设施。在体育旅游迅速发展的同时,配套服务设施发展相对滞后。

4. 河北崇礼太舞滑雪小镇

（1）概况

太舞滑雪小镇位于河北省张家口市崇礼区,距离北京220km。该地区年平均气温4.2℃,雪期长达150天。滑雪场绝对落差为510m。与世界著名滑雪胜地落基山、阿尔卑斯山同处北纬40º~50º,是世界公认的"山地度假"黄金地带。周边有密苑云顶、多乐美地、万龙及长城岭等多家滑雪场。太舞滑雪场自2015~2016年雪季开业以来,先后举办过全国自由式滑雪雪上技巧冠军赛、中韩自由式滑雪雪上技巧对抗赛、2016~2017年太舞国际雪联自由式滑雪雪上技巧世界杯赛等赛事活动。

（2）市场概况

根据北京清华同衡规划设计研究院编制的《崇礼四季文化旅游度假区总体规划（2012～2025年）》，太舞滑雪小镇的客源市场分为三级。其中，一级市场包括北京高端和中端人群，含外国驻京人员和中产群体，这一部分客源占总预测游客规模的75%～85%。二级市场包括张家口、天津、河北环京津地区、山西大同等周边地区，这一部分游客比例为5%～20%。三级市场为入境游客及其他国内市场，这部分市场属于机会市场。

客源市场特征方面，滑雪游客以中青年为主，家庭出游、朋友结伴和自驾车出游是主要出游方式；文化休闲、自然风光、服务与环境是游客最看重的地方；旅游区知名度的提升、交通条件的改善和性价比的提高是吸引游客的重点；游客已成为成熟型旅游者，注重旅游地质量（硬件和软件），消费理性。

（3）旅游产品体系

项目在规划设计初期就考虑到一年四季的运营，保障非雪季期间开展各项休闲、旅游活动。在《崇礼四季文化旅游度假区总体规划（2012～2025年）》中，根据资源、市场条件，将旅游产品体系划定为：运动类、竞技类、娱乐类、节庆类、特色类、会议类、度假类以及观光类等8个类型（表3-6，图3-33、图3-34）。

崇礼太舞滑雪小镇旅游产品一览表　　表3-6

旅游产品体系	产品类型	所属季节	项目	项目简述
核心产品	运动类	冬季	高山滑雪	太舞滑雪场山顶最高点（玉石梁）海拔2160m，雪场雪滩停止区最低点海拔1650m，雪道绝对落差为510m
			地形公园与半管	专门布置的地形公园和半管受到单板和双板滑雪者的青睐，通过小型跳台和管道的地形公园给滑雪爱好者带来更多的刺激
			单板滑雪	为单板滑雪运动爱好者设置了永久性的单板U形池、串联式雪台以及适合训练的设施
		夏季	山地自行车	太舞有专门设置的山地自行车道，可以开展专项运动与赛事活动
	竞技类	冬季	雪上技巧	太舞有专门设置的雪上技巧、空中技巧场地。截至2017年4月，太舞已经举办过国内、外雪上技巧大赛三次
			越野滑雪	为2022冬奥会而规划布局的越野滑雪道
	娱乐类	冬季	雪橇滑雪	在雪橇犬的带领下，由专业人员驾驶雪橇在雪地上滑行，欣赏沿途风光
			雪地摩托	游客可在专业教练的陪同下体验它的速度与刺激
			雪圈滑雪	雪圈滑雪简单易学，由于它娱乐性强，惊险、刺激性低，安全性高，不需要特别的技巧和运动员体能，所以深受家庭游客的喜爱

续表

旅游产品体系	产品类型	所属季节	项目	项目简述
核心产品	娱乐类	冬季	儿童滑雪	太舞有专门为儿童开辟的滑雪区域，供儿童学习滑雪。同时还有滑雪学校，开展滑雪专业教学
		夏季	滑道与滑索	在专门开辟建设的线路上开展滑行，体验"空中飞人"的速度与刺激
	节庆类	冬季	竞技类比赛	在2022年冬奥会基础上，利用现有设施开展各类国内外大型赛事活动。同时可以开展冰雪节、雪上音乐节等节庆活动
		夏季	山地自行车赛、徒步赛	夏季利用既有设施，开展山地自行车赛、徒步等赛事。同时可以开展数花节、创意写作周、摄影节等节庆活动
	特色类	冬季	夜间滑雪	规划建议考虑崇礼夜间气温过冷的情况，可于滑雪季节后期开展夜间滑雪，丰富滑雪体验
辅助产品	会议类	全年	会议培训	全年可以开展企事业年会、商务会议、专题会议、企业员工拓展培训等商务接待活动
	度假类	夏季	避暑疗养	太舞滑雪小镇夏季平均气温18℃，空气清新，景色优美，植被茂盛，野花芬芳，可以开展避暑度假、休疗养等专题度假活动
			高尔夫	规划布局高尔夫球场1处，夏季可以体验高球乐趣
			攀岩、拓展等活动	夏季利用周边良好的自然地形条件开展各类户外拓展活动
			夏令营	凭借崇礼的夏季气候、物候优势，开展主题夏令营活动
			餐饮美食	开展中国皇家御宴、中式私家菜、日餐、韩餐、儿童餐等，满足不同游客需求
	观光类	夏季	徒步	夏季开展徒步登山活动，享受夏季凉爽舒适的气候，欣赏沿途风光
			长城观光	依托明长城遗址，夏季可以通过索道抵达长城遗址区域开展观光活动
			索道观光	夏季乘坐索道可以直达玉石梁山顶，欣赏彩林、田野等自然风光

资料来源：北京清华同衡规划设计研究院编制的《崇礼四季文化旅游度假区总体规划（2012～2025年）》（总体规划经政府主管部门审批后，项目更名为：崇礼太舞滑雪小镇）。

图3-33 太舞滑雪小镇冬季滑雪项目

图3-34 太舞滑雪小镇夏季山地自行车项目

图片来源：太舞滑雪小镇微信公众号

（4）旅游服务设施

目前太舞小镇落成的酒店与旅馆包括四星级太舞酒店和鹰巢青年旅舍。近期还将建成五星级凯悦酒店、四星级凯悦嘉轩酒店、四星级威斯汀源宿酒店等，共提供800间以上客房。同时还有中餐、日餐、韩餐以及儿童餐厅等各类餐饮设施。小镇中还配套建设北美商街、精酿啤酒坊、小剧场、糖果店等商业娱乐设施。未来还将陆续建设山地温泉、KTV、咖啡吧等设施。

太舞滑雪小镇的项目亮点主要在于以良好的气候条件（常年空气质量为优、夏季平均气温比北京低10℃）、优质的自然环境和完善的滑雪及其他运动配套服务设施，吸引以北京为核心的华北地区滑雪及度假游客；作为2022年冬奥会雪上项目竞赛场地之一，也增加了它的市场吸引力。

5. 新疆丝绸之路滑雪场

（1）概况

丝绸之路滑雪场位于新疆天山山脉以南的南山国家森林公园内，占地12km²。距离乌鲁木齐38km，交通便利。滑雪场地处天山北坡逆温带生态谷地，属中温带半干旱大陆性气候，冬季平均气温为–10℃，夏季平均气温26℃，年平均温度7.3℃，年平均降水236mm，年平均日照2775小时，无霜期为105～168天，春、秋两季较短，冬、夏两季较长。积雪期120天，为冰雪旅游资源的形成提供了良好的气候条件。

丝绸之路滑雪场海拔介于1800m与2500m之间，建有初、中、高级雪道12条，总长2km，雪道面积27万m²。其中最长的雪道为2330m，最富挑战的高级滑雪道长1035m，垂直落差570m，最大坡度25°，可满足不同滑雪者的个性化需求。可同时容纳10000人滑雪。拥有西北地区唯一直达原始森林的专用滑雪及观光缆车3条，拖牵5条，同时有配建2条魔毯的滑雪教学区。

（2）市场概况

从地域分布来看，丝绸之路滑雪场的客源主要以乌鲁木齐市及其周边卫星城镇居民为主，包括乌市居民和克拉玛依、独山子、阜康等东疆石油基地的石油产业工人，最多延伸至天山北坡经济带的大、小城镇，其他地州的客源较少；疆外游客主要以东部发达城市上海、广州、北京等地居多；其他地区，尤其是广大内陆城市的客源较少；国际游客占比很小。

（3）旅游产品体系

丝绸之路滑雪场因独特的地理位置和自然环境为其发展为四季型旅游度假区提供了基础和保障。在冬季，丝绸之路是冰雪旅游胜地，同时因温度比乌鲁木齐高5℃左右，这也为其提供了康复疗养的条件；而在夏季，凭借着比乌鲁木齐低10℃的气候优势，又具有良好的避暑条件。因此，丝绸之路滑雪场发展定位也侧重于打造冬季滑雪、康复疗养，夏季避暑的四季型旅游度假区。

目前丝绸之路滑雪场的旅游产品集中在冬季雪上项目，同时规划还有各种夏季度假和观光等产品类型（表3-7）。

新疆丝绸之路滑雪场旅游产品一览表　　　　表3-7

旅游产品体系	产品类型	所属季节	项目	项目简述
核心产品	运动竞技类	冬季	高山滑雪	高山滑雪是丝绸之路滑雪场的优势项目，这里还承办了2016年全国冬运会的雪上竞速项目比赛
			越野滑雪	规划扩建越野雪道，作为日后雪上运动及竞赛的配套设施
		夏季	空中滑翔	夏季利用气候和地形优势开展空中滑翔活动
	娱乐类	冬季	雪圈滑雪	现有雪圈道7条，供滑雪者选择
			雪地摩托	规划引入雪地摩托活动，让游客在雪场上享受速度的激情
			马拉雪橇	由专业人员驾驶雪橇，在马匹牵引下前行
			雪地骑马	雪地上享受马踏飞雪的速度
辅助产品	节庆类	夏季	主题嘉年华	规划开展一年一度的主题嘉年华活动，通过节庆活动丰富夏季活动内容
	会议类	全年	新疆论坛	基于滑雪场的气候优势，开展新疆论坛等会议活动
	度假类	全年	民族特色农家乐	充分利用新疆维吾尔族等少数民族文化特色，开展民族特色农家乐活动，吸引区内外游客
		冬季	冰雪之家	配套度假公寓等设施，服务冬运会运动员、工作人员及日常滑雪游客
			康复疗养	利用这里冬季气温高于乌鲁木齐的优势，开展康复疗养、养生度假等活动
		夏季	避暑度假	凭借这里夏季比乌鲁木齐低10℃的气候优势，开展夏季避暑度假
			户外拓展	充分利用山、水、林、田优势，开展户外拓展活动
	观光类	冬季	空中观雪	冬季游客可乘坐索道抵达南山山顶，欣赏自然风光
			瞻星营地	规划布局一处高山科普天文台，开展观星科普活动
		夏季	徒步	夏季开展徒步观光，享受南山国家森林公园内的自然景观和宜人的气候环境
			越野摩托	在专业人员的驾驶下，游客可乘坐越野摩托，享受它带来的速度与刺激
			山地探险、野营	沿山林、溪流开展徒步探险活动。规划青石沟户外营地，夏季开展宿营活动
			索道观光	可以乘坐森林缆车到天山山脉原始森林里欣赏醉人的天山雪景
			花卉园艺	依托当地的物候条件，开展新疆花卉园艺展示
			农业观光与体验	在现有农业种植的基础上，开展农业庄园观光和体验活动，部分优质绿色农产品还可直供超市

资料来源：中国城市规划设计研究院．乌鲁木齐县丝绸之路雪上运动基地及配套服务区概念性规划（2014～2025）年．2014,5。

图 3-35　丝绸之路滑雪场鸟瞰图
图片来源：中国城市规划设计研究院.乌鲁木齐县丝绸之路雪上运动基地及配套服务区概念性规划（2014～2025）年.2014,5

（4）旅游服务设施

丝绸之路滑雪场目前建有 6000m² 生态酒店、雪地飞碟欢乐园、单板公园、动力三角翼会员飞行体验基地、国际标准高山滑冰场、滑雪综合服务接待大厅、中加国际滑雪学校、国际品牌雪具专卖店、1200m² 的休闲木平台阳光食街以及咖啡屋等滑雪配套服务设施，同时配套设有 1000 个停车位。规划中还有冰雪之家度假公寓以及度假木屋等接待设施（图 3-35，彩图见文后彩页）。

6. 小结

前文对我国东北地区、华北地区和西部地区三大滑雪区域开展了市场分析与发展趋势预测，并分别选取亚布力、太舞和丝绸之路三个具有区域代表性的滑雪场进行了产品分析。从以上分析可以看出，三大区域的滑雪资源、市场状况与旅游产品之间互存因果关系。

首先，我们以美国土地管理局对滑雪旅游资源的技术性评估标准（表 3-8）来看看三大区域的资源禀赋差异（表 3-9）。

滑雪旅游资源技术性评估标准（美国）　　表 3-8

决定因素	评估标准	计分	评估标准	计分	评估标准	计分	评估标准	计分
雪季长短	6 个月	6	5 个月	5	4 个月	4	3 个月	2
积雪深度	>1.22m	6	0.92~1.22m	4	0.61~0.92m	2	0.61m 以下	1

续表

决定因素	评估标准	计分	评估标准	计分	评估标准	计分	评估标准	计分
干雪	3/4 季节时间	4	1/2 季节时间	3	1/4 季节时间	2	0 季节时间	1
海拔	>762.5m	6	457.5~762m	4	152.5~457.5m	2	45.75~152.5m	1
坡度	很好	4	好	3	一般	2	差	1
温度	>10℃	3	−17.8~6.7℃	2	<−17.8℃	1	—	—
风力	轻微	4	偶尔变动	3	偶尔偏高	2	易变	1

资料来源：保继刚，楚义芳.旅游地理学.北京：高等教育出版社，1999：95-96。

我国东北、华北和西北地区滑雪旅游资源对比分析表　　　表3-9

地区（案例）	雪场平均气温（℃）	积雪期（天）	积雪深度（m）	海拔（m）	垂直落差（m）	坡度	风力	干雪	评估分
东北地区（亚布力）	−10	170	1.5~2	455~1360	905	好	—	—	26
华北地区（太舞）	−12	150	1	1550~2100	550	好	—	—	22
西北地区（丝绸之路）	−10	120	0.5	1860~2440	580	好	—	—	17

通过资源条件分析可以看出，我国滑雪旅游资源虽然分布广泛，但是从资源禀赋上来看，东北地区首屈一指，无论从积雪期、积雪深度、海拔高度、垂直落差等各方面，都优于其他区域。因此，这也解释了为何我国早期的冬季运动项目训练基地设立在此。

接着，我们再来分析三大区域的设施与市场环境。

从滑雪场雪道对比情况来看，东北地区滑雪场雪道落差平均达800m左右，山形地貌较好，有可持续发展的空间；华北、西北地区均在500m左右。从雪道技术等级分布来看，华北、西北地区的初、中级雪道数量多，达到平均每家雪场5~8条，而东北地区平均只有3条左右。如果从旅游滑雪角度考虑，东北地区目前的接待能力不如华北地区。但是从高级道数量来看，东北地区滑雪场数量及质量上明显占优势，接待滑雪发烧友能力强，这也从侧面说明东北地区旅游滑雪起步早，有些滑雪场仍在持续发展中。

从区位与交通对比情况来看，东北地区的地理位置较为偏僻，对国内游客的吸引只能来自一个方向，对国外游客的吸引更受到诸多条件的限制，不可能形成类似欧洲阿尔卑斯山这样著名滑雪胜地的辐射效应和广大腹地。以北京、崇礼为核心的华北地区，交通、区位优势明显，市场活跃，潜力巨大。以新疆维吾尔自治区为代表的西北地区，虽然自然资源禀赋条件尚佳，但地处内陆，区位条件差，使当地的冰雪旅游发展受到很大制约。以丝绸之路滑雪场为例，目前滑雪游客绝大多数来自新疆本地，来自内地的游客仅占6.5%。

从餐饮、住宿等配套服务设施来看，东北地区的大型滑雪场条件较好，部分滑雪场条件较差；西北地区情况与东北地区相同；而北京、崇礼等华北地区的大型滑雪场的条件几乎都达到星级宾馆标准。从餐饮接待能力看，东北地区、西北地区与华北地区差异较大。北京、崇礼周边的滑雪场餐厅一般能容纳1000人左右同时就餐；东北地区的滑雪场除亚布力等大型滑雪场外，其他雪场餐厅平均容纳300人左右同时就餐；西北地区除丝绸之路滑雪场、天山天池滑雪场能容纳800~1000人同时就餐外，其他滑雪场也只能容纳300人左右同时就餐。因此就餐饮接待能力来讲，华北地区的设施接待能力远高于东北和西北地区。

从游客规模、游客构成与重游率角度来看，华北地区滑雪游客规模最大，其次为东北地区，再次为西北地区。根据《中国滑雪产业白皮书（2015年度报告）》统计显示，2014~2015年雪季，北京滑雪市场的滑雪人次为169万，居全国之首；其次为黑龙江，149万人次；再次是吉林省，96万人次；山东、河北并列第四，新疆位列第六。同时，游客来源也有较大区别，以北京、崇礼为代表的华北地区，本地滑雪者居多，重游率高；以乌鲁木齐市周边为核心的西北市场，新疆滑雪者占主导，但重游率较低；而东北地区则国内游客居多，重游率低，这主要和东北地区游客构成中以国内其他省份游客为主相关，在国内游客心目中的东北地区通常有着既定的旅游形象与标签，如哈尔滨的"冰城"美誉，包括冰雪大世界、太阳岛、雪乡等景点每年都吸引着数量众多的游客从四面八方前来，滑雪也成了他们体验冬季冰雪魅力的其中一项内容。

最后，再来看看他们的产品差异。

东北地区：竞技类滑雪产品占主导，赛事经验丰富。

我国东北地区是新中国成立后最早开始建设滑雪场的区域，初衷是国家体育主管部门为开展体育备赛训练、举办赛事而建设的，一般不对外开放。其定位体现在具体产品中：以高级道和训练场地为主，几乎没有开展大众滑雪的初、中级道。直到1996年第三届亚冬会之后，我国的滑雪产业开始进入高速发展期。东北地区的滑雪场陆续开始经营管理改制，从原先的事业单位逐渐走向市场经营；滑雪场定位也从训练、竞赛基地转为大众滑雪旅游度假目的地；相应的，产品体系也改变了原先单一的滑雪训练模式，逐步转向以高山滑雪为核心、多种辅助产品并行的综合型、多样化、主题突出的产品体系。

华北地区：大众滑雪如火如荼，产品体系及配套设施完善。

近几年华北地区冰雪旅游发展势头强劲，除传统的北京南山、军都山和张家口崇礼长城岭滑雪场等之外，一批新兴度假型滑雪旅游目的地在2010年前后迅速发展起来。如崇礼密苑云顶滑雪场、太舞滑雪场、多乐美地滑雪场等，均具有一定规模且功能齐全、设施完备。根据相关研究显示，当人均 GDP 超过 10000 美元时，滑雪产业将会进入快速发展阶段。北京、天津分别在 2009 年、2010 年人均 GDP 突破 10000 美元。依托京津冀地区过亿的人口规模及强劲的经济发展势头，结合 2022 年冬奥契机，华北地区滑雪旅游正逐步走向鼎盛阶段。华北地区近年来开发的滑雪场瞄准的正是旅游休闲和度假市场，因此与东北地区相比，其产品体系更强调以冰雪旅游为主，结合休闲游憩，实现四季旅游的目的和特点。以崇礼太舞滑雪小镇为例，除冬季核心产品高山滑雪外，也非常注重开展地形公园与半管、单板滑雪、雪圈滑雪等配套产品，并积极开展雪上技巧等赛事活动。同时探索四季经营模式，开展夏季徒步观光、山地自行车、滑道、高尔夫、主题夏令营等活动，不断拓展夏季度假项目及配套设施，将夜景、酒店、美食、文化以及非冰雪类运动等因素进行有机结合。

西北地区：凭借气候优势，强调冬季疗养、夏季避暑。

最具代表性的是新疆，因其山体条件和气候条件俱佳，区域内拥有丝绸之路、阿勒泰将军山、天山天池等滑雪场。但由于新疆地区地处西北边塞，交通区位条件不佳，距离递减效应明显，加上文化底蕴厚度不足，因此，新疆的冰雪旅游只是在近几年刚刚起步，目前还处在最初的分散经营状态中，冰雪旅游创收微乎其微。具体在旅游产品上呈现为产品单一、开发层级较低、文化特色不突出、配套设施不完善等问题。新疆的冰雪旅游产品需要在充分分析自身资源优劣势的基础上扬长避短。目前，新疆各大滑雪场已经积极开展规划调整，希望在基于自身资源与市场分析的基础上，合理规划和布局旅游产品体系。以丝绸之路滑雪场为例，在《乌鲁木齐县丝绸之路雪上运动基地及配套服务区概念性规划（2014～2025 年）》中已经明确提出，丝绸之路滑雪场的旅游产品要基于乌鲁木齐的自然、气候和文化优势，利用滑雪场冬季平均气温只有零下 10℃，雪期长、雪质佳、风力小、距离城市近等的特点，积极开展冬季疗养。同时根据国际雪联的规定，国际体育赛事要在高于 -20℃ 的气温下进行，而丝绸之路滑雪场的冬季温度恰好符合这一要求，可以此为契机积极争取国家乃至国际级别的比赛到乌鲁木齐来。而在夏季，凭借着凉爽的气候优势，开展夏季避暑度假。

第 2 篇

规划布局篇

第4章 滑雪旅游区规划体系

滑雪旅游区规划体系是以滑雪旅游区为特定规划对象的旅游区规划。主要根据自然、人文资源特点，分析市场需求，确定规划范围，开展空间布局，并围绕吃、住、行、游、购、娱等旅游需求开展旅游产品策划、形象定位、旅游设施布局、道路交通与基础设施布局，进行投融资分析与效益评估，确定合理的管理体制，确保滑雪旅游区的开发、建设、服务、管理能够有计划、有步骤、科学合理地进行。

4.1 规划类型

4.1.1 按规划层次划分

滑雪旅游区的规划体系与其他类型的旅游区一样，按照规划层次来划分，包括：旅游策划、总体规划、控制性详细规划、修建性详细规划。后续可以根据项目具体情况开展建筑设计、景观设计等设计层面的工作。

1. 旅游策划

滑雪旅游区的旅游策划，应依据旅游市场的现实与潜在需求以及滑雪旅游区自身的资源优势，对该滑雪场的旅游项目进行定向、定位。主要内容包括：资源分析、市场研究、定位分析、旅游形象与口号、功能布局、旅游产品策划、游线组织、旅游设施规划与运营实施计划等内容。

2. 总体规划

滑雪旅游区总体规划内容包括：分析评估现有资源条件、确定规划定位与发展目标、开展空间布局、保障体系规划等内容。

（1）分析评估现有资源条件

开展现状分析与评估是总体规划的前提条件，只有基于现状条件的具体客观分析，才能合理规划布局。现状分析中，需要重点评估以下几方面的资源条件：

山体资源情况，包括高程、坡度、坡向、垂直落差、林地分布状况等。

水资源情况，包括全年降水量、地表径流量、汇水线、汇水面积、地下水情况、水源分布等。

气候情况，包括气候特征、全年气温条件、太阳辐射情况等。

人文资源情况，包括当地的居民社会分布、产业发展现状、历史文化积淀、民间习俗与传说、历史文化遗迹等。

客源市场情况，包括现有客源市场规模、分布状况、市场特征与消费能力及喜好以及潜在客源市场需求等。

配套设施情况，包括土地资源、交通条件、给水排水、电力电信、燃气、供热、防灾等条件。

（2）确定规划定位与发展目标

包括确定该滑雪旅游区的发展方向、阶段目标与总体目标。基于此，要有分阶段的实施目标，并明确具体发展战略。

（3）开展空间布局

空间布局是总体规划的核心内容。在明确规划定位与目标后，需要在具体空间中落实规划的发展定位与实施内容。这就需要开展环境容量分析与市场规模预测，确定旅游区的总体游客规模与人口数。统筹布局雪道、索道及各类服务配套设施，确保所有设施承载的游客规模在环境可承受范围内。

（4）保障体系规划

包括配套的给水、排水、电力、电信、燃气、供热、防灾等规划内容以及分期发展与管理体制规划等。提出开发实施战略，处理好近期建设和远期发展的关系以及滑雪场发展与当地社会、经济发展的关系等。

3. 控制性详细规划

滑雪旅游区的控制性详细规划是在总体规划的基础上，落实总体规划布局要求，明确用地性质、开发强度与空间环境的规划，并指导修建性详细规划的编制。内容主要包括：对地块的用地使用控制和环境容量控制、建筑建造控制和城市设计引导、市政工程设施和公共服务设施的配套以及交通活动控制和环境保护，并针对不同地块、不同建设项目和不同开发过程，应用指标量化、条文规定、图则标定等方式对各控制要素进行定性、定量、定位和定界的控制与引导。

一般来说，滑雪旅游区的控制性详细规划侧重于对综合服务区的建设控制，报城乡规划主管部门作出规划行政许可，开展土地流转与出让，进行合作开发与实施规划管理等，并引导修建性详细规划的编制。

4. 修建性详细规划

滑雪旅游区的修建性详细规划是以总体规划、控制性详细规划为依据，制订用以指导各项建筑、工程设施的设计与施工的规划设计。与控制性详细规划相同的是，修建性详细规划亦是重点开展综合服务区的规划设计，主要内容包括：

建设条件分析及综合技术经济论证；建筑、道路和绿地等的空间布局和景观规划设计，布置总平面图；对住宅、酒店等重点建筑进行日照分析；根据交通影响分析，提出交通组织方案和设计；市政工程管线规划设计和管线综合；竖向规划设计；估算工程量、拆迁量和总造价，分析投资效益。

4.1.2 按规划时间划分

根据滑雪旅游区的范围、投资规模与发展目标，规划按时间周期可以分为3个层次：近期规划（5年之内）、中期规划（10年或8年之内）、远期规划（15年以上）。划分依据主要是考虑不同时间周期内的规划运营与实施步骤。其中：

近期规划对近期发展目标、主要开发建设项目进行设计安排，并按时间顺序开展投资评估，提出实施计划和具体实施要求。

中期规划要考虑与地方各类规划的衔接关系，在完成近期建设项目的基础上，围绕规划目标和项目，提出资金预算和具体措施。

远期规划要达到规划目标，时间可以跨越15年，要依据国民社会经济发展与市场发展状况，提出发展策略，促进效益最大化。并通过一系列节庆活动，结合大型社会活动或举办赛事等，促使达成最终发展目标。

4.1.3 按规划内容划分

按规划内容划分可分为总体规划和专项规划。

总体规划主要是在滑雪旅游区范围内进行综合规划，涉及内容综合全面。

专项规划或者专题规划，是在整体规划的思想指导下，开展各个专题与分项的规划。包括雪道、索道、旅游发展、基础设施等方面的具体规划。这些规划既是不同门类的又是相互衔接连带的。

4.2 规划流程与方法、原则

4.2.1 规划流程

1. 场地调研

场地调研是指规划设计人员深入现场，开展现状情况的摸底、调查和分析，重点需要了解和掌握以下三方面的内容：区域自然地理环境情况；地区社会经济文化情况；现有社会公共服务设施、市政设施和旅游服务设施建设情况。

区域自然地理环境数据或资料通常包括：

滑雪场所处位置、区域范围：滑雪场详细地理位置通常用经度与纬度表述，区位位置以及滑雪场和周边各主要城市的位置关系，范围界限以及整体面积大小。

滑雪场地质地貌：所在地区的地质形成期，主要地貌特征，对当地特殊的地质类型应该加以说明；区域临近或所属山系，山系高度、坡度、坡向等均应该在统计中说明；同时还要了解区域内矿藏情况。

滑雪场水文、气候条件：区域所处气候带，历史年平均气温，年度极端气温数据及时间，通常可供避暑疗养季节分布等；降雨以及降雪时间和降水量、积雪深度、积雪期、滑雪期；区域内水源或水系情况要特别说明，是否适合开发水上旅游或相关活动等。

动物、植被资源：区域内动物种类、活动规律、栖息环境等；区域内是否有森林，树木与植被类型，是否有古树名木等。

地区社会、经济、文化状况：区域内人口以及所在地区人口状况；当地主要产业与人均收入水平；区域的历史文化遗迹情况以及当地是否具有滑雪传统等。

现有社会公共服务设施：主要包括当地教育、文化、医疗、卫生等设施条件等。

市政设施：包括旅游区外围道路、交通状况，区域内道路现状（公里数、路面等级）；基础设施（电力、通信、给水排水、燃气、供暖、防灾、环卫等）状况；是否具备造雪所需的造雪机、压雪机、蓄水池等设施。

旅游服务设施：已存在的旅游设施或可用设施状况，包括规模、布局与档次分布等。

这些内容的来源包括统计年鉴、县志、地区社会经济发展五年规划以及相关局、办和科研单位现有的调查材料或已有文献。调研过程中，需要在这些资料的基础上结合现状，进一步补充、完善详细数据。

2. 现状分析

在完成现场调研后，需要根据掌握的资料情况开展现状分析，包括分析基础数据、绘制现状图纸。除此之外，要分析与评估项目当地的环境保护要求，土地使用政策，林木、湿地、水资源等相关政策规定以及野生动物保护、考古和遗迹遗址保护等政策。进行客源市场预测，分析周边城市人群经济收入、消费倾向、参加户外运动比例及增减幅度等，从而确定市场定位与份额。

3. 规划定位

根据调研与现状分析，明确该滑雪旅游区的规划定位。根据自然条件，结合市场需求规划布局雪道及相关配套服务设施和市政设施，从而确定滑雪场建设规划。确定雪道、索道分级、长度与数量，索道类型及雪具大厅等主要设施的建设规模。

4. 总体布局

针对规划定位和具体测算的建设规模，落实空间布局，制定相应的配套保障体系规划。经各门类专家评审通过后，交由当地政府主管部门审批、备案。

4.2.2 规划方法

滑雪旅游区的规划是一个系统全面的工程，是建设、运营的前提。从最初的场地调研、现状分析，到规划定位，再落实布局。整个规划流程中涉及的方法主要包括：

（1）全面收集基础信息。包括地形图、航拍图、现场测量资料，还有土地使用、交通、环保、水文、气候、周边客源市场、周边旅游景观、人口与经济收入、居民消费、相关产业发展等方面的信息收集。

（2）分类进行分析处理。要组织旅游客源市场预测，集合滑雪场基础设施建设、环境保护、水文气象等方面专家，就各门类、各专业信息进行分析研究。

（3）提出结论性意见。根据前期的现状资料分析，得出结论。如：山形地貌是否达到基本条件，坡道长度是否符合滑雪场的规模定位；气候条件是否符合国际雪联要求的高于 -20 ℃标准；是否具备造雪所需的水源条件等；这些都是滑雪场规划建设的重要数据，并以此得出结论。

（4）开展规划设计。总体规划需要在可行性研究得出结论后才能进行，在此基础上做出详细规划再进行各类专项规划设计。包括雪道设计、基础设施设计等，其中重点是雪道、索道等专业设计，雪具大厅、住宿、办公、商业等配套项目和停车场等主要配套服务设施以及给水、排水、电力、电信、供暖、燃气和防灾等市政方面的规划设计。

4.2.3 规划原则

1. 尊重自然、顺应市场

尊重自然地形的原则。主要体现在雪道的设计上，应尽可能遵从山体坡度、坡向、沟梁的自然状态，尽量减少对自然地形的冲击和改变。

保护自然景观的原则。在滑雪场建设中应最大程度保护自然形成的河流、湖畔、湿地、自然林木，保护原生态在滑雪场范围内的比例和景观层次。

突出绿化环境的原则。保证滑雪场各功能片区内环境绿化的协调性和完整性。

保护和维护生态环境的原则。中、大型滑雪旅游区大多建设在山坡、丘陵地带，雪道开发与配套设施建设往往要占用林地、绿地、湿地。这时要先进行环评和林地审批程序，同时在雪道设计时最大限度地减少林木破坏。植物保护在规划中需充分注意。

滑雪区域的承载能力和容量与开发规模、盈利目标相协调的原则。雪道、索道的规划布局需要提前测算其运力，配套服务设施的容量需要与山体设施容量相匹配，均不能突破环境承载力。同时，规划要充分考虑一年四季的需求，尤其是冬季滑雪旅游更侧重于运动休闲，而夏季旅游更侧重于大众观光与度假。

2. 布局合理、分期实施

在突出雪道规划合理布局的同时，全面安排滑雪场内各功能区规划，遵循分期规划建设的原则。滑雪旅游区的建设是一个中长期的系统工程。规划建设既要符合功能要求，同时在时间的分布上也要合理安排，既要满足市场的需求，也要考虑投资方的投入产出比，形成合理、完善的资金周转链条，科学安排建设时序。

3.区域联动、协同发展

与区域发展规划相协调的原则。滑雪旅游区的建设，特别是中、大型滑雪旅游区的规划定位、发展规模以及发展策略与经营模式等要与当地社会经济发展规划相协调，与当地旅游发展规划相协调，与周边客源市场相协调。要与周边同类型滑雪旅游区发展形成良性互补、互利共赢的局面，共同促进当地就业，带动当地社会经济健康发展。

第 5 章　选址因素与山体设施规划布局

《北京市滑雪场所安全管理规范》对滑雪场所的解释为：向社会开放，能满足人们进行滑雪健身、休闲娱乐、训练比赛等活动，并有专业人员管理的各种滑雪区域。对雪道的解释为：人们能在其上进行实际滑雪滑行的地带。

维基百科中对于雪道做出了如下定义：雪道是指用于开展滑雪或其他山地运动的覆雪道路或路径，通常为经过整饬的、具有一定坡度的路径。

雪道布局和索道布局是滑雪旅游区规划布局的核心内容。雪道空间与一般游憩空间的最大区别在于它是一个提供竞赛，追求速度与快感的行进空间。本章将就影响滑雪旅游区选址布局的因素及雪道、索道的规划布局进行阐述。

5.1　影响滑雪旅游区选址布局的因素

滑雪活动受气候、降雪、地形、地貌等自然条件的影响，开展滑雪旅游需要有适合的地形、土壤、水源、长时间的稳定积雪日数以及大量配套的旅游基础设施和服务设施，尤其是雪道和索道。滑雪旅游开发布局同时受滑雪特殊因素和旅游一般因素的影响。在滑雪旅游区开发选址时，必须综合考虑市场、区位、山势、积雪、水源、交通以及生态和景观等因素。

5.1.1　市场条件

除高海拔全年可游的滑雪场外，多数滑雪旅游属于冬季季节性旅游，要求有较完备的装备条件和较大的投资规模，保障一定的人流量才能产生经济效益。在滑雪场选址时要进行客源市场调查分析、论证与定位，以保证滑雪旅游开发取得成功。根据对欧美成熟滑雪市场的研究分析发现，由于滑雪必需的专业设备和门票费用相对昂贵，因此滑雪运动在收入比较丰厚的人群中更为流行。由于滑雪运动本身的运动属性，滑雪运动更受年龄在45岁以下的人群的青睐。有鉴于此，在滑雪场选址时必须充分考虑周边人口的分布情况，既要保证人口相对稠密，同时又要考虑收入水平较高且年龄适中的潜在滑雪参与者占总人口的比例必须足够高，二者缺一不可。以北京为例，人口基数大，中青年人群比例高，其中高收入群体占比较大，滑雪旅游的出行动机强劲，虽然自然积雪条件一般，但由于有充足的客源市场，也成为滑雪场选址的热点地区。

5.1.2 区位条件

根据现代区位理论，滑雪场距集散中心城市一般不超过200km，不少于5km。超过200km会致使滑雪者出行距离过远，进出管理不便，出游动机下降。少于5km则易受城市交通和"城市热岛"效应的影响，不易保持滑雪场的雪质环境。

5.1.3 交通条件

便捷的交通条件是发展旅游的关键。交通便捷不仅可以保证滑雪场周边人群踊跃投身到滑雪运动中去，还可以有效地吸引外地游客。滑雪旅游区的选址距离现有交通干线或计划兴建的交通干线愈近愈好。若要开发大型滑雪旅游区，就必须保证其所依托的中心城市具有便捷的空中交通和陆地交通。

以北京—张家口联合举办2022年冬奥会为例，为保障冬奥会期间的交通服务，规划建设连接北京—延庆—张家口三地的高速铁路和高速公路。高速铁路方面，建设北京至张家口高速铁路及崇礼支线，直达奥运冰雪小镇太子城站，方便奥运注册人员和观众前往崇礼参赛及观赛。高速公路方面，北京市至张家口赛区有京藏高速公路（G6）、京新高速公路（G7）和110国道（G110）连接，同时规划兴延、延崇高速，从北京西六环直达张家口崇礼太子城，形成冬奥会又一条交通要道。此外，张家口至崇礼间有首都环线高速公路（G95）通达。不仅是区域交通，2022年冬奥会也将逐步完善北京市内交通体系，投入使用新机场，确保交通顺畅。

5.1.4 气候条件

1. 气温

滑雪场的选址必须考虑气候条件。若气温过高，积雪易融化；若温度过低，虽然有利于保存积雪，但因为体感不适，不利于开展长时间户外活动，容易冻伤。从历届冬奥会的选址城市来看，最适宜的气温条件则是在滑雪季期间，白天温度保持在0~5℃左右，这样既有利于积雪的保存，又有利于开展滑雪活动。

2. 风力

由于风的破坏性很大，它很可能在数小时内将整条雪道上的雪一扫而空，且破坏性随着海拔高度的升高而进一步加剧，其对于雪道和索道的建设与日常维护均有一定的消极影响。因此，风是另一个限制滑雪道规划的环境因素。为了避开强风，雪道方向尽量避开冬季主导风向。另外，选择四面环山的盆地建设滑雪场也是不错的选择。盆地中心设计滑雪场不仅可以防止滑雪者免受强风的吹袭，而且小气候环境会使温度上升的速度减慢，从而可利用自然条件延长春季滑雪期。

3. 太阳辐射

雪道布局中，太阳辐射的强度、时间和角度会影响雪的存留时间。尤其对于降雪量不充分的滑雪场而言，雪季期间的太阳辐射分析对于雪道布局非常必要。

5.1.5 冰雪条件

滑雪场要保证一定的积雪厚度，才能顺利开展滑雪活动。虽然造雪机的出现使得一些雪量稀少的地区也能维持滑雪场的正常营业，但迄今为止气候条件是否适宜仍然是滑雪旅游区建设可行性的决定因素。目前我国大部分滑雪场都是采用自然降雪和人工造雪相结合的方法来维持滑雪活动。但是人工造雪的温度应该保持在 −4℃以下，这一要求对于纬度比较低的地区（如华北等地）来说，由于低温时期比较短、蒸腾量比较大、干燥、降雪量少，则要付出更大的水资源代价来人工造雪。

另外，对于降雪量特别多的地区，发生雪崩的可能性也是在初期选址时就需要考虑的重要问题。为了保证滑雪者的安全，应该组织专家鉴定雪崩的可能性，选择安全地带规划设计滑雪道，超出安全范围的区域则不予开放。

5.1.6 地形条件

地形的丰富多样性是影响游客体验的一项重要因素，根据国际著名滑雪旅游胜地 Eldora 山地度假区（Eldora Mountaion Resort）对游客的调查问卷显示，游客在选择滑雪旅游目的地时，地形的丰富多样性是第二重要考虑因素，仅次于雪质，领先于诸如索道、可达性、度假区服务与品质等其他因素。可见，地形条件在滑雪旅游区的旅游吸引力方面发挥着重要因素。

1. 坡向

由于我国地处北纬，根据我国的自然地理条件，北向坡向日常蒸发量小，有利于雪的储存和维护。东北、西北向坡向，还需要考虑常年主导风向，尤其是雪季风向的影响，是否存在因风力破坏而导致的雪储存以及索道的日常维护问题。南向坡向日照充足，不利于雪的储存，可能带来一些成本提升问题。根据以往经验，同一滑雪区内位于山体阴坡的滑雪道，在不使用人工造雪的情况下可以比位于阳坡的滑雪道多维持一天的滑雪期。但对于我国大部分适宜建设滑雪场的地区而言，南向坡向有利地躲避了风力带来的消极影响。

2. 坡度

坡度决定着滑雪场内不同技术等级的雪道分布。雪道的位置选择应在保持基地原有自然风貌的前提下，最大程度地满足游客需求。根据市场结构比例，有针对性地将滑雪场的初级、中级、高级坡道数量进行合理搭配组合。一般来说，地形坡度范围决定了其土地的使用类型：

（1）0%~8%（0°~5°）：地形平坦，不适于滑雪，但适用于各类设施建设。
（2）8%~25%（5°~15°）：适用于入门级和新手，也适用于部分特定设施建设。
（3）25%~45%（15°~25°）：适用于中级选手，不适用于建设。
（4）45%~70%（25°~35°）：适用于高级和专业级选手，存在雪崩危险的可能。
（5）大于70%（>35°）：对大部分滑雪者来说都过于陡峭，也是最高级别的滑雪坡度等级。这一类型的雪道仅适用于专业选手，必须采取严格管理措施以防雪崩的发生。

3. 海拔

海拔高度是决定滑雪场能否兴建的一个决定性因素，海拔越高，越有利于留存住积雪，并延长滑雪季节。为保证滑雪者有足够长的距离进行快速回转和滑降，雪道的起点和终点必须具有足够的高度差，即滑雪场要与地面具有足够的垂直落差，只有如此才能带给不同级别的滑雪者不同的挑战性，保证广泛的参与性。以国际著名滑雪旅游区为例，平均垂直落差都在1000m左右（表5-1）。

但需要注意的是，滑雪场的绝对高度，即海拔高度是有一定限制的。随着海拔高度的增加，气温会随之降低。根据前文所述，通常海拔高度每升高100m，气温平均会下降0.65℃。因此，除非是热带或亚热带某些利用海拔高度兴建的滑雪场，否则在中纬度地区兴建的滑雪场一般不会选择海拔超过3000m的位置，海拔4000m则是休闲旅游滑雪者的高度极限。

国际著名滑雪旅游区的垂直落差　　　　表5-1

国家	滑雪旅游区	垂直落差
美国	阿斯彭	3267ft/996m
	胡德山	2500ft/762m
	范尔	3450ft/1052m
	太浩湖	3600ft/1097m
	珍宝冰川	5626ft/1715m
	杰克逊霍尔	4139ft/1262m
	雪鸟	3100ft/945m
	斯诺马斯	3555ft/1084m
加拿大	惠斯勒山	5006ft/1526m
	黑梳山	5280ft/1610m
	踢马山度假村	4085ft/1245m
	路易斯湖	3250ft/991m
	阳光村滑雪场	3514ft/1071m

续表

国家	滑雪旅游区	垂直落差
瑞士	达沃斯	4212ft/1284m
	格林德尔瓦尔德	3393ft/1034m
	圣莫里茨	4750ft/1447m
	策马特	7216ft/2200m
	格施塔德	5347ft/1630m
	克洛斯特斯	5423ft/1653m
法国	霞慕尼	9223ft/2812m
	雷美纽尔	4620ft/1400m
	库尔舍韦勒	5740ft/1750m
意大利	库马约尔	6560ft/2100m
	维尼亚	6417ft/1956m
阿根廷	巴里洛切	3350ft/1021m
智利	内瓦多	2500ft/762m

5.1.7 地貌条件

我国地貌根据成因类型可以划分为流水地貌、湖成地貌、干燥地貌、风成地貌、黄土地貌、喀斯特地貌、冰川地貌、冰缘地貌、海岸地貌、风化与坡地重力地貌等。但由于各类地貌自身成因与特点，只有具有坡地重力地貌的区域，即以侵蚀山地为代表的地貌区域，才适宜建设滑雪场所。

我国三大阶梯区域中，由于第一级阶梯处于冰川和冻土地貌带，故而不适宜建设滑雪场所。第二级阶梯的高原和山地中，北部地区仅有新疆西部、内蒙古中部以及陕西与甘肃交界处的少量侵蚀山地有建设滑雪场的基本条件，而秦岭以南的广大地区，除去东北—西南走向的、贯穿重庆、湖北、贵州和云南四省市的一条岩溶地带外，均具有建设滑雪场的条件。第三级阶梯的山地中，除去南方沿海地区分布的岩溶地貌外，东北、华北地区大兴安岭—太行山东麓以及东北地区北部的侵蚀山区和长江中下游平原以南的广大侵蚀山区，均具有建设滑雪场的条件。

5.1.8 水源条件

目前国内很多滑雪旅游区采用自然降雪与人工造雪相结合的方法来保证雪道的积雪厚度和平整度。滑雪场造雪的最佳水源选择首先应是地表水，主要取自湖泊、河流及溪涧，其次才是地下水。但不论是地下水或地表水，必须足以保证滑雪场所有接待服务设施和人工造雪的用水需要。水源缺乏的地区不适宜建滑雪场，特别是高、中级滑雪场所。因为随着全球气候变暖，人工造雪已成为滑雪场重要的雪源，同时也是延长滑雪季节的重要手段。合理优先利用降水及地表径流的水资源已成为解决滑雪场人工降雪用水问题的主要手段。基本途径为，在滑雪场附近修建足够容积的蓄水池。在滑雪期前，将降水或地表径流的水存储在蓄水池中，待雪期人工降雪时使用。该方式既可以保护滑雪场附近的地下水资源，待到春季雪融期，又会有78%的雪融化成水，经处理返回地面，进一步涵养地下水源。另外，充足的水体除了提高景观环境质量外，亦可供夏天开展水上活动，以保证夏天能吸引游客，从而提高该场所在非雪季时作为创收来源的可行性，避免服务设施的闲置期过长。

5.1.9　土壤条件

由于滑雪拖牵或索道的架设需要架设管线、电缆等设施，其他服务设施也同样需要给水排水、电力电信、供暖和燃气等管线，所以土壤的种类是另一个相当重要的基地选择条件。如果土壤具有腐蚀性，就需要采用防腐蚀的技术施工手段。如果土壤腐蚀性较强，同时基地内又不具备污水处理系统，则不能在当地建设滑雪区。另外，雪道应选择土层相对较厚且平整的山体，为保障滑雪者的安全，需要将雪道上的岩石、树根清除，杂草割除以保证雪道平整，如果是浅的岩床或裸露的岩架则往往要花费相当大的财力和人力来爆破和搬运。

5.1.10　植被条件

除全年冰川覆盖的滑雪旅游区外，多数滑雪场所是建设在有一定植被覆盖率的林区，所以雪道建设最好是在符合坡度的前提下选择植被稀疏或没有植被的空地，这样不仅可以减少很多清理场地的工程量，而且对基地原本的自然生态环境破坏也最小。

5.1.11　景观条件

滑雪旅游区的选址必须考虑拥有充足的基地，以便于容纳为整个滑雪旅游区所规划建设的索道站场、服务区的各类建/构筑物、停车场等旅游服务设施以及配套市政设施。所需基地面积大小取决于开发者的目标以及基地周围的环境。现代大型滑雪旅游区必须能够四季运营，其开发要兼顾冬夏旅游项目、自然景观与人文景观，充分利用旅游服务设施，提高经营效益。要把生态环境保护作为规划设计的重要内容，并在开发建设中严格实施，确保野生动植物，特别是森林不被破坏。

5.1.12　其他条件

随着全球滑雪市场的不断发展，滑雪运动逐渐由单纯追求冒险刺激、展示自我的强健体魄和运动能力，向度假休闲、放松身心方向转化；参加滑雪运动的方式也由寻找极限体验，向亲近自然、休闲体验方面过渡。现在在专业滑雪者中普遍形成一个共识，即新的滑雪旅游区必须气候适宜，在满足各种滑雪需求的同时，还要为游客提供自然观光和丰富多样的游憩体验。

参加滑雪运动的人员构成也从原来的主要以个人或兴趣相近的小团体，向与家庭成员共同体验冰雪乐趣的方面发展。家庭化的发展趋势，势必造成滑雪场的到访游客当中存在相当一部分的非滑雪者。上述人员当中，以老人和儿童占主导。如何保证滑雪者能够因滑雪而尽兴，非滑雪者由于其他旅游休闲项目的完善也感到心满意足，是滑雪场选址时应该也是必须考虑的问题。

将滑雪场选址在风光旎旖、气候适宜、空气清新、交通便捷的区域，配套高品质雪道与滑雪设施，实现全年滑雪和观光、度假，将滑雪、游憩和休闲度假融为一体，无疑会最大程度地吸引和稳定客源。

5.1.13 行业要求

国际雪联及中国国家体育总局冬季运动管理中心对于滑雪场地的建设与管理都做出了相应的规范与要求。以国家体育总局冬季运动管理中心和中国滑雪协会共同颁布实施的《中国滑雪场所管理规范》为例，其中对滑雪场的开发建设、运营、安全管理及检查等都做出了明确规定。

综上因素可以发现，滑雪场的选址布局，首先要考虑自身资源条件，再结合市场需求、区位交通与行业要求等条件，综合分析评价做出结论。

对于自然雪量大、雪期长、海拔高度适宜、植被茂盛、水源充足、地貌特征适宜、交通便利和周边旅游及滑雪人口资源丰富的地区，应该大力发展，鼓励建设大型、高水平和国际化的现代化滑雪场，以此作为举行国际和国内重大赛事的场地以及广大滑雪爱好者充分领略滑雪乐趣的场所。

对于不能充分满足上述条件的地区，可以通过限制滑雪场规模、控制滑雪场数量的方式，达到既满足本地区滑雪爱好者就近滑雪的要求，又保证环境与资源合理利用的目的。

对于只能部分满足上述条件的地区，可以根据当地的具体情况，在总的旅游开发规划框架内，把滑雪场的建设作为当地总体旅游资源的扩展和延伸，个别兴建小型滑雪场，以此作为整体旅游产品体系之一来吸引游客。

对于不能满足上述条件，特别是无法满足植被、水源、地貌和交通条件的地区来讲，不鼓励建设滑雪场。在分析了水平气候带中的适合修建滑雪场的区域和需限制修建滑雪场规模的地区之后，就可以将研究的目光放在垂直气候带上了。

5.2 雪道规划布局

根据目的和功能不同，现代滑雪可分为实用滑雪、竞技滑雪、大众休闲旅游滑雪和特殊滑雪（图5-1），其中竞技滑雪和大众休闲旅游滑雪为主流。大多数滑雪旅游区的雪道规划设计侧重于满足大众休闲旅游需求，部分大型滑雪旅游区也考虑承办国家及国际级赛事，从而布局一些满足国际竞技赛事要求的雪道类型。具体建设何种类型的雪道，开展哪些滑雪项目，需要从实际出发，科学规划，合理布局。

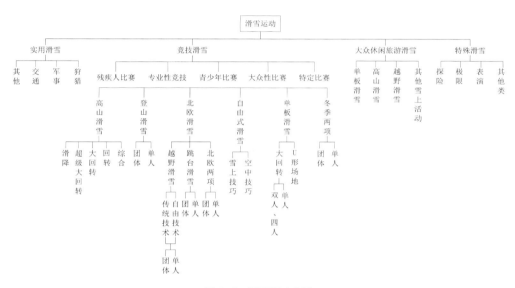

图5-1 滑雪运动分类

根据前文所述，游客在选择滑雪旅游目的地时，地形的丰富多样性作为第二重要考虑因素，仅次于雪质，领先于诸如索道、可达性、度假区服务与品质等其他因素。地形的重要性决定了滑雪旅游区必须要有丰富、有趣并精心设计的雪道系统，同时要有可供游客选择的多种地形，如可供跳跃的小雪丘和供林间滑行的树丛等。应依据地形特点设置一些非常规雪道类型，如障碍滑雪、林间滑雪、越野滑雪以及地形公园和半管雪道等，满足不同滑雪者需求，为游客提供高品质服务。近年来，地形公园和半管雪道受欢迎程度逐渐提升。同时，高品质大型滑雪旅游区往往设置一些满足各个水平层次的林间滑行雪道，自然的林间雪道适合高级和专业级滑雪选手，即便这样的林间雪道只有在雪量充足的条件下才能使用，仍然提升了不少旅游吸引力，滑雪者都纷至沓来。

总的来说，要提供高品质的游客体验，滑雪旅游区就需要具备这样满足不同等级滑雪者需求的雪道类型，即便只有在自然条件满足的情况下才能使用。

5.2.1 雪道类型

1. 高山雪道

高山滑雪起源于北欧的阿尔卑斯山地区，故又称阿尔卑斯滑雪或山地滑雪。1936年开始被奥运会列为正式比赛项目，包括速度系列和技术系列两部分。速度系列分速降和超级大回转；技术系列分大回转和回转。不同项目起点与终点的垂直高度差亦有不同：速降男子800～1100m，女子500～800m；回转男子180～220m，女子140～200m；大回转男子250～450m，女子250～400m；超大回转男子500～650m，女子400～600m。一些承办过冬奥会等国际大型赛事的知名滑雪胜地均设置有高山雪道（图5-2，彩图见文后彩页）。

图5-2 加拿大惠斯勒的雪道布局
图片来源：www.whistler.com

对于大众滑雪来说，《中国滑雪场所管理规范》中明确界定了高山滑雪的最低要求：(1) 至少有一条主要在自然山坡上修建的滑雪道，其面积大于6000m^2，有效长度不少于100m。(2) 至少有一处适于初学者用的初级滑雪的场地。(3) 滑雪道的停止区须开阔平缓，最短20m。初级滑雪道能具备到滑行基本自然停止的条件。

各种高山滑雪道的具体要求如下：

(1) 初级滑雪道多数地段最低须具备如下条件：坡面与滚落线一致，雪道变向处的角度大于135°；宽度大于20m，坡度小于8°。

（2）中级滑雪道多数地段最低须具备如下条件：坡面与滚落线一致，雪道变向处的角度大于150°；宽度大于25m，坡度9°与25°之间。

（3）高级滑雪道多数地段最低须具备如下条件：坡面与滚落线一致，雪道变向处的角度大于160°，宽度大于30m，坡度在16°与30°之间。

（4）高山滑雪道中的过渡雪道、引道、连接道最窄不少于2.5m。

（5）"盘山"式的初级滑雪道多数地段的宽度须大于5m。

（6）大众滑雪道的坡度原则上应限制在30°之内。

2. 单板雪道

单板滑雪又称冬季的冲浪运动，单板滑雪选手用一个滑雪板而不是一双滑雪板，利用身体和双脚来控制方向。1994年国际雪联将单板滑雪定为冬奥会正式项目。

《中国滑雪场所管理规范》中对单板滑雪道的最低要求如下：

（1）单板回转、大回转滑雪道：单板回转、大回转滑雪道基本同高山滑雪道，有条件应更宽一些。

（2）大众单板滑雪U形场地（图5-3，彩图见文后彩页）：U形场地坡度不得大于15°；U形场地双侧不能形成"陡壁"。U形场地周围5m之内不得有障碍物；U形场地终止区要广阔、安全。

图5-3 法国蒂涅滑雪区的U形场地
图片来源：Glacier Resorts Ltd. and Pheidias Project Management Corporation.
JUMBO GLACIER RESORT MASTER PLAN, 2010

3. 越野雪道

越野滑雪是借助滑雪用具，运用登山、滑降、转弯、滑行等基本技术，滑行于山丘雪原的运动项目。越野滑雪起源于北欧，又称北欧滑雪，是世界运动史上最古老的运动项目之一。1924年首次列入冬季奥运会比赛项目。

图 5-4　越野雪道

图片来源：www.fis-ski.com/cross-country/events-and-places/venues

越野滑雪道通常设置在地形平坦、不能作为高山雪道开发的区域。理想情况下越野雪道应该与度假设施相连，并尽量降低越野雪道和高山雪道的冲突。一些在夏季使用的设施如自行车道、徒步道路等，在冬季均可作越野滑雪道使用。通常，一个完善的越野滑雪系统应该设置一个独立休息处与游客服务点。越野滑雪道通常为6m宽，双向两滑雪道，可以用来开展滑雪射击。设置滑雪射击场能够在旅游区内增加另外一个竞赛项目，同时吸引更多的游客（图5-4，彩图见文后彩页）。

《中国滑雪场所管理规范》中对越野滑雪道的最低要求：

（1）越野滑雪道应修建在起伏的地形区域，平地、上坡、下坡各约占1/3。下坡的坡度应小于8°，转弯处的雪道角度大于135°。

（2）越野滑雪道的宽度一般应大于2.5m，并开辟传统技术滑行雪辙。滑雪道可修成往返式或环状，顺时针滑行。

（3）越野滑雪的区域应在滑雪场所有效管理范围内。

4. 雪圈滑道

雪圈滑雪，又称"雪上飞碟"，源于欧美，该项目娱乐性强、惊险、刺激性低、安全性高。由于雪圈滑雪简单、便宜，且不像高山滑雪那样容易受到天气的影响，因此在滑雪旅游区内越来越受欢迎。由于雪圈滑雪不需要特别的技巧和运动员体能，所以受众的客源范围更广泛。滑雪者与雪圈一起经魔毯等电动索道运输到山坡上后，游客可以选择不同技能等级和滑雪体验的滑道滑下（图5-5，彩图见文后彩页）。

通常在山坡上有一个滑雪开始区，滑雪者可以在此准备好雪圈等设施。现场由一位工作人员指挥，在上一位滑雪者滑下后才允许下一位滑雪者开始。滑道开始加速区的15～30米范围内通常为坡度25%的斜坡，每条滑道均为凹形设计，以使滑雪者在滑雪时保持在滑道内。随着滑雪者沿滑道滑下，斜坡的坡度将递减。在滑道底部有一个平缓带和向上的减速带。整个滑雪道的平均坡度大致为11%～15%，视具体情况而定。

《中国滑雪场所管理规范》中对雪圈（雪橇）滑道的要求如下：

（1）滑道两侧应有雪埂，雪埂高度最低为20cm。

（2）滑道最长100m，滑道呈直道或弯曲道不限。弯处的弧度应大于135°，保证滑行流畅。

（3）滑道可以有起伏，滑道平均坡度小于8°。

（4）终点处有减速、停止的措施。

5. 半管雪道

对于双板滑雪和单板滑雪爱好者来说，半管雪道变得越来越受欢迎。半管雪道是在雪中建设的U形管，两侧弯曲，底部平整。雪板爱好者和自由式滑雪者利用管道两侧作为起止点，在滑雪过程中做出各种各样的自由动作。半管雪道同时也是许多滑雪者用来缓冲降速的地方。这些半管雪道有各种不同规模的尺寸，从标准的半管道（100m长，5.5m宽）到"超级管道"（165m长，6.7m宽）不等。一般来说，半管雪道应该设在山体的南侧或北侧。如果设在山体的东侧或西侧，则因太阳辐射对半管雪道两边积雪的影响不同造成管道两侧雪量不同。因为北半球冬季山体北侧温度较低，设置在北侧的半管道会有较长的使用时间，但滑雪游客通常喜欢享受冬日里阳光的温暖，所以南侧的半管雪道会令游客有更好的滑雪体验。通常半管雪道的设置需要约50000m^3的雪量，若为湿润的新雪则更为有利（图5-6，彩图见文后彩页）。

图5-5　雪圈滑雪

图片来源：上图 www.coppercolorado.com winterplan_and_buytubing；下图 www.skicamelback.com

图5-6　半管雪道

图片来源：en.wikipedia.org/wiki

6. 地形公园

地形公园是滑雪旅游区的重要组成部分，如今已经成为山体部分的必备设施。其受欢迎程度取决于区位、目标市场特点以及地形公园本身的品质。地形公园和半

图 5-7　地形公园
图片来源：en.wikipedia.org/wiki

管雪道受到单板滑雪和双板滑雪者的青睐，另外它也是在较小面积地形内有效利用空间的方式。初学者区设有小型跳台和管道的地形公园也随着滑雪文化的发展而越来越受欢迎。地形公园的设计中涉及多种设施，包括修剪树丛的设备、特别的滑雪设施（如半管）等，所需雪量也较多。需要注意的是，地形公园的建造会影响山体的自然循环，这在规划设计中需要从生态保护与培育的角度给予重视（图 5-7，彩图见文后彩页）。

以上均为规划设计的雪道，它们与野雪区（林间滑行区）不同，代表了滑雪旅游区的基本地形特点，也是主要滑雪区域。在初雪期、雪量少的月份、雪崩期或其他自然条件不允许的时候，规划设计的雪道是唯一可以滑雪的地方。因此规划设计的雪道代表了实际滑雪者人均占用面积，规划中的各个技术等级的雪道面积需满足可承载的游客规模需求。即，只有规划设计的雪道才纳入雪道面积、滑雪者技术分级、雪道承载力和密度计算公式。

5.2.2　雪道坡度

大众休闲旅游滑雪中往往根据滑雪者技能等级不同将雪道进行分类分级，包括从入门级到专业级等 7 个不同难度类别。雪道的坡度设计通常基于山体自身的地形和坡度特点，坡度为一个范围区间或上限值。在尊重自然地形的前提下开展雪道设计与布局，局部会高于或低于平均设计坡度值，但不能超越该范围的上下限。所有雪道从开始到结束必须保持同一个滑雪技能等级，不能从低级雪道转入高级雪道。根据滑雪者的能力，基于山体地形，可以将雪道按难度划分为以下类别（表 5-2）。

雪道类型与滑雪者比例分布　　　　　　　　　表 5-2

序号	滑雪者技能分级	雪道坡度范围（%）	最大坡度（%）	中国滑雪者市场占比（%）	北美地区滑雪者市场占比（%）
1	入门级	8~15	20	15	5
2	新手	15~25	30	20	10
3	中低级	25~35	40	25	20
4	中级	30~40	45	20	30
5	中高级	35~45	50	12.5	20
6	高级	45~60	65	5	10
7	专业级	>60	—	2.5	5

注意，以上数据是相关研究机构通过对中国和北美地区 1～5 级滑雪者每天 5 小时和 6～7 级滑雪者每天 6 小时的观测统计得出。欧美等国滑雪市场发达，通常采用该标准中的上限，以确保滑雪者得到更好的体验。在一些新兴市场，如中国，可以采用中间标准。

前文提到，地形的丰富多样性为各种技术难度的雪道提供了基础条件，雪道的多样性是影响游客体验的一项重要因素。这就意味着滑雪旅游区要依据地形条件及市场特点，尽可能提供丰富多样、精心设计而有趣的雪道系统，实现全范围的雪道覆盖，从而满足不同级别滑雪者的需求。

5.2.3　雪道宽度

雪道宽度取决于地形条件和滑雪者能力需求，一般来说，雪道宽度随坡度增加而增加，从 20～70m 不等，雪道之间的连接道最窄，通常为 10m 左右。目前国际滑雪旅游区中并未对雪道宽度做严格界定。国内的雪道宽度及长度是根据坡度制定的。《中国滑雪场所管理规范》中做出了如下界定：高山滑雪道中初级滑雪道宽度大于 20m；中级滑雪道宽度大于 25m；高级滑雪道宽度大于 30m。高山滑雪道中的过渡雪道、引道、连接道最窄不少于 2.5m。"盘山"式的初级滑雪道多数地段的宽度须大于 5m。越野滑雪道的宽度一般应大于 2.5m，并开辟传统技术滑行雪辙。黑龙江省《旅游滑雪场质量等级标准》（附录 A）中规定：平均坡度 10°～20° 的滑雪道长度不小于 1000m，平均宽度大于 30m；平均坡度大于 8° 的滑雪道长度不小于 500m，平均宽度大于 30m；平均坡度大于 6° 的滑雪道长度不小于 500m，平均宽度大于 30m。另外滑雪道顶端和底部的宽度应该略宽些，这样在滑雪旺季的时候可以减少这两处的拥挤程度。滑雪道的底部，应该有足够长的停止区以保证滑雪者的安全。如果没有足够的空间设计大面积的停止区，可以在底部的地形上设计缓坡来减慢滑雪者俯冲下来的速度。除此之外，雪道顶端应保障滑雪者能眺望到大部分的雪道，俯瞰全景的同时方便滑雪者选定他所要滑行的路径。为了增加滑行中的新鲜感和刺激程度，雪道的坡度越来越陡时，宽度也应该逐渐加大，可从25m左右一直增加到75m以上。这些均是根据我国目前滑雪市场现状情况，从安全角度做出的相应规定。

5.2.4 雪道布局原则

1. 尊重自然，低冲击开发

如前文所述，滑雪旅游区选址布局时需要考虑到13项影响因素。雪道布局时，尤其要考虑地形地貌、气候环境、生态景观、水文、土壤、植被等各种自然因素，开展高程、坡度、坡向、汇水线、视线等各类地形要素以及生态敏感性、适建性分析，结合地质灾害、市政管线、交通廊道等评估，划分土地开发强度分区。从而确定雪道与其他各类服务设施的适建性空间位置分布。

在雪道布局时，还要同时考虑到暴露在冬季主导风向下的雪道可能在积雪方面存在一定的困难，索道也会因为风阻而受到影响，这些在布局时都应考虑到。一旦因为风力原因导致索道停运，必然影响游客体验。雪道之间的树丛起到一定缓解风力的作用，这些树丛应尽量给予保留，以便减少风阻的影响。

2. 符合市场，按比例布局

根据各类自然地理因素分析评估，确定雪道的适建性空间位置分布后，应结合前文所述的市场细分与定位，根据各类不同细分市场的比例与特点，结合雪道难度等级，开展雪道布局。从而使不同技术等级雪道的比例吻合当地各类细分市场的比例要求。

5.2.5 雪道的承载能力

1. 雪道承载力

雪道承载力是指单位面积雪道上瞬时可以容纳的滑雪者规模。它取决于该技术等级的滑雪人数与对应雪道面积的比值，即单位雪道面积上能承载多少滑雪者。这就决定了滑雪场需要建设多少规模的服务设施以满足滑雪者需求。不同的雪道类型可容纳的滑雪者规模也有所不同，一般来说，随着雪道技术等级的提升，单位雪道面积容纳的滑雪者规模会逐级递减。对此，国际、国内都有相应的标准要求。

国内标准可以参照《中国滑雪场所管理规范》中的相关规定：高山滑雪道与单板滑雪道的滑行人数密度要进行总量控制，在雪道实际滑行的人均所占面积不能低于下列范围：初级道约 $50 \sim 100m^2$；中级道约 $70 \sim 130m^2$；高级道约 $80 \sim 160m^2$。对应的滑雪者密度分别为 $100 \sim 200$ 人 $/hm^2$，$77 \sim 143$ 人 $/hm^2$ 和 $63 \sim 125$ 人 $/hm^2$。

根据对国际众多知名滑雪场的统计数据调研分析，国际滑雪旅游区的雪道承载力普遍采用以下标准，见表5-3。

雪道承载力 表 5-3

序号	滑雪者技能分级	雪道承载力	
1	入门级	25~40 人 /acre	60~100 人 / hm^2
2	新手	12~30 人 /acre	30~75 人 / hm^2
3	中低级	8~25 人 /acre	20~60 人 / hm^2
4	中级	6~20 人 /acre	15~50 人 / hm^2
5	中高级	4~15 人 /acre	10~35 人 / hm^2
6	高级	2~10 人 /acre	5~25 人 / hm^2
7	专业级	0.5 人 /acre	1 人 / hm^2

这里讲的雪道承载力是指实际在雪道上进行滑雪的人,不包括在等待索道、乘坐索道或使用其他设施的人。根据实际统计数据来看,日常滑雪日中,雪道上的瞬时游客规模约占当日瞬时游客规模的40%。山顶、雪道交汇处、主要交通必经路线以及出入口等区域的密度会略高于平均值。控制好雪道承载力有利于整体统筹滑雪场需要的各类设施建设规模,做好投资预算和分期建设规划,并保证游客在上山和下山过程中的数量均衡,以避免出现拥挤甚至其他可能发生的危险。

雪道承载力在规划过程中能发挥什么作用?对于已经开发运营的滑雪场来说,承载力可以帮助滑雪场管理者分析现有雪道技术等级分布是否合理,游客构成是否符合市场需求等。以国外某滑雪旅游区为例进行阐述,按照滑雪者等级分级共有 6 个技术难度的雪道分布,面积如表 5-4 所示,以现有的雪道面积乘以雪道承载力即可得到现有雪道承载的游客规模,对应得到不同技术等级滑雪者的分布比例。结合市场分析得到的滑雪者分级,两者对比就可以看出现有的雪道布局中,中低级和中级两个等级的雪道与市场需求之间存在差距(图 5-8)。

现有雪道承载的滑雪者规模与市场规模比较 表 5-4

序号	滑雪者技能分级	现有雪道面积	雪道承载力	现有游客规模(人)	现状滑雪者分布比例(%)	滑雪市场分布比例(%)
1	入门级	3.0acre/1.2hm^2	30 人 /acre 75 人 /hm^2	91	4.7	5
2	新手	17.3acre/7hm^2	18 人 /acre 45 人 /hm^2	312	16.0	15
3	中低级	45.8acre/18.5hm^2	14 人 /acre 35 人 /hm^2	641	32.9	25
4	中级	53.9acre/21.8hm^2	10 人 /acre 25 人 /hm^2	539	27.7	35
5	中高级	39.6acre/16.0hm^2	7 人 /acre 18 人 /hm^2	277	14.2	15

续表

序号	滑雪者技能分级	现有雪道面积	雪道承载力	现有游客规模（人）	现状滑雪者分布比例（%）	滑雪市场分布比例（%）
6	高级	28.8acre/11.7hm^2	3人/acre 8人/hm^2	87	4.5	5
小计		188.5acre/76.3hm^2	—	1946	100	100

注：雪道承载力取国际标准范围的中间值；这里的现有游客规模是将各个技术难度等级的雪道面积乘以相应的雪道承载力得出的。

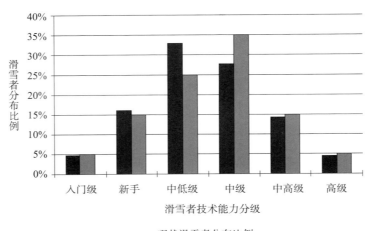

图 5-8　现有雪道承载的滑雪者规模与市场规模比较

2、合理承载力

国际成熟滑雪旅游区在规划设计中通常用合理承载力（Comfortable Carrying Capacity，CCC）来表述游客规模。合理承载力是指，在保证舒适宜人的游憩体验的前提下，在游客设施、基础设施能够承载的合理范围内，滑雪旅游区所能承载的一定程度的游客访问量。CCC并非指最大访问量，而是基于设施承载力而决定的最佳合理访问量，这一区别很重要。CCC是规划过程中，控制游客规模，保证生态环境平衡的重要规划工具。滑雪旅游区的CCC精确预测是一个复杂的过程，而且是唯一重要的规划准则。CCC用于在充分满足可预期的市场需求前提下，确保各类设施接待能力的平衡。相关的滑雪服务设施包括：服务区各类旅游服务设施、山顶餐厅、休息室、停车场以及管理、办公等其他各类所需的游客设施。CCC的计算原则基于上坡的索道承载力与下坡的雪道承载力的相互比较。需要注意的是，高峰日期间，滑雪区日接待游客规模有时会超过CCC的25%～30%。

3. 雪道密度指数

滑雪旅游区中的游客分布包括在各类旅游服务设施处的游客人数、等待索道的游客人数、乘坐索道的游客人数和雪道上滑雪的游客人数。

雪道游客密度是指单位面积雪道上的滑雪者人数，该指标反映雪道是否被充分利用。尤其对于已经开发运营的滑雪旅游区来说，这一指标对于平衡索道运载力与雪道承载力非常重要。

通常计算现状雪道游客密度的公式为：

现状雪道游客密度 = 雪道上滑雪的游客人数 / 雪道面积

计算规划雪道游客密度的公式为：

规划雪道游客密度 = 乘坐索道的游客人数 × （1+25%）/ 雪道面积

规划与现状雪道游客密度之间的差距 = 现状雪道游客密度 − 规划雪道游客密度

雪道密度指数 = 现状雪道游客密度 / 规划雪道游客密度

如果雪道密度指数接近100%，说明整体索道的上山承载力与雪道的下山承载力基本平衡。如果大于100%，说明雪道上的游客密度过大，过于拥挤。在一些大型滑雪旅游区，为了更好地控制雪道密度，保证滑雪者的舒适体验，通常将山体部分围绕雪道布局进行分区，分别计算各个分区的雪道密度，以避免出现部分区域雪道利用不足，部分区域雪道过度拥挤的情况发生。

4. 设施平衡

滑雪场的整体规划侧重于平衡各类设施建设规模。游客服务设施建设规模取决于山体的CCC规模。滑雪场规划设计应重视保持游客需求与度假设施（索道、雪道等）以及配套维护设施（如造雪设施、住宿接待设施、基础设施等）承载力之间的平衡。注意，保证滑雪场的CCC容量与其他组成部分和各类服务设施之间也需保持平衡。

5.3　索道规划布局

5.3.1　索道类型与特点

索道是指由动力驱动，利用柔性绳索牵引运载工具运送人员或物料的运输系统，是滑雪旅游区内最主要的交通方式，冬季主要服务于滑雪游客，夏季服务于观光度假游客。目前滑雪旅游区内常用的索道有三种基本形式：拖牵（图5-9，彩图见文后彩页）、魔毯（图5-10，彩图见文后彩页）以及各类架空索道（图5-11）。

1. 拖牵与魔毯

拖牵与魔毯位于地面，需要滑雪者站立上山，主要给新手滑雪游客使用。拖牵分两种，一种是卡腰式、一种是牵引式。卡腰式拖牵的钢丝上有一个横梁，卡在滑

图 5-9　牵引式拖牵
图片来源：en.wikipedia.org/wiki

图 5-10　儿童魔毯
图片来源：en.wikipedia.org/wiki

图 5-11　架空索道
图片来源：www.vailresorts.comCorpindex.aspx

雪者腰部，将滑雪者顶上山。牵引式拖牵有一个小圆盘夹在两腿之间，将滑雪者拉上山。由于拖牵的使用体验不佳，很多新入门的滑雪者难以掌握其使用要领。

　　魔毯是近期逐渐普及的一种地面式索道，滑雪者只需站立在魔毯上，随着魔毯向上的牵引动力将滑雪者送上山。由于魔毯的简单、易使用，目前已经逐步取代拖牵。当儿童和一些滑雪初学者技术水平到达一定程度后，就可以进阶到魔毯区。魔毯的安装没有长度和坡度的要求。对于第一次使用魔毯索道的初学者，10～15m距离和8%的坡度比较理想（如图5-12）。

无论拖牵还是魔毯，由于没有脱离地面，需要通过地面滑行才能到达山顶，所以一定程度上会妨碍其他滑雪者自由穿行。

2. 架空索道

架空索道是以架空的柔性绳索承载，用来运输人员或物料的索道。

按照支撑方法和牵引方法可以分为单线式与复线式。

单线式：系统仅拥有一条钢丝绳，同时牵引索道及吊厢并承载系统的重量。

复线式：使用多条钢丝绳，包括承载索和牵引索（包括平衡索），其中承载索可以是单承载或双承载，牵引索是单牵引或双牵引的索道。用作支撑吊厢重量的承载索是不会动的，牵引索则负责拉动吊厢。

图5-12 瑞士铁力士峰的魔毯
图片来源：李路平 摄

按其运行方式可以分为往复式和循环式。

往复式：索道上只有一对缆车，当其中一辆缆车向上运行时，另一辆缆车则下行。两辆车到站后，再各自向相反方向运行。这种索道称为aerial train way。往复式索道的每辆吊厢载客量一般较多，可达100人左右，而且爬坡力比较强，由于单个吊厢质量比较大，所以抗风能力也较好。往复式索道的速度可达8m/s，如瑞士铁力士山的360°旋转观光缆车。

循环式：索道上有多辆吊厢/吊椅，拉动吊厢/吊椅运行的钢丝绳是一个无极的圈，分别套在系统下站及上站的驱动轮及迂回轮上。当缆车由下站运行到上站后，经过迂回轮回到下站循环。循环式吊车称为gondola lift。现在滑雪区使用的一般都是循环式索道。其中循环式索道根据索道抱索器的不同可以分为固定抱索式和脱挂式。

固定抱索式：将吊厢直接与钢索连接，长期夹紧在牵引索上的某一固定点上，俗称"接头"，缆车或吊椅正常运行时不会放开钢索，所以同一根钢索上所有缆车的速度都保持一致。有的固定式抱索器索道，所有缆车平均分布在整条钢丝绳上，钢索以恒定的速度行走。这种设计最为简单，但是运行速度不能太快（一般为1m/s左右），否则乘客难以上下缆车。也有的固定式抱索器索道采用脉动方式运行，把所有缆车分成4、6或8组，每组由3～4辆车组成，组与组之间的距离相同。同组的缆车同时在车站上下乘客，当其中一组缆车运行到站内时，钢丝绳及各组缆车同时减慢运行速度。当缆车离开车站后，再一起加速行驶。这种索道行驶速度较慢（站内0.4m/s，站外4m/s左右），乘客上下缆车容易，但距离不能太长，运载能力亦有限。这种抱索器结构设计技术简单、制造容易，使用安全可靠，在循环式旅游、滑雪索道中得到广泛的应用。但其最大缺点是：为了在站内便于上下乘客而被迫在站内以低速运行，因而线路车多，负荷大，运行时间长，运输能力也因速度低而大大受到限制，不能满足大运量的要求。

脱挂式：又叫脱开挂结式索道。缆车被弹簧控制的抱索器握在运行着的钢索上，缆车在线上运行速度为5m/s，当缆车到达车站后，抱索器会放开，缆车依靠站内传动轮在站内减速运行（站内速度0.6m/s），方便乘客上下缆车。离开车站前，缆车又会被机械加速至与钢索一样的速度，抱索器再紧扣钢丝绳，循环离开。这种索道的速度较快，而且运载能力大。其中，单线循环脱挂式索道作为一种新型、高效、环保、节能的索道类型，在各地滑雪旅游区中备受欢迎，近年来逐步成为发展的主流。其优点主要有：可连续运输、运输能力大、运输能力与线路长度无关、乘客候车时间短、吊厢小、视野开阔、乘坐舒适、只有一根运载索、维护简单、采用活动抱索器、钢索寿命长、站房结构简单。但是由于目前国内尚未开发高速度、大运量的脱挂式索道，必须引进国外设备，因此投资大、设备昂贵。

与其他地面运输工具相比，架空索道具有对自然地形适应性强、受气候条件影响较小、爬坡能力大、建设投资小、运载效率高、乘坐舒适且不影响滑雪者自由穿行等优点，在世界各地得到日益广泛的应用。

5.3.2 索道设计目标与原则

1. 索道设计目标

要在有效满足地形要求的基础上，用尽可能少的索道数量，提供足够的上山承载力，以平衡雪道上滑雪者的规模要求。

2. 索道设计需要考虑的因素

风力、风向、连续地形的整体利用、可达性、与其他索道站之间的联系、索道上下站点的疏散空间以及现状自然条件与资源，如视觉景观、湿地、河岸带等。垂直落差、坡道长度、载客能力以及索道运行时间均是影响滑雪旅游区索道选型与规划布局的重要因素。

3. 索道布局原则

（1）最大化提高运营效率，保证冬季滑雪的高品质体验

雪道规划设计的目标在于为滑雪者提供最佳的滑雪享受，而索道则是为滑雪者提供最方便、快捷的交通方式。规划过程中，索道的选择多种多样，主要取决于地形坡度与其运营时每小时的载客能力。索道布局要考虑尽可能覆盖更大面积的滑雪区域，降低滑雪游客的规模密度，保证索道运输上山的滑雪游客规模与雪道上滑下山的游客规模基本持平，这时索道在登山期内（登山期指从到达滑雪旅游区到山顶的时间）输送滑雪者到整个滑雪场各个区域的能力尤为重要。在运送滑雪者的同时，也要将观光者尽快送达观景点。

以国外某滑雪旅游区为例，索道承载力低于雪道承载力，则需要在规划过程中将索道系统整体更新升级，使其符合雪道的承载力。整体更新升级的方式包括：

1）四人吊椅升级为六人吊椅，提高运力的同时，因为自重大，能更好地抵抗风力的影响。

2）年久的索道更新换代，提高运力与速度，更快、更大运量地运输上山的滑雪者。

3）将一些不适合初学者的索道更换成为魔毯，更受初学者的欢迎。

通过这些更新升级方法，极大提高了现有索道的承载力，使其与雪道承载力相匹配，保证上山与下山的滑雪者规模相当，从而避免拥堵或利用不足的情况。

与索道相对应的索道站点一般建在坡度小于20°的建设用地上，同时需要为排队等候、滑雪缓冲、上下客人等提供相邻的缓冲空间。通常每位滑雪者需要1.5～2.5m² 的缓冲区，具体情况视排队人数与滑雪索道的类型而定。在保持适当的滑雪游客密度的同时，促使索道等待时间不超过乘搭索道的时间。

（2）符合市场需求，按地形条件与雪道承载力布局索道

利用现状地形平衡索道和滑雪道开发的承载力，同时也尽可能迎合滑雪市场的需求。在设计索道时，需要用长远的目光去考虑各方面的因素，以避免在未来造成索道与雪道供不应求的情况出现。规划与协调好各索道的运营模式和各种水平滑雪者所适应的滑雪坡度，能够有效地提高雪道的使用效率，使滑雪者得到更好的滑雪体验。

5.3.3 索道承载力

1. 如何计算索道承载力

如前文所述，精确计算一个滑雪旅游区的合理承载力是一项重要且复杂的分析计算，它是用于布局滑雪旅游区内各项用地及建筑、设施的一项重要标尺，所有其他相关的滑雪服务设施规模预测均需建立在精确计算山体承载力的基础上。山体承载力除了雪道部分外，索道的承载力也非常关键。以国外某滑雪旅游区为例，该滑

雪旅游区内共有15条索道，这里仅以其中一条为例说明如何计算索道承载力（表5-5、表5-6）。

索道设施技术参数表　　　　　　　表5-5

索道名称	顶端高程 TE	底端高程 BE	垂直落差 VR	平面距离 PL	斜面距离 SL	平均坡度 G	设计承载力 DC	索道运行速度 S	轿厢间距 CS	安装时间
TS	9393ft/2863m	9350ft/2850m	43ft/13m	384ft/117m	386ft/118m	11%	325人次/时	175ft（53m）/分钟	32ft/10m	1995年

索道承载力计算　　　　　　　表5-6

索道名称	垂直落差 VR	设计承载力 DC	单日运营时间 T	空置率 ML	实际承载力 AC	索道日均拉升总高度 VD	合理承载力 CCC
TS	43ft/13m	325人次/时	7小时	30%	228人次/时	1495ft/日 456m/日	45人次

（1）索道承载力

这里的实际承载力是设计承载力在扣除空置率、停运等因素后所形成的，代表索道实际每小时承载的游客规模，$AC = DC \times (1-ML)$

合理承载力（CCC）的计算，基于实际承载力（AC）、单日运营时间（T）、垂直落差（VR）、索道日均拉升总高度（VD）等因素，公式如下：

合理承载力（CCC）= 实际承载力（AC）× 单日运营时间（T）× 垂直落差（VR）/索道日均拉升总高度（VD）

通常一个索道站可能对应一条或若干条索道，所以与单个索道承载力相关联的另一个概念是每个索道站的承载力，它的计算涉及单位小时内的承载力（包括滑雪者和观光者）、单个索道的垂直落差、单日运行时间以及索道运载效率等因素。

（2）索道运营效率

TS索道垂直落差高度为43ft（13m），斜面距离为386ft（118m），则缆绳长度为386×2=772ft（118×2=236m）。该索道运行速度为175ft（53m）/分钟，则运行一个来回大约4~5分钟，即：386×2/175=4.4（118×2/53=4.4）。一天运营时间为7小时，则一天可以运转7×60/4.4=95次。即索道每天满负荷运转7小时，可完成约95次运转。扣除非雪季、停运维护等因素，该索道日均运转次数为35次。

索道日均拉升总高度（VD）与索道单次拉升高度（VR）、平均单日运转次数等因素相关，公式如下：

VD = 索道运转单次高程差（即索道的垂直落差VR）× 日均运转次数

TS索道垂直落差为43ft（13m），日均运转次数为35次，则：

VD=43ft×35 次 =1495ft（456m）。

可见该索道运行效率（即实际运转次数与满负荷运转次数之比）为37%。通过对国外滑雪旅游区的相关研究分析发现，滑雪旅游区的索道，除了雪季运营外，部分索道承担非雪季期间运送观光客的需求，结合空驶率、停运维护等因素，运行效率一般介于30%与45%之间，少数非雪季期间运营较多的索道的运行效率可以达到60%。

2. 索道承载力的作用

在滑雪旅游区设计中，一个需要重点关注的因素就是要平衡索道运输的承载力与雪道的承载力，保证上山和下山两个方向游客规模的均衡。两者分析需要相互校核。雪道承载力源于上山方向每条索道的承载力以及单位面积雪道对应的索道数量。由于任何时候，滑雪旅游区内的游客都是分散在旅游区内各地的，包括使用各类游客设施的、等待索道和乘坐索道的以及正在滑雪的等等。按照国际经验，通常索道承载力规模的约1/4游客是在使用游客设施或正在滑雪。

积极的滑雪游客规模可以通过等待索道、乘坐索道以及雪道上的游客规模相加统计得出。包括等待索道的游客也是索道单位时间运输能力的一部分，等待时间也要纳入索道运行统计时间之内。单个索道的承载能力与索道数量决定了索道的整体承载力。雪道承载规模、使用各类游客设施的规模、滑雪区入口附近的游客规模、等待和正在使用索道的游客规模相加，即为整个滑雪旅游区的合理承载力（CCC）。

通过合理承载力，还可以计算各类设施上的游客分布密度，通过比较现状密度与规划密度，即可发现哪些设施未被充分利用，哪些设施负荷过大，借此调整或增减设施以满足市场需求。

3. 索道与地形系统效率

滑雪旅游区的整体效率逐渐成为影响其发展的重要因素，这不仅仅指能源与操作效率，同时也指旅游区的设计与布局效率。旅游区的良好布局效率意味着索道和雪道承载力的平衡（索道提供的上山承载力等于雪道提供的下山承载力），这就需要在满足合理承载力需求的前提下，有精心设计的雪道和索道系统，并为不同技术等级的滑雪者提供相应的服务设施。

我们这里所说的地形系统效率是指用于维护雪道系统运营所需的投入，包括造雪成本、修剪树木成本、能源成本、滑雪巡视成本、夏季维护雪道成本、日渐走高的管理成本以及高质量人才成本等。从规划设计角度来看，一个有效维持地形系统效率的工具就是，有足够的地形可以满足雪道密度需求。

"索道与地形系统效率"是指，满足合理承载力需求的前提下，建设与运维索道和雪道所需的投入总量，影响其效率的因素包括但并不局限于：基建成本、劳动力成本、维护与管理成本以及因此产生的各类直接和间接成本。从这一出发点来说，需要用最少的索道提供最大的运载能力，满足上山和下山游客规模的平衡。

  一个检查滑雪区设计是否有效率的途径就是，用滑雪场的瞬时合理承载力（CCC）除以现有的索道数，注意这里说的索道数仅仅指空中索道，不包括地面拖牵与魔毯等，如果这一商值与实际索道的运载能力不符合，则存在两种情况：现有的索道设施没有得到充分利用（商值小于索道实际承载力），或者还需要增建索道设施以满足游客规模的需求（商值大于索道实际承载力）。这时可以通过以下措施来提高索道的运行效率，包括整合多余的、低效运行的索道，提高索道站点上山的运输能力，新增索道以满足雪道需求等。

第6章 游客规模预测

游客规模预测有利于判断该滑雪旅游区的发展规模、相应的服务设施与配套基础设施的建设规模以及对应的投资额度。游客规模是滑雪旅游区规划中一项重要的量化指标，对投融资与效益分析都有重要的指导意义。

滑雪旅游区的容量测算包括两部分：环境容量与设施容量。环境容量测算值取决于旅游区内的资源状况。设施容量测算值包括索道承载力和雪道承载力两个方面，索道和雪道的承载力决定了整个滑雪旅游区的设施承载力，如果这一承载力在环境容量允许范围内，即可确定相关设施建设与投资规模。

6.1 环境容量

借鉴《风景名胜区规划规范》GB 50298中的相关概念与方法，环境容量是指在现状有明确管理目标的特定游憩区域内，保证一定的游憩体验，综合考虑空间因素、游客心理感知因素、生态影响因素、视觉影响因素、功能技术因素及国家规范标准的基础上所计算出的容量值。包括生态容量与空间容量两部分。

推算环境容量时，必须考虑两方面因素：

（1）原有自然和社会经济环境，意味着容量标准必须建立在没有导致自然环境（天然和人工环境）破坏，没有给当地带来社会文化和经济的负面影响。

（2）旅游形象和旅游体验。要求旅游人数要与旅游体验形象相一致，与旅游者寻求的环境感受和文化体验相一致。

强调环境容量测算的前提是明确的管理目标。同样一处山林地，管理目标不同，容量值也就不同。通常分别从空间容量、生态容量进行计算，充分校核后取最小值作为环境容量，以确保适当的开发不会带来不可修复的破坏。

6.1.1 生态容量

生态容量的确定立足于维持规划区域的自然生态系统，使自然环境能够承受旅游或其他人为活动对生态的直接消极影响（例如游人对植物的践踏），同时对旅游者所产出的污染物能够完全吸收和净化（例如污水的净化）。对生态容量远远超出其他方面环境容量的旅游地或者在旅游及其他人为活动开展的状况下，自然环境不退化或在短时期内能从退化状态恢复原状的旅游地，生态容量将不成为环境容量的卡口因素。

通常生态容量计算采用规划区域面积除以生态容量指标的方法进行。

6.1.2 空间容量

空间容量计算包括瞬时游客容量、日周转率、日游客容量、年游客容量、卡口容量等相关概念。

规划瞬时游客容量（单位：人/次）= 规划用地面积 / 分区容量指标。瞬时游客容量测算中常用的测算方法包括面积法与线路法等。

规划游客日周转率 = 规划平均日游览时间 ÷ 计算区域规划平均游览时间

规划日游客容量（单位：人·次/日）= 规划瞬时游客容量 × 规划游客日周转率

规划年游客容量（单位：人·次/年）= 规划日游客容量 × 年游览时间 ÷ 游客平均游览天数

卡口容量（单位：人·次/日）是指整个滑雪旅游区内，因部分区域受到资源与设施分布的影响，游人分布比较集中，且游客到访率较高，容易产生游客拥挤。因此需要在计算出全区日游客容量之后，对这些区域的瞬时游客容量进行检验；或是通过这些区域的瞬时游客容量，反过来验证全区日游客容量的合理性。

设卡口区域游客瞬时容量为 C_0，卡口区域每天的开放时间为 T_1，游客在卡口区域平均停留时间为 T_2，每天经过卡口区域的游客占全区游客总数的比例为 P_0，则由卡口因素推算的全区日游客容量为：$C_{p0}=C_0 \times T_1 \div T_2 \div P_0$。

将卡口法计算出来的规划日游客容量与前文中计算出的规划日游客容量进行比较，取数值较小的一个作为规划日游客容量。

计算中如果涉及多处特殊区域，则需要选取多处卡口，进行综合分析比较，最终确定的规划日游客容量应该是由各处卡口日游客容量值的最小值。

6.2 设施容量

欧美等传统滑雪旅游区在规划设计时，通常采用计算设施容量的方法来测算滑雪旅游区的容量上限。如前文所述，设施容量的计算基于合理承载力（CCC）的计算，包括上坡的索道承载力与下坡的雪道承载力的相互比较。

雪道承载力是指单位面积雪道上承载的滑雪者规模。索道承载力反映的是单个索道一个来回所承载的滑雪者规模。同时雪季期间还有一些不滑雪游客，通常比例约为20%（这要根据实际情况辨别），通过雪道与索道承载力计算整个滑雪旅游区的游客容量时，也需要将这一部分容量考虑进去。

通常在计算设施容量时，会将一年分为雪季、夏季和春秋两季三个时间段，并结合周末、节假日和平日分别计算。根据合理承载力游客量在山体部分和服务区的分布比例，计算相应的游客数量，结合当地滑雪游客出行住宿比例，分别计算日滑雪游客量和住宿滑雪游客量以及当日总游客数量。这样就可以获得雪季、夏季和春秋两季分别在周末、节假日和平日共9个时间段的日均游客量。分时计算游客量对于控制设施建设和运营规模具有非常重要的意义，可以避免各类设施投入不足满足不了市场需求，同时也可避免规模过大产生浪费。大型滑雪旅游区也可分区域计算，最终求得总和。

合理承载力（CCC）用于在充分满足可预期的市场需求前提下，确保各类设施接待能力的平衡。高峰时期的日接待游客规模有时会超过合理承载力（CCC）的25%～30%。

6.3 游客规模

与环境容量不同的是，游客规模预测值是由市场决定的游客量，反映的是"旅游需求"。在以往的规划项目中，通常采用的游客规模预测方式有以下两种。

6.3.1 宏观总量比例预测法

这是一种目前十分常用的方法，基本思路是先预测滑雪旅游区所在城市或区域的客源总规模，包括旅游和游憩两方面的规模。再根据近年来旅游和游憩比例及到访率预测本项目的近、中、远期游客规模。该类方法适用性广，原因在于数据的可获取性较高。

在宏观总量测定之后，关键是分析该滑雪旅游区可占其中多大比例的客源。对此，应在全市（区）范围内进行本项目的优劣势分析，通过对现有及待建的各旅游区、度假区的旅游吸引力和旅游市场地位进行分析，从而确定本项目的到访率以及对应在总客源量中分得的份额。

6.3.2 类似项目比较预测法

在滑雪旅游区所在地区及近似地区，往往已经建有同类的旅游活动项目，且目标市场相近。以已建项目为参照物进行预测和比较、修正，也可获得待建项目的客源量预测值。

通过这两种方法预测与互相校核，可以对锁定的目标市场规模做出判断。

6.4 人口总量

滑雪旅游区的总人口包括滑雪旅游者和管理服务人员，如有保留社区，还应包括当地居民。

6.4.1 滑雪旅游者

将前文计算得出的环境容量、设施容量相比较,取较小值作为整个滑雪旅游区的容量测算值,将其与游客规模预测值相比较,取较小值作为规划游客规模。其中包括年游客规模、年可游天数以及日均游客规模与高峰日的游客规模等相关数据。

年游客规模代表在一个自然年度中,全年到访的游客规模,单位:人·次/年。年可游天数代表全年中共有多少自然天数可以供滑雪旅游者进入滑雪旅游区开展滑雪或其他休闲游憩活动。日均游客规模代表全年平均每日的游客规模,单位:人·次/日。高峰日游客规模代表在旅游高峰季节中每日的游客规模,单位:人·次/日。鉴于我国带薪假期和法定节假日特点,高峰日游客规模往往是日均游客规模的数倍甚至数十倍。

6.4.2 管理服务人员

管理服务人员包括管理人员和服务人员。

服务人员估算应以滑雪旅游区内床位数或餐饮座位数两类服务设施为基础进行估算,其中,床位对应的服务人员估算可按下列公式计算:

服务人员 = 床位数 × 服务人员与床位数比例

其中,服务人员与床位数比例为 1:2 ~ 1:10,需要根据滑雪旅游区的具体发展情况确定。

管理人员总数一般按照日均游客规模的 1/20 进行计算,即:日均游客规模 × 1/20。

6.4.3 当地居民

当地居民人口指当地常住居民人口,预测当地居民人口规模要根据总体规划中对于当地社区的定位,判断其是否需要搬迁或控制人口规模,并符合下列规定:

(1)当规划地区的居住人口密度超过 50 人 /km^2 时,宜测定用地的居民容量。

(2)当规划地区的居住人口密度超过 100 人 /km^2 时,必须测定用地的居民容量。

(3)居民容量应依据最重要的要素容量分析来确定,其常规要素应是:淡水、用地、相关设施等。

6.4.4 总人口

总人口规模测算为滑雪旅游者、管理服务人员和当地居民三类规模的总和,一定用地范围内的人口发展规模不应大于其总人口容量;人口分布应符合下列原则:

（1）根据游憩需求、生境条件、设施配置等因素对各类人口进行相应的分区、分期控制。

（2）应有合理的疏密、聚散变化，使其各得其所。

（3）防止因人口过多或不适当集聚而不利于生态与环境。

（4）防止因人口过少或不适当分散而不利于管理与效益。

第 7 章 配套服务设施规划布局

7.1 规划内容

滑雪旅游区的配套服务设施按布局位置可以分为山体部分与服务区部分。按类型可以分为滑雪配套设施、商业服务设施和经营管理设施。无论是山体部分或服务区部分,都会包含三种类型的设施,但在设施建设规模的比例上各有侧重。

7.1.1 山体部分服务设施

山体上的游客服务设施通常位于靠近山顶的地方,这里景致优美,视野开阔,主要提供餐饮、休息和零售等服务,也配备紧急救助、安全巡逻等设施,减少滑雪者必须下山到服务区寻求这些设施与服务的次数。国外很多滑雪旅游区的山体部分也常常提供一些滑雪视频供滑雪者学习与参考,以方便游客选择各种不同类型的雪道、滑雪设施与装备(图 7-1 ~ 图 7-3)。

图 7-1 拟建山顶餐厅的位置

图片来源:图7-1与图7-2均引自Glacier Resorts Ltd. and Pheidias Project Management Corporation. Jumbo Glacier Resort Master Plan, 2010

注:Jumbo Glacier 滑雪旅游区内拟建山顶餐厅的位置,从此处往下看可以看到湖水和远处的山顶,视线非常开阔

图 7-2　山顶餐厅意向图

图 7-3　惠斯勒的山顶餐厅

图片来源：左图 www.whistler.com；右图 www.whistlerblackcomb.com

7.1.2　服务区部分服务设施

游客服务设施为滑雪场提供了必需的支持作用，这些服务设施可以整合在服务区多功能建筑的首层空间，或者设置在单独的滑雪服务中心。在服务设施的布局方面，考虑与索道、停车场之间的交通与流线非常必要，保证游客能在停车后尽快抵达服务中心办理各种手续后快速到达索道站点开始滑雪活动。理想情况下，这些设施应该采用一站式设计，这样滑雪游客就可以在一幢建筑内完成滑雪前所要完成的所有手续了。

为方便规划布局，这些滑雪服务设施被归纳为3个大类：滑雪配套设施、商业服务设施、经营管理设施。大型滑雪旅游区应结合此区域开展其他三季的旅游项目以保证其经营状况，实现旅游资源的优化利用、综合开发。

滑雪配套设施包括售票、公共储物柜、设备租赁和维修、滑雪学校和儿童项目等。这些设施应规划在服务区内，具体规模应根据滑雪游客的数量而定。设备租赁部分可以分摊给旅游区内的商店承担，以减少投资规模。

图 7-4 惠斯勒山下服务区
图片来源：www.whistler.com

图 7-5 美国范尔山下服务区
图片来源：www.vailresorts.comCorpindex.aspx

商业服务设施指坐落在服务区内和山体上的包括餐饮、厨房、洗手间、配件租赁等设施（图 7-3～图 7-5）。如果服务区的餐饮和住宿设施距离索道较近的话，则餐饮设施的产权与经营权亦可考虑外包，而山顶餐厅通常是旅游区经营者的责任。餐厅里的座位数要根据附近游客的流量而定，厨房、洗手间的规模则按照座位数而定。各类商业零售空间的规划应该以游客方便为依据，从而使游客能够就近解决问题，而不必非要滑下山到服务区去解决。

经营管理设施通常指为开展滑雪和相关活动产生的经营管理相关的建筑服务空间，包括行政管理办公室、员工储物空间、会议室、滑雪救护设施等。这些设施通常规划在山体上和服务区远离登山区的地方，以保证与滑雪游客相关的配套设施能够布局在滑雪游客的视线范围内。

服务区的服务设施大多都会成为雪道的对景，因此要求建筑风格与造型要与周围环境相协调，视觉美感要强。山底部分的索道站周边也是一处可以巧妙增加景致的地方。另外，由于人们一直都希望在自己家附近便可以享受到滑雪的乐趣，因此在滑雪旅游区内建设不动产已经成为未来滑雪旅游区的一个显著发展趋势，围绕着滑雪场中心建设有特色的度假酒店、木屋等来吸引游客已经成为很多滑雪旅游区的特色（图7-6）。被群山环绕的滑雪场内设计有可供出租或出售的独栋或联排别墅，来满足高消费水平游客的需要，同时也成为滑雪旅游区内的景观。

图 7-6　滑雪木屋
图片来源：2014 Internationla Report on Snow & Mountain Tourism

除各类服务设施外，服务区内还需要根据滑雪者需求，布局各类游憩设施及配套停车场地。

游憩区主要承担的职能分为以下三方面：第一，为游客提供除滑雪以外的冬季娱乐项目；第二，为滑雪学校或滑雪训练班提供训练场地；第三，结合服务区自身自然资源特点，因地制宜地开发一些设施，为滑雪旅游区增加景致。若有自然地表水体，可以结合湖面开展冰上娱乐项目。更重要的是，当滑雪者在山顶部分俯瞰时，增加了整个画面的动感和情趣，不失为一个事半功倍的设计手法（图7-7）。

为了保证视觉景观质量，停车场的位置应布局在雪道底部，靠近滑雪场出入口的位置，设法减少车辆、行人与滑雪者之间的冲突。随着我国私家车数量的逐年上升，同时滑雪场通常位于远离市区的郊县，所以服务区的规划布局必须考虑满足配建大量停车位的需求。停车场的选址、规模以及空间布局和交通流线必须与其他配套设施统筹考虑。

图 7-7 惠斯勒黑梳山下的湖面
图片来源：www.whistlerblackcomb.com

7.2 影响服务设施选址布局的因子分析

服务区的布局也是滑雪旅游区特征的一部分，整体的建筑、场地布局以及景观、建筑风格统一构成旅游区特征。其选址与设计应包括合理的规模、适宜的区位，以满足不同设计元素的合理安排与布局。这些设计要素的复杂度与相互之间的关联，会因各类滑雪旅游区的特征不同而表现得差异悬殊。

7.2.1 区位与交通条件

服务区的选址通常位于滑雪旅游区的入口区域，对内、对外交通联系便捷，方便滑雪者进入、停车，再购票、乘坐索道上山，这一系列流线简洁、易于管理。如果有现状道路，可以考虑修缮后再利用，以减少投入成本。同时，现状道路的形成通常也是有其自然地形、交通运输等原因，具有一定的合理性。

服务区的选址还要考虑与雪道、索道布局的关系，通常服务区位于山体环绕的谷地中，被规划的雪道所环绕，便于游客快速通过服务区进入山体开展滑雪活动（图 7-8、图 7-9）。

图 7-8　瑞士策马特服务区
图片来源：www.myswitzerland.comen-USzermatt.html

图 7-9　澳大利亚 Mtbuller Alpine Resort 服务区选址与布局
图片来源：Cox Architecture Master Planners. Mt.buller Alpine Resort Master Plan.2010

7.2.2 地形与地质条件

服务区的选址需要对开发建设的适宜性进行评估，确定相应的空间分区。针对滑雪旅游区的工程地质、地形、水文气象、自然生态、人为影响等内容，开展综合分析评价，得到适宜开发建设的用地范围。参照行业标准《城乡用地评定标准》CJJ 132—2009，影响开发的适应性因子见表7-1。

基本指标的定量标准　　表7-1

一级指标	二级指标	不适宜级（1分）	适宜性差级（3分）	较适宜级（6分）	适宜级（10分）
工程地质	地震基本烈度	≥Ⅸ度区	Ⅸ度区	Ⅶ、Ⅷ度区	＜Ⅵ度区
	岩土类型	浮泥、深厚填土、松散饱和粉细砂	极软岩石粉土	较软岩石、密实砂土、硬塑黏性土	较硬、坚硬岩石、卵、砾石、中密砂土
	地基承载力	＜70kPa	120kPa	200kPa	＞250kPa
	地下水埋深（水位）	＜1.0m	1.5m	2.5m	≥3.0m
	水土腐蚀性	严重腐蚀	强腐蚀	中等腐蚀	弱腐蚀
	地下水水质	Ⅴ类	Ⅳ类	Ⅲ类	Ⅰ类、Ⅱ类
地形	地形形态	非常复杂地形，地形破碎，很不完整	复杂地形，地形分割较严重，不完整	比较复杂地形，地形较完整	简单地形，地形完整
	地面坡向	北	西北、东北	东、西	南、东南、西南
	地面坡度	≥50%	＜50%，≥25%	＜25%，＞10%	≤10%
水文气象	地表水水质	五级	四级	三级	一级、二级
	洪水淹没程度	场地标高低于设防洪（潮）标高≥1.0m	场地标高低于设防洪（潮）标高＜1.0m，≥0.5m	场地标高低于设防洪（潮）标高＜0.5m	场地标高高于设防洪（潮）标高
	最大冻土深度	＞3.5m	3.0m	2.0m	≤1.0m
	污染风向区位	高污染可能区位	较高污染可能区位	低污染可能区位	无污染可能区位
自然生态	生物多样性	稀少单一	一般	较丰富	丰富
	土壤质量	Ⅰ类	Ⅱ类	Ⅲ类	低于Ⅲ类
	植被覆盖率	＜10%	25%	35%	＞45%
人为影响	土地使用强度	高	较高	一般	低
	工程设施强度	设施密度大，对用地分割强	设施密度较大，对用地分割较强	设施密度较小，对用地分割较小	设施密度小，对用地无分割

除此之外，对于滑雪旅游区来说，还需要结合当地气候条件综合考虑高程因素。高程太低，则太阳日照时间长，促使积雪融化，缩短雪季。高程太高，不利于滑雪旅游区的可达性，并容易引起滑雪者的身体不适感，同时因为整体垂直落差不够大，会影响部分雪上项目的开展。不同滑雪旅游区的服务区高程比较见表 7-2。

国际著名滑雪旅游区服务区高程一览表　　　　表 7-2

国家	滑雪旅游区	服务区高程
加拿大	惠斯勒	2214ft /675m
	莱克路易斯	5450ft /1562m
美国	阿斯彭	7900ft /2409m
	杰克逊镇	6311ft /1924m
	塔霍湖	6500ft /1982m
	范尔	8200ft /2500m
瑞士	格施塔德	3608ft /1100m
	策马特	5314ft /1620m
	圣莫里茨	6088ft /1856m
法国	霞慕尼	3378ft /1030m
	库尔舍维勒/葱仁谷	5412ft /1650m
意大利	库马约尔	4015ft /1224m
	切尔维尼亚/瓦尔图南什	6724ft /2050m

7.2.3　基础设施条件

服务区内规划布局滑雪配套设施、商业服务设施、经营管理设施等三大类设施，需要相应的给水、排水、电力、电信、供暖、燃气等基础设施条件的支持。若服务区选址在原有的村庄、乡镇、工厂等具有一定基础设施条件的地块上，则可利用现有设施进行更新改造，减少工程投资规模。同时考虑服务区的空间大小与规模是否满足各类基础设施的建设规模，各类设施的铺设方式与安全距离是否满足相关行业与地方标准。

7.2.4　景观视线条件

服务区的选址与布局还要充分考虑景观视线条件。从整个滑雪旅游区的自然景观格局角度考虑服务区的空间布局、建筑风格、景观风貌。满足从制高点向下鸟瞰的视线要求，同时也可远望制高点，形成空间景观视廊。结合周边山体、雪道等自然、人工景观，形成点、线、面相结合的景观格局。

7.2.5　游客规模与分布

游客服务设施的建设规模应满足游客规模预测得出的年、日均、高峰日游客规模。根据合理承载力计算得出的游客分布情况，即可判断在服务区和山体部分的游客设施对应的游客规模以及设施建设规模。滑雪旅游区内所涉及的服务设施规模包括：

餐饮空间：包括所有餐厅、咖啡馆、野餐区的就座面积，走廊等交通面积不纳入计算。

配套厨房：包括食物准备、烹调和储存面积。

酒吧/咖啡厅：所有的餐饮座位区域与服务区域面积只用于提供和消费酒类、软饮等。若提供食品，则面积需要统计入餐饮面积中。

洗手间：所有与盥洗设施相关的面积（男性、女性和员工专用要分开统计）。

游客服务：包括问询台、电话亭、失物招领处等。

设备租赁和维护：所有与租赁、维修相关及配套的储存面积。

成人滑雪学校：包括预约区、室内集合区、员工储物柜等与滑雪学校直接相关的设施面积均应统计其中。

儿童滑雪学校：包括日间儿童服务配套设施、滑雪学校配套的阅读区、午餐区等面积。储存和员工储物柜也包括其中。

零售区：所有的零售商店及配套的储存面积。

票务中心/售票处：所有门票和季节卡销售处及配套的办公面积。

公共储物区：包括公共储物柜以及配套的储物柜前0.6m距离的走廊等交通面积。

滑雪巡逻/医疗急救处：所有的医疗急救设施及配套空间，储存空间和员工储物区也包括其中。

行政管理/员工储物区：除以上内容之外的所有行政管理、员工储物空间。

废弃物处理：各类固体、液体等废弃物堆存和处理空间。

7.2.6　国家或地区相关行业规范标准

由于服务区是滑雪旅游区中最集中开展设施建设的区域，大规模设施集中建设需要开展相应的规划编制与设计布局。这就需要投资者结合当地的地方标准、行业标准委托符合资质要求的规划设计单位开展规划设计，使其符合国家、行业、地方的标准要求。

7.3　服务设施规模预测

在人口规模预测中提到，将环境容量、设施容量与游客市场规模预测值相比较，取最小值作为规划游客规模。其中包括年游客规模、年可游天数以及日均游客规模与雪季、夏季和春秋两季分别在周末、节假日和平日共9个时间段的日均游客规模等相关数据。

游客服务设施的建设规模应与游客规模预测得出的年、日均、高峰日游客规模相协调。根据合理承载力计算得出的游客分布情况，可判断在服务区和山体部分分别对应的游客规模及设施建设规模。关于服务设施规模的预测，目前国内和国外采用两类不同的测算方法。

7.3.1 当前国内常用的测算方法

国内的滑雪旅游区在预测服务设施建设规模时，通常参照《风景名胜区规划规范》GB 50298—1999中对于游览设施的规模预测方法，基于日均游客规模，以餐位数、床位数为核心预估总建设规模。

1. 餐饮

（1）餐位数测算

餐位数的测算根据日均游客、就餐比例、餐位周转率和利用率，即可得出总餐位数。计算公式如下：

日游客规模 × 就餐比例 = 就餐人数

就餐人数 / 餐位周转率 / 利用率 = 餐位数

（2）餐饮设施面积

餐饮设施面积按照餐位数与单位面积的乘积计算得出，计算公式如下：

餐位数 × 单位面积 = 总餐饮设施面积

通常国内旅游区中，旅游服务中心的餐馆均按一级餐饮设施建设，建筑面积标准为 5 ~ 10m²/餐位。

2. 住宿

（1）床位规模测算

床位规模的测算取决于日均游客规模、住宿游客比例和床位利用率，计算公式如下：

住宿床位需求量 = 日均游客规模 × 住宿游客比例 ÷ 床位利用率

（2）住宿设施分类

根据滑雪旅游区的旅游产品类型与定位，可以将住宿设施进行分类。通常二级旅游服务中心的住宿设施，建筑面积按照 30m²/床位；一级旅游服务中心的住宿设施，建筑面积按照 50m²/床位；高端宾馆住宿设施，建筑面积按照 60 ~ 100m²/床位计算。

在此基础上，配套相应的购物、卫生保健、解说咨询、会议、文化、管理等相关服务设施。

7.3.2 国外滑雪旅游区服务设施规模测算方法

国外滑雪旅游区在预测服务设施建设规模时，通常采用两种方法。第一种类似于国内常用方法，基于日均游客规模，首先估算床位数、餐位数，根据单位面积估算总体建筑面积与规模，且称为日均游客规模法。第二种基于合理承载力，按照人均面积指标进行估算。求得各类设施的总建设规模后，再根据单位面积计算相应的床位、餐位数，称为合理承载力法。下面分别介绍这两种测算方法。

1. 日均游客规模法

前文提到，在计算游客规模时，包括年游客规模、年可游天数以及日均游客规模与雪季、夏季和春秋两季分别在周末、节假日和平日共 9 个时间段的日均游客规模等相关数据。相比较而言，雪季的日均游客规模大于夏季和春秋两季，而夏季和春秋两季的日均游客规模孰高孰低，则取决于滑雪旅游区的具体情况，包括气候环境、交通、游憩项目等各种因素。雪季期间，通常节假日的日均游客规模最高，其次为周末，最低为平日。为保证游客规模测算客观、科学、可靠，通常依据雪季周末的日均游客规模来测算相应的设施规模，避免设施建设不足或浪费。

（1）住宿

雪季日均游客规模中，包括滑雪游客和非滑雪游客，按照欧美国际滑雪大区的经验，二者比例关系约为 4:1。具体根据不同滑雪区情况，这一比例会有相应变化。其中滑雪游客又分为住宿游客与不住宿游客，相互比例关系仍约为 4:1。根据前期测算的雪季日均游客规模，即可测算得出总日均住宿规模。根据床位利用率，即可测算得出总床位数。计算公式如下：

$$G = S + NS$$

其中，G——雪季日均游客规模；

S——滑雪者游客（约占 80%）；

NS——非滑雪者游客（约占 20%）。

$$S = Y_1 + N_1$$

其中，S——滑雪者游客；

Y_1——住宿游客（约占 80%）；

N_1——不住宿游客（约占 20%）。

$$NS = Y_2 + N_2$$

其中，NS——非滑雪者游客；

Y_2——住宿游客（约占 80%）；

N_2——不住宿游客（约占20%）。

总日均住宿规模 $=Y_1+Y_2$。

总床位数 = 总日均住宿规模 / 床位利用率

再根据不同住宿设施单位床位面积，即可预测出总的住宿面积。按照酒店住宿、商业、休闲娱乐、管理等不同功能面积的分配比例，可算出整体服务设施面积，根据前期规划中确定的建筑密度、容积率等相关控制性指标，即可预测出整体服务设施建设用地的规模。

根据对国外若干成熟滑雪旅游区的分析调研发现，不同住宿设施的单位床位面积差异很大。可以分为 $10\sim30m^2$/床位、$30\sim70m^2$/床位、$70\sim120m^2$/床位以及 $120\sim190m^2$/床位等几个区间。这就需要根据滑雪旅游区的定位、市场需求、投资规模等因素综合分析考虑。

（2）餐饮

餐饮设施规模预测与住宿设施相同，依据雪季周末的日均游客规模来测算。测算方法如下：

日游客规模 × 就餐比例 = 就餐人数

就餐人数 / 餐位周转率 / 利用率 = 餐位数

滑雪旅游区中餐厅的游客周转率通常为2~5，餐厅内就座堂食的周转率通常低一些，而快餐式的咖啡厅的周转率就略高。同时，天气情况也影响周转率，如果下雪天气温低，则游客倾向于在餐厅内就餐，周转率就低，反之则高。

2. 合理承载力法

滑雪旅游区的规划过程中需重点强调各类设施建设规模的相互平衡。不同类型的旅游服务设施规模均要匹配山体部分的合理承载力。滑雪旅游区的发展目标之一就是要平衡旅游服务需求（索道、雪道、地形公园、半管雪道等）、服务设施承载力（餐饮、售票、住宿、安全、管理和其他服务设施）和市政设施承载力（造雪设施、基础设施等）。

根据合理承载力计算得出的游客空间分布情况，可以计算出对应的服务设施所需满足的游客人数，根据周转率可以计算得出所需的座位数。以加拿大某滑雪旅游区为例，见表7-3。

通过合理承载力计算可以看出现状餐位的承载力为3237人次，而需要就餐的人数为4463人次，这样反映出现状餐饮设施数量不足，现状餐位数与规划餐位数的差距为537个，其中服务区部分为478个，山体部分为59个。需要在规划中分别增加相应的餐位数量。

根据国外成熟滑雪旅游区多年来的发展经验，各类服务设施的建设规模基于合理承载力基础上的人均面积范围，包括总规模、山体部分规模（表7-4、表7-5）和服务区部分规模（为前两者之差额）。

现状与规划餐饮设施比较　　　　　　　　　　　　　　　　　　表7-3

类别	服务区部分	山体部分	总规模
就餐人数分布 G（包括山体承载力和5%的非滑雪游客）（人次）	4013	450	4463
现状室内餐位数 A_1（个）	755	54	809
室内餐位平均周转率 B_1	2.5	3.5	—
现状室内座位承载力 $C_1=(A_1 \times B_1)$（人次）	1888	189	2077
现状室外餐位数 A_2（个）	550	30	580
室外餐位平均周转率 B_2	2	2	—
现状室外座位承载力 $C_2=(A_2 \times B_2)$（人次）	1100	60	1160
现状所有餐位承载力 (C_1+C_2)（人次）	2988	249	3237
规划餐位数 $F=(G/B_1/K)$（个）	1783	143	1926
现状与规划餐位数差额 (A_1+A_2-F)（个）	-478	-59	-537

注：1. 严格意义来说，$F=F_1+F_2$，其中 F_1 代表规划室内餐位数，F_2 代表规划室外餐位数。$F_1=G_1/B_1$，$F_2=G_2/B_2$，$G_1+G_2=G$。其中，G_1 代表在室内就餐的人数，G_2 代表在室外就餐的人数。但这里，室内外现状餐位数区别不大，且周转率较为接近，所以简化公式计算。
2. 雪季周末餐位利用率（K）为90%。

人均服务设施建设面积（总规模）　　　　　　　　　　　　　　　表7-4

序号	设施类型	人均面积低值（m²）	人均面积高值（m²）
1	售票处	0.021	0.026
2	公共储物柜	0.063	0.077
3	设备租赁和维护	0.100	0.113
4	零售	0.044	0.054
5	酒吧/咖啡厅	0.066	0.080
6	成人滑雪学校	0.033	0.041
7	少儿滑雪学校	0.067	0.082
8	餐饮	0.363	0.443
9	厨房	0.097	0.118
10	洗手间	0.070	0.086
11	滑雪巡逻	0.035	0.043
12	急救	0.030	0.040
13	行政管理	0.044	0.054
14	员工储物柜	0.017	0.021
15	机械设备	0.028	0.041
16	存储	0.046	0.068
17	废弃物处理	0.110	0.163

注：1. 注意这里指的是整个滑雪旅游区各类服务设施的总面积，包括服务区和山体两部分。
2. 这里的餐饮部分根据具体内容不同分为酒吧/咖啡厅、餐饮、厨房，所以餐位的单位面积不可采用国内的 5~10m²/餐位来计算，容易产生较大误差。通常这里每个餐位的单位面积为 1.5~3m²/餐位。
3. 通过现状设施面积与规划设施面积之间的差值就可以看出哪些设施面积过量，哪些还不足。

人均服务设施建设面积（山体部分）　　　　表 7-5

序号	设施类型	人均面积低值（m²）	人均面积高值（m²）
1	售票处	—	—
2	公共储物柜		
3	设备租赁和维护		
4	零售		
5	酒吧/咖啡厅		
6	成人滑雪学校		
7	少儿滑雪学校		
8	餐饮	0.031	0.038
9	厨房	0.010	0.012
10	洗手间	0.007	0.009
11	滑雪巡逻	0.003	0.004
12	急救	0.003	0.004
13	行政管理	—	—
14	员工储物柜	—	—
15	机械设备	0.001	0.002
16	存储	0.002	0.003
17	废弃物处理	0.005	0.008

注：1. 注意这里指的是山体部分各类服务设施的面积。
2. 这里的餐饮部分根据具体内容不同分为酒吧/咖啡厅、餐饮、厨房，所以餐位的单位面积不可采用国内的 5～10m²/餐位来计算，容易产生较大误差。通常这里每个餐位的单位面积为 1.5～3m²/餐位。
3. 通过现状设施面积与规划设施面积之间的差值就可以看出哪些设施面积过量，哪些还不足。

3. 停车场规模预测

由于滑雪场多位于远离城市的郊县，自驾车前往的滑雪者比例众多，停车场作为滑雪旅游区一项重要的交通服务设施，其规模测算就显得尤其重要。停车场的规模测算同样要基于合理承载力，按照不同的出行方式比例分别计算所需停车位，最终获得总停车位数。以加拿大某滑雪旅游区为例：

该滑雪旅游区的山体部分合理承载力为 4250 人次，同时还有 5% 的非滑雪游客，则日均游客规模为 4463 人次。

这里根据市场细分与规模预测，得出有 88% 的滑雪者（3927 人次）乘坐小汽车前来，每个小汽车按照载客 2.5 人计算，则需要 1571 个停车位（3927/2.5=1571）。

有 7% 的滑雪者（312 人次）乘坐快速公交前来，每个公交乘坐 54 人，那么需要 6 个大车位（312/54=6），如按面积估算，一个大车位相当于 4.5 个小车位，则需要 27 个小汽车停车位（6×4.5=27）。

有5%的滑雪者（223人次）乘坐旅游大巴前来，每个公交乘坐40人，那么需要6个大车位（223/40=6），如按面积估算，一个大车位相当于4.5个小车位，则需要27个小汽车停车位（6×4.5=27）。

员工所需的停车位是100个。

由于滑雪者多为住宿游客，而非住宿游客每天的平均周转率也不会超过1，所以总停车位即为4项相加，共计1725个（1571+27+27+100=1725）。现状停车位有2000个，与规划所需停车位相比，富余275个（表7-6）。

现状停车位与承载力比较　　　　　　　表7-6

类别	预测值	小计
日均游客规模	—	4463（人次）
乘坐小汽车的滑雪游客	88%	3927（人次）
乘坐快速公交的滑雪游客	7%	312（人次）
乘坐旅游大巴的滑雪游客	5%	223（人次）
小汽车停车位	2.5乘客/小汽车	1571（个）
快速公交与旅游大巴折算成小汽车停车位	1个快速公交或旅游大巴停车位相当于4.5个小汽车停车位	54（个）
员工停车位	—	100（个）
合计	—	1725（个）
现状停车位	—	2000（个）
现状与规划停车位差额	—	275（个）

注：1. 日均游客规模包括山体承载力与5%的非滑雪游客。
　　2. 每辆快速公交平均乘坐54人。
　　3. 每辆旅游大巴平均乘坐40人。

7.4　雪道、索道与服务设施之间的布局关系

雪道、索道与服务设施是滑雪旅游区内的重点建设内容。前两者集中在山体部分，后者主要布局在服务区。相互之间既功能独立，又紧密联系。这三者之间的布局关系，主要包括空间关系与规模关系两个方面。

7.4.1　空间关系

滑雪旅游区中尤其需要重点关注服务区与山体设施之间的关系。因为游客进入旅游区后，应能够快速、直接从停车区域转换到购票、租赁器材、穿戴雪具，乘坐索道上山开展滑雪活动。从服务区到索道站之间的距离应最直接、最短，以便于游客快速抵达山体部分。汽车、行人和滑雪者的流线设计应整体协调，保证服务区部

分组织有序、流线清晰。

开展空间布局时还需要考虑滑雪游客的舒适步行距离。当滑雪游客离索道站点的距离超出了舒适步行距离，他们便需要汽车等其他辅助交通工具，否则他们在滑雪前和滑雪后都需要走上相当长的一段路。因此，索道、服务区和停车场的空间关系显得尤为重要。这里的滑雪游客舒适步行距离是按照一个人穿着滑雪鞋，手上带着滑雪装备，能够舒适地步行10min而设定的。步行的速度为0.75m/s，即滑雪游客舒适步行距离为水平距离450m，而每10m高差的变化，则步行距离减少40m。若住宿设施建在山体上，滑雪游客的舒适步行距离可以从最近的滑雪道开始测量。

这个"滑雪游客步行距离"是确定滑雪旅游区的服务区和日间滑雪游客停车场位置的一个决定性因素。如果滑雪旅游区的发展以步行为主导，则所有停车设施和高密度设施开发均应设置在围绕索道站点为核心的滑雪游客步行距离内。理想状况下，整个滑雪旅游区的开发均在服务区和主要索道站点的滑雪游客步行距离之内，若因其他因素无法满足，则需附建滑雪通道相连。

7.4.2 规模关系

对于新开发的滑雪旅游区来说，可以通过计算游客规模来预测服务设施的建设规模，使索道、雪道与服务设施、基础设施建设规模相匹配。而对于已经开发建设若干年的滑雪旅游区来说，可能存在各类设施的规模不适应、不匹配的情况。这时可以通过计算各类设施现状规模，提出更新改善方案。

以国外某滑雪旅游区为例，该滑雪旅游区已经开发经营若干年，需要开展更新提升规划。现状合理承载力为4250人次，雪道承载力为5862人次，游客服务设施承载力为3204人次，餐饮设施承载力为2077人次，停车场承载力为5286人次（图7-10）。

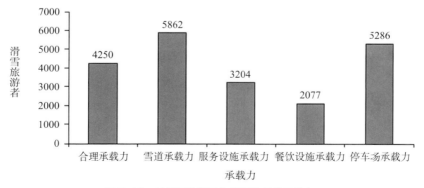

图7-10 某滑雪旅游区各类设施现状承载力

注：雪道/索道承载力反映了滑雪旅游区整体承载力

从图 7-10 中可以看到，以索道承载力为基准计算得出的合理承载力小于雪道承载力和停车场的承载力。这说明雪道设施并未充分利用，还可以承载更多的游客，而索道的规模需要扩大，提高运载力。游客服务设施，尤其是餐饮设施的规模明显不足，满足不了现有的游客需求，需要扩容。

所以，在这个更新提升规划中，规划目的应侧重于改善游憩体验，提高运营效率，保证各类设施的运营能力平衡，保证滑雪区的自然生态资源平衡，在可持续发展的前提下提高竞争力和市场占有率。具体更新措施包括：

（1）索道系统的整体更新升级，提高其有效运载能力，使之符合雪道的承载力，整体更新升级的方式包括：四座吊椅索道升级为六座吊椅索道、替换掉年久索道、将拖牵改换成魔毯等更适合初学者使用的地面索道。

（2）规划地形系统，通过对原有雪道的更新，使其各个不同技术等级的雪道分布更符合市场定位中对于不同滑雪者雪道面积的需求。在常规的高山雪道之外，可以增加地形的丰富性，建设一些地形公园、半管等富有趣味的雪道。与此同时，还可以去除一些树木，增加林间滑雪面积，满足较高技术等级滑雪者需求（通常为中级以上的滑雪者）。树木的去除率取决于植被密度以及滑雪体验，通常为 10% ~ 25%。

通过这些更新升级措施，可以有效提升滑雪旅游区的合理承载力。

第 8 章　景观系统规划设计

景观营造是滑雪旅游区规划设计及运营维护的重要组成部分，是提升滑雪旅游区整体形象，实现良好游览体验的关键一环。理解滑雪旅游区的景观特点、要求，明确规划设计工作的内容和重点，建设适应区域环境、经济、文化条件的环境景观和室外空间，是滑雪旅游区核心竞争力的重要方面。

8.1　景观规划设计概论

8.1.1　滑雪旅游区景观功能与要求

通常滑雪旅游区除了提供各类雪道之外，还应配备完备的娱乐和商业服务设施，为游客提供集旅游生活、健身娱乐、怡情养生、社会交往相融合的场所。对于滑雪旅游区景观规划设计而言，应通过营造安全、便捷、舒适、美观、与自然融为一体的室外环境，为游客提供丰富的精神感受和全面的物质保障。

如前文所述，滑雪旅游区的开发会对生态环境造成复杂影响，景观设计应尽可能地降低负面环境影响，将环境补偿、修复与景观营造结合起来，塑造可持续的景观环境。

8.1.2　滑雪旅游区景观规划设计特点

生态优先，以人为本是滑雪旅游区景观规划设计的指导思想。结合滑雪旅游区的特点和功能要求，其景观规划设计主要具有以下特点：

1. 季节性

通常而言，在中国北方地区，由于其温带、寒温带季风气候的特点，冬季一般寒冷干燥，景观营造的重点往往在春、夏、秋三季。而对于滑雪旅游区而言，冬季是游客最为集中的阶段，因而景观规划设计的工作重点正是打造冬季景观。这样，常规景观规划设计的一些原则或经验就不再适用，必须以全新的视角来应对和解决新的问题。例如冬季冻胀对施工工艺及植物景观营造的影响等。

此外，由于一些滑雪旅游区在非雪季也需要运营，以平衡年度收支，维持市场影响力，那么景观设计还需兼顾其他季节的要求，包括一些旅游项目的运转要求等（图8-1、图8-2）。

图 8-1
布里斯托尔山滑雪场夏季景观
图片来源：upload.wikimedia.org/wikipedia/commons/5/57/Bristol_Mountain_Ski_Resort_in_the_summer.jpg

图 8-2
惠斯勒的夏季景观
图片来源：www.whistler.com

2. 安全性

随着经济发展和人们消费理念的升级，滑雪旅游已成为近年来非常热门的冬季度假旅游项目。以北京为例，2014~2015年滑雪季的滑雪人次已达169万，许多滑雪场在节假日人满为患。无论是在雪道上，还是在滑雪大厅或旅游区入口，都存在着人流聚集、车流量大等现象。这就直接对滑雪旅游区的景观设计提出了安全性要求。

同时，滑雪旅游区一般建在冬季较为寒冷、降雪较多的地区。在这种条件下，路面常常积雪结冰，不管是对机动车辆，还是对行人，都有一定的潜在风险。而一些高档的高山滑雪度假区，其配套服务设施如酒店、餐厅等也常建设在风光独特、地势险峻之处，这些区域的室外景观也需要着重强调安全性问题。

3. 低影响性

如前所述，滑雪旅游区通常建设在距离城市较远、生态本底较为良好的地区，在这样的地区进行滑雪旅游区开发，其景观规划设计和建设要突出低影响性。低影响性，既指对原有生态系统的保护，也指开发建设的技术和行为要遵循低影响的原则。如对待雨洪问题、废弃物处理，甚至交通方式的选择等，都要基于低影响的要求。又如开发建设和运营带来的水土保持问题，就需要通过植被恢复的方式来降低对环境的负面影响。

4. 低维护性

滑雪旅游区冬季集中运营的特点突出，而雪道、索道、魔毯等交通、游览设施以及管理服务人员等人力资本如果在非雪季期间闲置，则必然增加其运营成本，加大设备维护难度。从滑雪旅游区的运营管理角度看，强调景观的低维护性，具有减少运营成本、节约资源、减少人力资源需求等一系列益处。

8.2 景观规划设计方法与原则

8.2.1 整合型规划设计方法

滑雪旅游区景观规划设计需要解决的问题是比较复杂的，景观规划设计的决策会对场地和周边地区产生深远的影响，需要实现生态环境保护、游览安全舒适、美观耐用等多层次的目标。

为了应对复杂问题，解决从设计、施工到维护运营各个阶段的问题，应该采用整合型设计方法，即将多学科专业人员、业主、项目利益相关者甚至施工方等都融入设计团队中来。在项目整体运行过程中，各个团队通过共享研究成果、讨论方案、发现新机遇，做出设计决策，以沟通、协作的工作方式推进项目发展。

8.2.2 滑雪旅游区规划设计原则

1. 与环境相协调，体现地域文化

前往滑雪旅游区的度假游客，其最基本的目的是寻找城市中缺失的自然环境和地域文化，特别是一些高端的滑雪旅游度假区，更是要营造一种世外桃源的感觉。因此，滑雪旅游区的景观规划设计，应做到与周边环境相协调，并体现出地域文化的特征。景观设计师要根据滑雪场（旅游区）所处的自然环境、景观资源、地形地貌特征、植物资源，营造与自然环境相协调、极具特色的度假休闲环境。在景观规划设计中，可突出重要视廊视线的保护与关键景观节点的营造，选用地方建设材料以及与地域文化相符合的雕塑、小品和公共艺术等（图8-3、图8-4）。

2. 建设生态低碳景观

滑雪旅游区的开发建设无论规模大小，都会对生态环境造成一定影响。旅游区的建设与经营，酒店、餐厅等商业配套服务设施的运行，都会产生直接或间接的温室气体排放和环境污染等。生态低碳景观的建设，需要从景观规划、设计、建设多个阶段加以考虑。

在景观规划中，生态理念和技术的运用是生态景观的前提和基础。例如，在场地交通规划中，应尽量减少机动车交通，以降低空气、噪声的污染。在旅游服务区的设计中，应大力推广低影响开发模式，利用低成本、可持续的方式处理雨水和面源污染问题。此外，分布式的污水处理设施、固体废弃物的就地处理等，也都是常用的生态技术。

图8-3 雪道的夏季景观营造
图片来源：upload.wikimedia.org/wikipedia/commons/9/9f/Hunter_Mountain_Shiobara_Ski_resort%2C_in_summer_2006.jpg

图8-4 与环境相融合的滑雪旅游区景观（奥地利迈尔霍芬）
图片来源：www.zastavki.com/pictures/originals/2014/World___Austria_Summer_landscape_at_the_ski_resort_of_Mayrhofen__Austria_070260_.jpg

除规划设计理念和生态技术外，还应加强可再生材料、循环材料和低污染绿色材料的使用。选用可再生材料的主要意义在于降低原材料、资源的开采。原材料的开采不仅造成资源减少，也常带来严重的生态影响。重视循环材料的使用，有利于降低固体废弃物的排放，减少垃圾填埋及其相关影响。一些产地距项目场地较远的材料产品，其运输过程会产生较高的温室气体排放，即使其生产过程排放较低，也应慎重使用。

3. 以人为本

对于滑雪旅游区而言，营造良好舒适、便捷安全的室外景观，是其景观规划设计的根本要求。这就需要考虑滑雪旅游区的特点，顺应游人的生活、休闲游憩和旅游需求开展规划设计。例如，游客安全性不仅要体现在滑雪场中，还应在旅游服务设施中充分注意。为应对极端天气，应设置应急避难系统，有条件的地方，应设置直升机停机坪，以保障急救、搜救等任务需求。在场地交通中，要做到人车分离。

在室外活动空间设计中，要充分考虑微气候、小气候的营造。在整个旅游服务区，应尽量做到无障碍设计和通用设计。

4. 将场地维护管理与设计结合

对于滑雪旅游区景观而言，运营期间的环境效果、经济性、可持续性才是其景观规划设计最重要的成果。滑雪旅游区从资金筹集、建设到运营管理、维护，是一个巨大的转变，在场地设计的同时考虑养护、运营管理方案，是实现这种转变最有效、最经济的策略和措施。

许多景观设计的策略和措施都需要良好的维护管理，以保障其功能正常。如可渗透铺装、雨水花园、雨水收集罐、分布式污水处理系统等，这些区域和设施是维持景观可持续性的重要保障，但都需要在管理和维护方面给予特别的重视。同时，使用可持续性的管理手段来实现传统的养护需求也很重要，例如利用病虫害综合防治方法来取代杀虫剂；使用堆肥来取代化肥等。滑雪旅游区的景观设计中应包含管理维护要求，涉及管理养护工作的具体内容、时间周期、设备人员要求等，以有效保证远期目标的实现。

8.3 景观规划设计类型和重点内容

滑雪旅游区景观规划设计工作，是服从于整体项目的开发建设需求的，也是在旅游区规划指导下的专项规划设计。由于滑雪旅游区的开发建设是一个复杂的系统工程，对景观规划设计有着多元化的要求。因此，明确工作的类型，有助于确定景观规划设计的工作重点和工作要求，也有助于明确景观设计专项与其他各专项规划配合时的工作边界，从而选择合理的技术路线和表达方式。

8.3.1 滑雪旅游区景观规划设计的分类

1. 按空间区域分

空间层次上，景观规划设计可以从区域规划、旅游区规划设计和场地设计等3个层面开展。不同层次的景观规划设计，工作重点有所区别。如在区域规划层面，更多强调生态格局、物种多样性、视廊视线、水资源等的保护和利用。而在旅游区规划设计中，主要是通过对景观构成要素的归纳分析，考虑各种影响因素，构筑景观总体格局，建设结构合理的景观体系；明确空间结构、功能分区、交通组织、景观特色和设计风格，是这一阶段的工作重点。而场地设计则是在上一层次的基础上进一步深化设计，重点解决场地中的一系列技术问题，最终实现场地功能、形象、空间感受与技术的协调，营造舒适宜人、具有特色、环境优美的室外景观。

2. 按工作深度分

目前景观规划设计行业对于旅游区景观规划设计的工作深度并无明确规定，在实际操作中，通常根据旅游区各层次规划内容重点和深度不同，结合项目条件或委托方要求，将景观规划设计划分为以下4个层次。

（1）总体规划

通常为旅游区总体规划中的景观规划专项，重点是在旅游区总体规划的基础上，对绿地景观格局、空间结构、视廊轴线以及各分区、各要素的景观建设提出要求和指导。

（2）控制性详细规划

在旅游区总体规划编制完成之后，重点强调景观空间组织、用地布局、竖向规划、主要景观节点、技术经济指标以及其与交通、能源、给水、排水系统等专项规划的衔接。

（3）修建性详细规划

对控制性详细规划的进一步深化，明确重要景观节点的具体设计方案，主要的场地组织、空间划分、流线组织、种植设计等。

（4）方案设计

包括确定景观功能、风格特色、内容、容量细化，明确多层次的交通系统、空间关系与植物布局，并将道路广场铺装形式、材质、山形水系、竖向，植物景观的分区、类型，园林小品的体量、材料、色彩等逐项深化。

8.3.2 滑雪旅游区景观规划设计的重点

除一般性要求外，滑雪旅游区的景观规划设计也有一些特殊要求需要重点解决。

1. 入口区设计

入口区是旅游区的门面，会为游客留下最重要和最持久的印象。入口区应设置在地势较高、较为明显的地方，在山区应有良好的可视范围，以便游客在较远处就可以看到，进而提升和烘托旅游体验。滑雪旅游区的入口应尽量形成规模适度的广场，以营造场所感，提供大量人流的缓冲空间，周边配套建设服务区。入口区的形式，应尽量与主要建筑风格相适应，并与周围环境相融合（图8-5，彩图见文后彩页）。

2. 场地交通组织

滑雪旅游区的各类休闲设施和主要建筑物，应尽量集中布置或成组团式布置，以便于游客步行可达。旅游区的内部交通组织，应做到人车分流，设计合理的乘降区。大型旅游区中，有必要的情况下可设置公共交通或摆渡车。山地环境中，应尽量降低对机动车交通的依赖，尽可能使用架空索道实现交通运输及观光游览的双重作用，以达到节约资源与空间的目的。将货物运输等服务交通与旅游交通分隔开来。

图 8-5　瑞士铁力士雪山脚下服务区入口
图片来源：李路平　摄

旅游交通路线上，应尽量实现无障碍设计或通用设计。对于有条件的高档滑雪旅游区，可配合雪道和索道设计，在酒店房间或度假别墅提供"滑进/滑出"（ski in/ski out）的舒适滑雪体验（图 8-6）。

3. 景观视廊与视域

滑雪旅游区除运动健身、休闲度假外，观光的游览需求也不可忽视。特别是冬季冰雪覆盖的时候，"千里冰封，万里雪飘"的风光一定会为游客留下无可比拟的印象和体验。因此，如何利用场地营造观景视廊和视域就非常重要了，许多国际知名的滑雪旅游区都将风景优美的观景点作为重要节点打造，将高端消费体验与观光很好地结合起来（图 8-7）。

图 8-6　滑进/滑出的酒店客房设计
图片来源：www.lakehomestahoe.com/wp-content/
gallery/luxury-homes/ski-in-cabin.jpg

图 8-7　法国霞慕尼的全景餐厅
（Restaurant Le Panoramic）
图片来源：images.chamonix.net/originals/14827-original.jpg

4. 照明设计

夜间滑雪是常见的滑雪运动方式。大型滑雪旅游区除餐饮、购物、娱乐等功能性的商业空间需要提供照明外，夜间滑雪也同样需要照明保障滑雪者夜间活动的安全性。一些大型滑雪旅游区将夜间滑雪与节庆活动结合开展，如圣诞夜、元宵节等，通过照明营造良好氛围，提升游客的旅游体验。如果营销策略成功的话，夜间滑雪增加的收入甚至可以远超那些增加照明设备的投资。因此，照明设计也是滑雪旅游区景观设计的重要组成部分（图8-8、图8-9）。

图8-8　加拿大蓝山滑雪旅游度假区的夜景
图片来源：www.ski-resorts.ca/wp-content/uploads/bluemountain_10299187685.jpg

需要注意的是，由于黑暗和影子的缘故，夜间滑雪无形中会增加一定的速度感，那些白天技术较好的滑雪者觉得不过瘾的缓坡，入夜后却多加了几分挑战性。因此，在适当的坡地上设计照明点是整个滑雪场夜间照明系统的关键。为了使滑雪坡上的照明亮度比较统一，运动场所的照明范围最好应该呈"蝙蝠翼的形状"。同时，照明设计的亮度应以适度

图8-9　瑞士策马特旅游小镇夜景
图片来源：www.publicdomainpictures.net/pictures/10000/velka/ski-resort-at-night-11288014304WuG5.jpg

满足需求为原则,既要避免照度过亮,又要避免散射光,因为星空也是滑雪旅游区重要的景观资源,散射光过度或亮度过大,都会形成光污染,破坏星空的观赏效果。

5. 导视系统

滑雪活动的安全性、游览的便捷性、游客体验的舒适性等,都有赖于导视系统的保障和支持。导视系统可以传递旅游目的地位置与方向、交通、气候等相关信息,具体包括交通导视系统、服务区导视系统、山体部分导视系统等多方面的内容,是滑雪旅游区公共服务体系的重要内容。

导视系统的功能可分为识别性导视、导向性导视、信息性导视等类型。例如,关于滑雪道难度等级的划分和识别,应符合世界通用的导视标识要求(图8-10,彩图见文后彩页);雪道范围、雪道的具体信息和要求、危险区域的位置等,都应在导视系统中予以设计和展示(图8-11)。导视系统的设计,应尽量选用与滑雪旅游区环境相协调的材料和形式,鼓励就地取材、使用可再生材料(图8-12)。

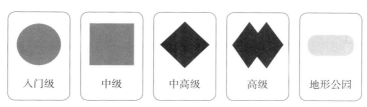

图 8-10　区分雪道难度等级的导视标识

图片来源:i2.wp.com/www.mountain.direct/wp-content/uploads/2015/01/Trails-sign.jpg?resize=840%2C467

图 8-11　雪道具体信息的导视标识

图片来源:www.skiing.ie/wp-content/uploads/ski-sign-1.jpg

图 8-12　就地取材、与环境协调的标识设计

图片来源:img1.etsystatic.com/021/0/7813606/il_fullxfull.521363313_lhqh.jpg

图 8-13　滑雪旅游区的小型高尔夫球场
图片来源：www.kidsonaplane.com/summer-experiences-blue-mountain-resort-biggerblue/

6. 其他

滑雪旅游区景观设计中还应注意，除了冬季滑雪季之外，许多旅游区会在非雪季期间设置和引入大量其他体育休闲运动，如高尔夫、山地自行车、徒步、登山、漂流等。因此，在做出设计决策时，要充分考虑相关项目要求和场地特点（图 8-13）。

第 9 章 建筑布局与风貌控制

9.1 影响滑雪旅游区建筑布局的主要因素

滑雪旅游区一般都位于远离市区、风景优美的山地地区，因此在滑雪旅游区内进行建筑整体布局时，重点要考虑地形地貌、气候、水文等自然因素对布局的影响。

9.1.1 地形地貌对建筑布局的影响

山地地形的空间属性取决于其所处位置及周围山体景物组合的影响，山体环境分为山顶、凹形谷地和凸形脊地，一般来讲隐蔽性的坐北朝南的凹形坡地与开敞性的凸形脊地都比较适合布置建筑群。

山地中的建筑布局必须和地形的空间形态相适应，坡中地段建筑往往结合地形特点，沿等高线横向线形布置，或沿等高线竖向落差较小的平坦地段布置。由于特定的山地地段更多是以多种地形的复合形态出现，应结合具体地段的空间属性，采用不同的布局方法，较平坦地段围绕主体建筑或散或聚，建筑与自然地形也将会十分和谐。在坡底平坦地段进行建筑布局时，应注意酒店等类型建筑群的尺度及轮廓线应与地形、地势相协调，并注意第五立面——屋顶的设计。

9.1.2 气候因素对建筑布局的影响

建筑群的布局也应充分考虑山地的气候条件，通过合理的规划布局，达到通风良好、日照充足的效果，并满足生态、节能的要求。

在北半球的山地中，最佳选址位置是南坡，包括东南和西南。南坡建筑的间距可以适当缩小，层数可适当增加，建筑用地也较节约；而北坡建筑的情况则正好相反。若基地位于东坡、西坡，应将建筑向南布置成垂直等高线的走势。

从风向来说，了解山地中气流规律后，再进行建筑群体或单体布置时，可采取不同的平面布置方式和高度组合，使各个建筑单体都能获得良好的自然通风。例如，在迎风坡区和背风坡区，由于风向和山体等高线垂直，我们可使建筑平行或斜交于等高线，并在坡面处理上采取前低后高的布局形式。

9.1.3 水文条件对建筑布局的影响

山地的水文状况也对布局影响较大，不适当的地表径流、地下径流或壤中流，都有可能对山地建筑构成影响。例如，集中的、激增的地表径流会引发山洪，过量的地下径流会导致滑坡的产生。因此，在进行建筑布局时，就应对本区域的排水路线、排水方式进行合理的引导和组织，并采取积极的水土保持措施，还应兼顾自然地形与建筑形态的结合，合理地利用山地冲沟，组织建筑群体布局。

9.2 建筑布局的原则和形式

9.2.1 布局原则

1. 自然优先原则

建筑布局要尊重自然山地原有秩序，必须符合山地生态规律，以生态学为基础，倡导充分利用自然资源，用最小的自然与社会成本，使设计达到"最优化"。

2. 整体协调原则

建筑布局应遵循整体性原则，表现为与自然环境整体相协调，并成为其中的一部分。建筑群本身的环境组织，也应该是一个有机而协调的整体。各部分之间保持和谐的功能结构关系。

9.2.2 布局形式

1. 线性布局

以游览路线、主要道路或沿自然边界（山脊线／山脚线）为主要脉络，将建筑群和各种设施沿一侧或两侧布置，可以是逐个连接，也可以由一个单独的、不同的线性空间来联系。线性建筑组合通常是由尺寸、形式和功能相似的空间重复出现而构成，也可以是一连串尺寸、形式和功能不相同的空间。线的形态可以是直线，也可以是曲线，或者是直线和曲线相结合，它们可以根据地形条件不同而构成不同的组合形式，如围绕河流、道路布局，或因为日照原因灵活布局。建筑线性布局通常都有较强的方向性和动态感、整体感。

2. 组团布局

功能相关联的单元空间采用大小、数量、方位组合，以组团方式组织到一起，形成一种较为紧凑的布局方式。各组团之间用绿地分隔，道路相连。这种组合方式在布局形式上既具有整体的统一性，局部又灵活多变，各组团之间具有一定的功能联系和布局规律。

3. 核式组合布局

类似于组团型，但有明显的中心，且其中心至外围具有明显的层次性，往往主要建筑居于其中，次要建筑及设施分布其周围，呈辐射状扩展。

4. 散点布局

布局灵活自由，不拘一格，各种设施分开布置，对保护环境有利。适合于地形复杂多变的基地。

以上四种形式是基本的布局方式，在具体的设计过程中，往往综合利用，以适应不同的地形条件。

9.3 建筑风貌的控制要点

9.3.1 建筑色彩

建筑色彩指的是建筑的内、外装修用色。它与建筑形式一样，都是一定历史时期下的文化产物，二者相辅相成。建筑色彩常给观赏者最直接的视觉感受，色彩设计的成功与否直接影响着建筑环境设计的艺术效果。

1. 建筑色彩的作用

建筑色彩是滑雪旅游区中人工景观的主体部分，它的作用主要体现在以下5个方面：

（1）物理作用

色彩具有一定的物理性能，不同的色彩对太阳辐射的热吸收系数不同，因此会产生不同的物理效能。对于滑雪旅游区而言，冬季气候寒冷，建筑外墙宜使用暖色调，以尽可能吸收太阳辐射，减少建筑室温的对外散热，保持室内温度。另外，不同色彩对光的反射系数也不同，黄、白色等反射系数最高，浅蓝、淡绿等浅淡色彩次之，紫、黑色反射系数最小，因此在建筑外墙上采用高反射系数的色彩还可以增加环境的亮度。

（2）美化装饰

用色彩来装饰美化建筑，无论是东方还是西方，都是自古就有的。如我国古代建筑的特色之一就是大量使用彩画而使建筑色彩鲜明华丽。《营造法式》中将建筑彩画分为五彩、青绿、朱白三大类。西方建筑中，色彩最早也曾作为神权与皇权的象征应用于建筑环境之中，如古希腊、古罗马时期的很多神殿、庙宇等建筑，造型拙朴完美，色彩强烈华丽，多采用明快的对比色以表达欢乐的情绪。因此，如何通过建筑色彩的运用，达到美化建筑、烘托环境的作用，也是建筑师必须要考虑的内容。

（3）突出特色

色彩在装饰建筑的同时，也在不同的建筑之间和同一建筑的不同组成部分之间起着重要的区分标识作用，增加了建筑的可识别性。例如意大利的圣托里尼岛，岛上建筑大部分采用蓝顶白墙的色彩搭配，营造出与自然环境合为一体的朴实质感。建筑色彩独一无二的特性也使得圣托里尼岛闻名海内外，成为一处著名的国际旅游目的地。滑雪旅游区的建筑，通过色彩强化其特色与标识，提高市场知名度与可识别性，也是建筑设计中需要考虑的内容之一。

（4）烘托气氛与情感

根据色彩理论研究，色彩的情感作用来自于对它的联想与象征，不同的色彩可引起不同的心理和情感触发。通常，高明度、低彩度、偏暖的颜色能给人带来温暖、明亮、轻松、愉悦的视觉心理感受；白色、淡蓝、浅灰、灰绿等偏冷的颜色则体现为理智、冷静、严肃和高效率（表9-1）。因此，滑雪旅游区中，为了烘托休闲、度假、放松身心的氛围，通常采用暖色调作为建筑立面的主体色调，以达到舒适、安全、明朗、惬意的心理感受。

色彩表现的气氛与情感意义　　　　　　　　表 9-1

色彩	红	橙	黄	绿	青	蓝	紫	黑	白
表达意义	热烈、奔放、兴奋等	温暖、明亮、活泼、快乐等	明朗、柔和、轻快、平和等	活力、和平、希望、青春、成长等	优雅、广漠、平和等	开阔、洁净、清新、宁静等	高贵、优雅、神秘、稳重等	庄严、肃穆、恐怖、紧张等	纯洁、苍白、虚弱、无力等

（5）传递文化与哲学

某期《新周刊》上一篇文章写道："人们对城市形象的把握极大地借助于其色彩的构成，当我们一提起某些富有特色的城市，相伴而来的就是对该城市或凝重、或浪漫、或明快等印象的色彩联想，良好的城市色彩构成能使居于其中的人们得到愉悦的视觉享受，反之则会带来视觉环境污染。不同城市的色彩构成还反映出不同的文化背景，这能从世界范围内不同地域的城市形象中得到印证。"

可见，色彩除了本身的特性外，还是一种文化与哲学传递的媒介，它所附加的内涵价值，一定程度上表达了该地区、国家的文化与哲学价值。如古希腊神殿的色彩就是希腊人宗教观念的反映，他们用红色象征火，青色象征大地，绿色象征水，紫色象征空气。我国自唐朝开始，黄色成为皇室专用的色彩，皇宫寺院用黄、红色调，绿、青、蓝等为王府官宦之色，民舍只能用黑、灰、白等色，利用色彩来维护统治阶级的利益，这种思想一直延续到清末。

另外，色彩也反映了当时社会的主流文化，如在现代社会中，银色通常代表高科技文化。同时，色彩也是民族文化的体现，从色彩可以看出各民族文化的差异。

2. 影响因素分析

建筑色彩的合理运用受多方面因素影响，对于整体的建筑环境而言，众多因素相互作用，共同影响着建筑色彩的表现。

（1）文化内涵

如前文所述，建筑色彩具有传递文化与哲学的作用。因此在建筑色彩的运用方面，首先要考虑建筑色彩所传达的文化和哲学意义，体现为不同民族、地区和国家，色彩都具有不同的象征意义，暗示某种精神内涵。如在我国，红色象征着喜庆、热烈、幸福等，是传统的节日色彩。佛教中，黄色被誉为最崇高的色彩，代表超俗；而金色则充满神圣感，象征佛法的光辉以及超世脱俗的境界。绿色在伊斯兰教国家里是最受欢迎的颜色，也被看作是生命之色。

（2）地区气候与环境

不同气候与地区环境下，建筑的基础色调也有各自相应的特点。如在我国南方地区，建筑色彩多采用高明度的中性色彩或冷色，显得明快、淡雅，并适应南方气候要求和人们心理需要，也容易和常年苍翠浓郁的绿色环境相协调。而北方地区气候寒冷，建造色彩就常以中等明度的暖色调或中性色为主。在夏季，绿树成荫，使人感到清晰明快、心旷神怡。这也是多数滑雪旅游区建筑采用暖黄、米色等色调的原因之一。

（3）建筑环境

建筑不可能脱离环境单独存在，因此建筑色彩既反映了建筑自身特色，同时也影响环境的整体效果。通常，在不同的环境中，建筑色彩要考虑周围环境进行合理设计，既要使建筑物色彩富于变化，又要使建筑群色彩统一，做到统一中有变化，变化中有统一。通常，滑雪旅游区中的建筑群色彩有一个统一的基础色调，通过基础色调，将建筑和周围环境作为一个整体来构想。其次，每个单体建筑的色彩选择与搭配，也要充分考虑周围景观的色彩，尽可能地结合自然环境，从而创造一种和谐、统一的色彩效果。

（4）建筑功能

不同的建筑功能通常对应不同的色彩，体现出建筑功能与形式的完美结合。常见的包括医院、疗养院采用白色或中性灰色为主调，在心理上给人以清洁、安静之感；公安局、法院等执法部门以深灰色为主，从心理上给人以庄严、公正之感；游乐场、主题公园等以色彩绚丽的饱和色为主，营造欢快、热闹、喜乐的气氛。如果忽略了建筑的功能用途，则很容易导致色彩与功能不符。

（5）技术条件

建筑色彩在建筑技术上主要涉及建筑材料、建筑结构、建筑设备、装饰构件以及管道标志的用色问题。因此建筑色彩的应用必须考虑建筑材料或涂料所能表现的色彩范围、色彩变化及施工条件的制约因素。既要反映材料本身的色彩，还要运用技术手段以改变材料的色彩特征，使其在更大程度上发挥色彩的造型功能以满足建筑表现的需要。有时也可通过技术手段在某种材料的表面施以部分色彩来改变它们的局部面貌。

（6）材料运用

建筑材料通常敷设或涂刷在建筑表层，起到保护主体结构、满足一定使用要求的作用，并且通过材料的色彩、质感及光泽使建筑物增辉，达到美观耐看的效果。通常建筑外部材料主要分为：涂料类、贴面类、混凝土类、玻璃制品和金属压型板等。不同材料的性能、质地、纹理、色彩均不同，合理组织和运用建筑材料，能够使建筑物具有丰富和强烈的视觉效果。同时也可搭配其他要素进行色彩组合，以达到一定的装饰、美化作用。

3. 国际案例

（1）瑞士因特拉肯小镇（图9-1，彩图见文后彩页）

因特拉肯（Interlaken）是少女峰脚下的一个瑞士小镇，位于图恩湖（Lake Thun）及布里恩茨湖（Lake Brienz）之间，凭借优越的自然地理和区位条件成为欧洲著名的运动和度假胜地，一年四季风景醉人。

小镇面积约44km^2，主街何维克街（Hoheweg）贯穿小镇的主要商业、活动和公共空间。这里的建筑以当地石材、木材为主要建筑材料，以低层、多层建筑为主，依山就势自然布局。建筑色彩以咖啡色、暖红色和米黄、米白为主导，与自然的蓝天、雪山、森林、草地形成良好的色彩呼应。

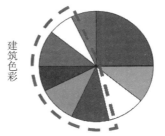

图9-1 因特拉肯色彩分析图
原图来源：秦芳 摄

（2）瑞士文根小镇（图9-2，彩图见文后彩页）

文根（Wengen）是瑞士因特拉肯地区一个著名的小镇，是去少女峰的必经之路之一。小镇不大，以一条主街贯穿。白墙黑尖顶的钟楼为小镇的标志性建筑，大部分建筑以当地木材为主要建筑材料，居住建筑以2～3层为主，依山错落布局。建筑色彩以原木咖啡色为主导，辅之以暖红、白色、灰色和米黄。

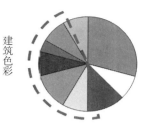

图 9-2　文根色彩分析图

原图来源：http://www.myswitzerland.com/zo/destination/regions/wengen.html

（3）奥地利哈尔施塔特小镇（图 9-3，彩图见文后彩页）

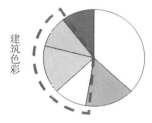

图 9-3　哈尔施塔特色彩分析图

原图来源：https://www.booking.com/hotel/at/heritage-hallstatt.zh-cn.html?aid=804308;label=baidu-hotel-hallstatt-hideaway-ZdARdJT5QDWaWplF3y9McQ-12476312364;sid=756ad70c5ea6eda32f372221a&8d1c31;dest_id=-1979686;dest_type=city;dist=0;hpos=5;room1=A%2CA;sb_price_type=total;srfid=cd906a3ff13341fed25b7c9d75aa0dc10df0c29dX5;type=total;ucfs=1&#hotelTmpl

哈尔施塔特（Hallstatt）位于奥地利境内的阿尔卑斯山东部地区。因古老的盐矿、铁器时代的生活用具以及最早的蒸汽船模型等遗址遗迹，于 1997 年被联合国教科文组织列为世界文化遗产。

这座湖区小镇，因对木头情有独钟，又有"木屋小镇"的别称。这里以细尖塔清教徒教堂为中心，山坡和湖岸散布着色彩斑斓、花团锦簇的住宅和庭院。大部分居住建筑都采用两层坡顶木房子，不但结构用木材，墙壁、窗户、阳台等都采用木头做材料。为了不同于别家，每家每户还会在建筑形式、色彩上表现自己的风格。通常会在楼上楼下挂满鲜花，门口摆放各式自制的木质手工艺品。由于处于湖边，每户人家还在临岸的水中建有木船屋，专门停靠自家小木船或游艇，作为交通工具。同时，小镇的码头、车站、路标也都用木头建造，教堂选用木雕装饰，原木色系占据了人工色彩的主导。

通过上述三个案例分析可以看出，环境色主要为蓝色、绿色，约占总色彩构成比例的 50%～55%。建筑色主要以暖色为基调，米黄、米白约占 20%～25%，暖红色系约占 10%，咖啡色系约占 15%，冷灰色调约占 5%。整体特色呈现为温暖、雅致与丰富。

4. 建筑色彩控制

（1）结合环境背景

通常滑雪旅游区中的环境色彩基调由蓝天、白雪、植被等自然元素组成。森林、草原等植被葱郁，色彩较深，高山积雪，加上蓝天，整体环境为冷色调。建筑色彩控制需要从环境色彩背景入手分析，从而确定建筑色彩与环境是否形成一定的对比、差异或相近、协调。

（2）体现地方特色

建筑色彩的影响因素中包括当地的气候环境条件以及文化特点，因此分析当地传统乡土建筑的建筑方式、材料和建造标准，采用传统建筑材料与工艺，并直接表现材料本身的色彩，是一种常见的融于自然的色彩控制方法。

（3）融合色彩理论

当代国际色彩学认为，建筑色彩反映着人性需求和自然的和谐与美，其色彩原理包括统一中求变化，色彩与人们对建筑功能的心理认知匹配，高明度、低彩度的色彩组合，延续当地传统文化等4个要点。

（4）借鉴成功案例

通过案例研究可以发现，建筑色彩采用暖色调，与环境色调形成对比。建筑自身色彩搭配有以下一些特点：雅致——色彩纯度较低，与自然色彩协调；整体——整体搭配统一，以色彩套系呈现；丰富——相近颜色差异，丰富的建筑肌理。

（5）小结

建议滑雪旅游区内的建筑色彩采用高明度、低彩度的暖黄、暖红、咖啡色系，配以冷灰色系作为对比（图9-4，彩图见文后彩页）。

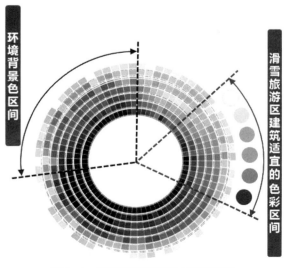

图9-4　滑雪旅游区建筑色彩推荐范围
原图来源：作者自绘

9.3.2 建筑材质

滑雪旅游区的建筑材质应体现亲近自然的总体特征，并突出精致典雅的建筑品质。注重各种材质协调统一，单体建筑避免使用的材质种类过多。

1. 选材原则

（1）就地取材

建材就地取材，材质色彩、肌理与当地环境更加协调统一，而且节约经济，有利于缩短整体建造工期，对建筑风貌提升显著。

（2）绿色环保

建筑采用绿色环保建材，最大程度减小对环境影响。从前文中所述的三个国际案例来看，均采用木材、石材等绿色环保、可回收材料，将人为环境影响因素降低到最小值。

（3）经济合理

建筑采用广泛易得的建材进行改造提升，确保投资回报在合理可控范围内。

（4）朴素自然

突出当地特色，反映文化特征，采用朴素自然的建筑材质进行建造或改造提升。

2. 材质与色彩协调表现

罗马时期的维特鲁威在《建筑十书》中记载，当时的建筑材料已使用了砖、石灰、混凝土、金属材料和大理石等，因此建筑的色彩也更加丰富。

建筑所采用的暖红、暖黄、咖啡及灰白色系，均可通过如木、瓦、砖、石、土等自然材质的原本颜色得到呈现，形成朴素、自然、温暖的色彩氛围（图9-5，彩图见文后彩页）。

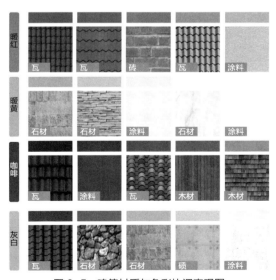

图9-5 建筑材质与色彩协调表现图
原图来源：作者自绘

9.3.3 建筑形体

1. 屋顶错落

由于我国大部分滑雪旅游区位于北方地区，冬季寒冷，积雪较多，采用坡屋顶的形式能有效地减小屋顶积雪情况，减少屋顶的荷载，有利于建筑寿命的延长与后期的维护，经济合理。同时，滑雪旅游区内的建筑布局要突出与自然相和谐的原则，沿用传统建筑要素，采用坡屋顶，在形态上亦能较好地与周围环境相融合，表现出质朴、自然的状态。

2. 尺度宜人

建筑体量以显山露水为基本原则，保持宜人的尺度和体量关系，建筑屋顶形式依山就势采用坡屋顶，建筑立面南面开大窗、北面开小窗、东西向不开窗。建筑高度以1~6层为主，与山水格局协调呼应，形成依山傍水、与自然有机融合的空间意境。

3. 变化丰富

为了体现滑雪旅游区的空间特色，应注重多样性和识别性。通过围合与嵌入、规则与不规则、拆分与组合等多种空间组合变化方式，形成丰富的建筑空间布局形态（图9-6）。

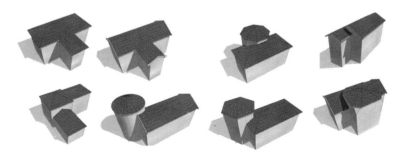

图9-6　建筑形体的自由组合
原图来源：作者自绘

9.3.4 建筑风格

1. 协调

滑雪旅游区内的建筑风格，首先要强调与周边的自然山水、田园格局相协调，确定需要保护和培育的生态范围，同时保护周边的山体背景和岩体及植被绿化、河流谷地。建筑退让出河道保护区域，建筑布局与河流走向错落有序；加强建筑与周边环境的渗透；预留视线走廊，灵活处理界面，塑造开敞空间，将自然山体与农作物、大地景观结合考虑，形成有特色的自然景观风貌。

尤其需要重视建筑形制与山体地形、植被绿化和周边农田景观的关系，强调与自然山水的有机融合和层层推进的自然肌理，形成生动婉转的空间形态；强调传统文化的传承与体现，阐释深厚的文化底蕴（图 9-7）。

（a）瑞士达沃斯

（b）加拿大惠斯勒

（c）法国拉克吕萨

（d）瑞士因特拉肯

图 9-7　国际知名滑雪旅游区内建筑布局与环境相协调

图片来源：（a）（d）李路平　摄；（b）www.whistler.com；（c）en.laclusaz.comsummertourist-office-of-la-clusaz.html httpen.laclusaz.comsummertourist-office-of-la-clusaz.html

2. 融合

建筑风貌控制通常受制于自然、人文和技术三个要素。滑雪旅游区内的建筑布局和风貌设计应充分融合当地地域文化和现代生活方式，强调与自然环境的有机融合，结合现代技术手法，在满足建筑自身功能需求与主题表现的基础上，融合当地自然和人文环境，使传统与现代并存，具体体现在两个方面。

首先，建筑物对地域特征的体现应该以满足功能需求和主题为前提。滑雪旅游区内涉及的主要建筑，如雪具大厅、酒店、滑雪公寓等，从功能上来讲，都属于现代建筑类型，不能生搬硬套传统形式和风格，当然那些以别墅组团或村落的形式组织的度假酒店除外。这中间必然经过一个转换和融合的过程。

其次，建筑风貌的地域性核心内容是与其所在地的自然和人文环境相融合。虽然这种协调涵盖了建筑设计、经营理念、管理模式等各方面的内容，但是本章内容侧重于从建筑和环境设计的角度来考虑这种融合，要求对自然环境的尊重不仅体现在建筑物本身的形式和设计上，还要充分考虑滑雪旅游者与当地自然环境的关系。其目的在于使旅游者能融于自然，享受自然。人文环境包括当地的传统文化与民俗等，在滑雪旅游区建筑设计中主要依靠建筑形式、环境布局和旅游项目的设置来实现与当地人文环境的融合（图9-8）。

（a）瑞士达沃斯

（b）瑞士铁力士雪山脚下

（c）瑞士因特拉肯

图9-8　瑞士滑雪旅游区内与环境相融合的建筑布局

图片来源：李路平　摄

3. 特色

通常，游客出行的目的是为了到一个与日常居住、工作环境完全不同的地方，体验一种在日常生活中难以得到的全新生活，从而缓解日常工作和生活中的压力，获得身心的放松和愉悦。旅游滑雪区除了营造良好的滑雪环境与服务，各类建筑、设施的特色营造也是形成这种与现代都市高强度、快节奏生活完全不同的"全新生活"的重要方式。与当地自然环境相融合的地域性建筑更能让滑雪旅游者得到放松。

20世纪的现代主义建筑运动使得世界各地的建筑风貌越来越相似，突出建筑的地域特征、民族特征和文化特征显得尤为迫切和重要。滑雪旅游区的建筑设计更应突出地域文化和场所精神，将当地的民风、民情、民俗融入空间，将空间作为现实生活中的一部分，依托空间表达文化和地方精神，形成自身特色。通过建筑符号、材料、色彩、形式、空间等各方面要素的有机组织，加强建筑与当地社群、文化和生活方式的融合，从而营造一种归属感（图9-9）。

（a）滑雪木屋

（b）加拿大黑梳山山顶服务点

（c）加拿大惠斯勒山顶服务点

图9-9 滑雪旅游区内的建筑特色布局

图片来源：（a）2014 Internationla Report on Snow & Mountain Tourism；（b）www.whistlerblackcomb.com；（c）www.whistler.com

4. 精致

日本建筑师槙文彦曾经说过："能够把握细部是建筑师成熟的标志"。滑雪旅游区的建筑设计除了要体现风貌协调、融合自然、传承特色之外，精致的细部处理也是非常重要的。细部设计要在建筑总体风格统一的基础上，根据细部在建筑中的部位和功能要求，在设计意向和审美取向的控制下，选择所用的材料，考虑其色彩、图案、质感、触感、规格和划分尺度以及物理力学性能等，把这些材料和通过加工后的部件进行搭配、排布、连接、组装,形成建筑细部,并用图纸和设计说明,必要时配以模型来加以表达。建筑的细部处理需要考虑建筑材料的各种不同性能,包括物理力学性能、稳定性和耐久性、外观特性、污染性等,从而做出合理的设计布局(图9-10)。

细部设计要求在合理选材的基础上,既要体现当地的历史文化特色,又要反映当代建筑工艺与人文需求,从而体现出时代与地域特征。

(a)法国拉克吕萨小镇建筑室内

(b)法国拉克吕萨小镇建筑外观

(c)法国霞慕尼南针峰索道站

(d)法国霞慕尼南针锋空中步道

图9-10 滑雪旅游区内建筑与设施细部

图片来源:(a)、(b)en.laclusaz.com,en.laclusaz.comsummertourist-office-of-la-clusaz.html httpen.laclusaz.comsummertourist-office-of-la-clusaz.html;(c)、(d)www.chamonix.comaiguille-du-midi-pas-dans-le-vide,80,fr.html

第10章 生态保护与修复

滑雪运动最具魅力之处就是人与自然环境的近距离接触，可以身临其境地体会大自然之美，同时，滑雪所观赏和体验的自然风光也是最吸引人的地方。滑雪所必需的天然条件如低温、降雪、高山等，都是自然生态环境的组成部分。近年来的气候变暖对滑雪运动和相关产业造成了严重影响，如美国在1999年到2010年间，最暖的冬季与最冷的冬季相比，华盛顿州、威斯康星州、俄勒冈州的滑雪人次分别下降了28%、36%和31%。据估计，2009～2010年的滑雪季中，气候变暖造成美国滑雪产业产值下降了10亿美元，减少了27000个工作岗位。不仅如此，气候变暖还造成了美国民众冬季户外活动习惯的改变，这更从根本上威胁到滑雪产业的发展。

由于高山滑雪是大众休闲滑雪的主要项目，几乎所有的滑雪场都建设在风景优美的山区，而滑雪旅游区的开发建设不可避免地会对山体和生态环境造成影响。由于生态系统的不可分割性，滑雪旅游区的开发不仅可能会对场地造成生态环境的破坏，还可能对场地周边甚至很远的地区造成影响。例如开发导致场地竖向地形的改变，会影响下游的水文条件。滑雪旅游区的运营也会对区域的水资源、森林资源、野生动物栖息地、土壤等造成影响。从20世纪70年代起，滑雪旅游类度假村/旅游区对周边环境的负面影响逐渐显现，美国政府出台了一系列法规严格限制滑雪旅游区的开发。根据其法规要求，滑雪旅游区开发前必须进行细致的环境影响评价，并提出一系列减少环境负面影响的解决方案和备选方案；同时，滑雪旅游区的开发过程也必须与林业管理部门紧密配合，接受林业管理部门和环保部门的监督。

可以说，无论是滑雪运动还是滑雪旅游区的规划设计和开发，都与自然生态环境存在不可分割的密切关系。

10.1 滑雪旅游对生态环境的影响

10.1.1 自然生态系统的特征

要了解滑雪旅游区开发会对自然生态系统造成什么样的影响，就必须先了解自然生态系统的基本特征。自然生态系统是指在自然界一定空间内，生物与环境构成的统一整体。在这个统一整体中，生物与环境之间相互影响、相互制约，并在一定时期内处于相对稳定的动态平衡状态。它具有以下特征：

1. 生态系统的复杂性

人类面临的生态系统是复杂多变的，具有开放性、组元的大量性、强非线性耦合等特征，是一个涉及多种因素和多方面相互作用的典型复杂系统。例如，从群落或生态系统水平上看，生态系统由大量物种构成，物种之间存在捕食和被捕食、寄生、互惠共生等复杂的种间关系，这些物种直接或间接地联结在一起，形成一个复杂的生态网络。

2. 生态系统有一定的生态承载力

生态承载力水平对应一定的生态系统健康等级，标志着生态系统的环境容量。生态系统的环境容量越大，可接纳的种群数量或污染物就越多，反之则越少。生态承载力涉及数量和强度两个维度，无论是污染物和游人量，还是开发强度和开发范围，都要与环境的生态承载力相匹配。

3. 生态系统具有服务功能

生态系统与生态过程对维持人类赖以生存的自然环境提供供给、支撑和调节等服务。它不仅为人类提供了食品、医药及其他生产、生活原料，还创造与维持了地球生命保障系统，形成了人类生存所必需的环境条件。生态系统服务功能的内涵可以包括有机质的合成与生产、生物多样性的产生与维持、气候调节、营养物质贮存与循环、土壤肥力的更新与维持、环境净化与有害有毒物质的降解、有害生物的控制、减轻自然灾害等许多方面。生态系统服务功能是人类可持续发展的关键，是地球生命和生物圈的关键支撑（图10-1）。

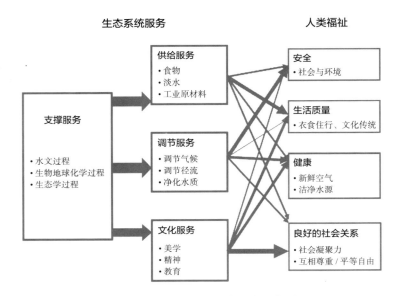

图 10-1 生态系统服务功能与人类福祉的关系

图片来源：赵士洞，张永民. 生态系统与人类福祉——千年生态系统评估的成就、贡献和展望. 地球科学进展，2006（9）

4. 生态系统有自维持、自组织的特性

生态系统作为一个综合性整体而存在，有一定的界限、层次、结构和反馈功能及演替规律。任何一个生态系统都是开放的，不断有物质和能量的进入和输出，系统内部各因素协调运作，通过适应、竞争、反馈、协同、再生等机制，导致空间的、时间的或功能上的联合行动，自发地从无序状态（或低级有序）组织成一种有序结构（或高级有序）。生态系统的自组织，是非线性、混沌过程的，而不是线性、确定性的。生态系统的自维持、自组织性，不仅受自然子系统影响，还受到社会、经济子系统的深刻影响。

5. 生态系统的多样性

生物多样性表现在多个层面，从基因多样性、遗传多样性，到生境多样性和物种多样性，乃至生态系统多样性。其中，生态系统的多样性就是生物多样性保护的关键一环。地球上的生态系统按生境性质分为陆生生态系统、水生生态系统。水生生态系统包括淡水湿地生态系统、湖泊和池塘生态系统、溪流与河流生态系统、海洋生态系统等；陆生生态系统包括森林生态系统、草原和稀树草原生态系统、荒漠生态系统等。了解各类生态系统的特性和要求，才能更好地处理区域生态环境。

10.1.2 滑雪旅游开发对生态环境的影响

滑雪旅游区一般需要建设多条雪道，并配建雪具大厅、山顶餐厅、酒店、商业街以及道路、停车场等配套服务设施，这样的建设规模堪称庞大。如著名的吉林长白山滑雪旅游度假区，即建有43条雪道、十余家高档酒店，占地面积约$30km^2$。规模较小的滑雪旅游区，也需要建设雪具大厅、餐饮服务、停车场等配套设施，因建设施工带来的地形、地貌及水文等条件改变，必然会对原有自然生态环境造成一定的影响。

滑雪旅游区从开发阶段上来看，按时序主要分为规划设计、建设施工和运营三个阶段。规划设计阶段需要考虑各类设施布局对自然生态环境造成的影响，通过环境影响评估，结合自然条件，将开发建设带来的负面影响降到最低程度。建设施工阶段，会对原有植被、动物栖息地等造成直接影响和破坏；施工中的地形改造、整理，会造成土壤侵蚀、沉积等水土流失问题；雨季施工还可能造成下游水质变差、山体滑坡等问题；建设中还会导致扬尘、空气污染、噪声污染等问题。在运营阶段，滑雪旅游区的首要环境影响就是水资源方面。在降雪较少的地区或年份，滑雪季造雪需要大量的水源供给，包括地表水和地下水。同时，运营会带来大量人类活动，造成持续干扰，进而导致野生动物栖息地的破坏。此外，生活污水、固体废弃物和空气污染等问题，也不可避免。

从影响类别上来看，滑雪旅游区的规划建设对生态环境的影响主要包括对植被

的影响、水土流失、土壤冻融侵蚀和对水资源的影响等几方面：

1. 影响植被

滑雪场建设过程中，需要对原有的自然景观进行改造。雪道选址区域需要进行植被清理，土壤压实。一方面减少了乔木的覆盖率，另一方面延迟了来年雪期结束后草本植物的发芽期，同时生长期植被覆盖度和生产力都会降低。

冬季滑雪场运营期间，土壤受到大型机械的压实，压实后的雪第二年不易融化，在草木生长发芽期，土壤温度仍然很低，延迟了草木发芽期，引起生产力下降。另一方面，滑雪场的临时建筑物在滑雪期结束后被拆除，有些植物仍然可以生长出来，对其影响是暂时的，但是物种组成可能会有所变化。永久建筑物的建设对于地表植被的破坏则是永久的、不可恢复的。虽然滑雪场建设对山林的破坏很大，但只要经过实际周到的调研，开展科学严谨的规划，则可以将负面影响控制在可接受的范围内。

2. 水土流失

雪道是最易产生土壤侵蚀和水土流失的区域。由于不同技术难度等级的雪道，其坡度、长度和宽度都有不同的建设标准，自然地貌不可能完全适应滑雪场的建设规模和要求，这就需要对坡度较大的山脊进行开挖、推平处理，抑或对坡度较小的山坡进行填埋，从而调整坡度。无论是对山脊的推平和山沟的填埋以及其他区域的开挖，都会使土壤松散，地表裸露，坡面稳定性变差，土壤渗透性能发生改变。在滑雪场冬季运营期间，由于温度较低，土壤形成厚厚的冻结层，土壤表皮在天然和人工造雪的覆盖下，不易被冲刷，产生水土流失问题不是很明显。但在雪期结束后，雪道上植被稀少，植物根系无法产生固土作用，雨水冲蚀、溅蚀和融雪水冲击裸露的雪道和其他坡面，容易造成坡面面蚀和沟蚀，形成大量的侵蚀沟，严重时可冲毁雪道甚至造成一些边坡的崩塌。若春季风沙较大，对坡面还会产生风蚀。

另外，滑雪场建设过程中大型机械对地表土壤的压实及雪季期间大量游客对土壤的踩踏，交通车辆的压轧使土壤紧实度升高，容重增大，孔隙度降低，破坏了土壤原有的结构功能，阻碍了水、热传输，进而影响了植被的生长。土壤表层的破坏，使其涵养水源的能力降低，若降雨强度远远大于土壤入渗速度，雨水来不及入渗，就会沿地表迅速大量流失，携带的泥沙对山下的村庄以及滑雪场周边的农田、湖泊、河流等产生淤积，不但影响滑雪场自身的运营安全，也给周围人民群众的生命财产安全带来隐患。

3. 冻融侵蚀

冬季寒冷气候条件下，岩石孔隙中的水结冰，体积增大，对岩石产生压力，引起岩石崩解。岩石经寒冻风化作用及冻融作用崩解后在重力作用下产生位移，堆积于缓坡或坡麓地带，再在水力和风力作用下发生侵蚀。

在春季融雪期来临后，滑雪场白天在太阳辐射照耀下温度迅速升高，产生"融解"

现象，晚间温度快速下降产生"冻结"，昼夜"融解"和"冻结"交替，岩石昼夜胀缩交替，"水"、"冰"相变频繁，岩石崩解破碎，特别是暖季多雨季节来临前，节理裂隙密集的岩体充水，加之频繁的冻融加剧了基岩的崩解过程。崩解的物质，在重力作用下堆积于缓坡或山麓形成倒石堆、岩屑坡等地貌形态，在重力作用下水沙、泥、块石混合体顺坡缓慢蠕动，易形成融冻泥流。

4. 影响水资源

充足的水源是保证滑雪场在雪期自然降雪较少时，及时补充雪量、保证雪质的重要条件。全国大部分滑雪场的天然降雪都无法满足正常运营的需要，只能通过人工造雪来进行补充。资料表明，要覆盖1英亩（约6亩）的雪场，每年在雪场开放季节，需要30万加仑（约1136m³）水。雪季结束后，在融雪水无法收回的情况下将向四周低洼处流动，会对山体产生冲刷，形成冲蚀沟，造成局部水土流失。在滑雪场建造过程中的工程废水、修建道路时含沥青与油类的废水、机械设备冲洗用水、餐饮和客房等产生的生活污水、机动车产生的油污水，如果没有经过有效的污水处理就随意排放，势必会对周边的土壤、湖泊、河流造成污染，给水体中的生物带来灭顶之灾，也给周围人们的生活安全带来严重隐患。

总之，滑雪旅游活动对自然生态环境的影响，主要在干扰基本生态过程、超越环境承载力、破坏生态系统服务功能等方面。从具体表现来看，滑雪旅游开发会对区域的水文条件和水资源带来负面影响；造成植被和栖息地破坏，对动物的生活甚至生存造成影响，带来物种多样性的下降；对森林生态系统产生影响，造成生态系统服务的退化；滑雪场的建设也可能造成视觉景观的改变和破坏；此外，还可能带来水土流失、水污染、空气污染等一系列潜在威胁。

10.1.3 滑雪旅游区规划的生态理论基础

根据滑雪旅游区规划设计与开发的特殊性和发展趋势，应用以下理论和原则指导滑雪旅游区的规划设计：

1. 景观生态学理论

景观生态学是在现代地理学与生态学结合下产生的，它以生态学的理论框架为依托，吸收现代地理学和系统科学之所长，研究由不同生态系统组成的景观结构（空间格局）、功能（生态过程）和演化（空间动态）及其与人类社会的相互作用，探讨景观优化利用与管理保护的原理和途径。景观生态学基础理论中，景观空间异质性和生态整体性理论是重要组成部分。它以景观为研究对象，强调景观的资源价值和生态环境特性，目的是协调景观内部结构和生态过程及人与自然的关系，正确处理生产与生态资源、开发与保护、经济发展与环境质量的关系，进而改善景观生态系统功能，提高生态系统的生产力、稳定性和抗干扰能力。

2. 生物多样性理论

生物多样性是指在一定时间和一定地区所有生物（动物、植物、微生物）物种及其遗传变异和生态系统的复杂性总称。生物多样性表现在生命系统的各个组织水平，从基因到生态系统。生物多样性研究的是其形成、维持与丧失的机制以及时间动态和空间格局。生物多样性是人类赖以生存和发展的基础，也是生态系统服务功能的基础。物种多样性是生物多样性的基础，而生态系统多样性是生物多样性保护的关键。生物多样性问题是目前最严重的生态问题之一。

3. 可持续发展理论

可持续发展是满足当代人发展，又不危害子孙后代未来发展权力的发展方式。可持续发展涉及自然、环境、社会、经济、科技、政治等诸多方面。可持续发展有三大原则，即：公平性原则，既要维持本代人之间的公平，也要维持代际间的公平和资源分配与利用的公平；持续性原则，人类经济和社会的发展不能超越资源和环境的承载能力；共同性原则，可持续发展是超越文化与历史的障碍来看待全球问题的，它所讨论的问题是关系到全人类的问题，所要达到的目标是全人类的共同目标。

4. 生态恢复与修复理论

生态修复是指对生态系统降低人为干扰，以减轻负荷压力，依靠生态系统的自我调节能力与自组织能力使其向有序的方向进行演化，或者利用生态系统的这种自我恢复能力，辅以人工措施，使遭到破坏的生态系统逐步恢复或使生态系统向良性循环方向发展的工作。

10.2 生态保护与恢复的规划设计策略

旅游系统是一个由有机复合体（包括游客、当地居民和旅游经营者）和旅游环境构成的特殊生态系统，旅游活动对自然环境的影响已有显现。据中国人与生物圈国家委员会的一份调查显示："中国已有22%的自然保护区由于开展生态旅游而造成保护对象的破坏，11%出现环境资源退化"。如在敦煌，大量开采地下水致使地下水位大幅下降，月牙泉已濒临干涸。又如中国的几处世界遗产，湖南张家界、江西庐山和黑龙江五大连池等景区因在"向公众科普地球知识"等方面所做不足，云南三江并流因怒江大坝和怒江水电站建设可能造成对世界自然遗产的影响，被联合国教科文组织给予"温和"警告。国际上也不乏类似案例，如1995年美国黄石国家公园因采矿、非本地物种入侵、道路建设与游人压力等原因被列入《濒危世界遗产清单》；2007年的厄瓜多尔加拉帕戈斯群岛和塞内加尔尼奥科洛科巴国家公园，2010年的美国大沼泽国家公园和马达加斯加阿齐纳纳纳雨林都因保护不力而被列入《濒危世界遗产清单》。澳大利亚的大堡礁因污染严重和保护不力，也被联合国教科文组织提出警告。

在滑雪旅游区的规划过程中，如何处理好保护与开发的关系，如何解决大规模开发产生的环境问题，实现场地生态系统的再生和平衡，是必须切实解决的问题。这些问题来自很多方面，有时相互交织，需要细致而系统地加以解决。滑雪旅游区的生态保护和修复，可以从以下 6 个方面加以思考。

10.2.1 建立生态基线策略

1. 生态基线的含义

基线（baseline）是实证研究学科中常用的一个名词，是某个问题评估的基准和计算的基础。生态基线就是将生态环境的现状情况，作为项目实施评估的基础。即为了评估拟建工程的环境影响，就必须将现状基准描述清楚，以反映该工程的净环境影响（net environmental impact，NEI）。此外，生态基线还有一种解释，主要从空间角度出发，即生态保护红线。

2. 生态基线调研评估的目的和意义

生态基线评估的目的，旨在全面、综合地了解拟建滑雪旅游区的现状生态系统、生物多样性、环境负荷、潜在环境问题等方面的信息，以便对生态环境问题进行系统性的掌握和解决，并为规划设计和开发行为的调整提供依据。

生态基线评估的意义是多方面的：

（1）对滑雪旅游区的规划设计而言，生态基线是指导项目选址和合理布局的基础，也是各类环境保护和生态修复技术措施选择的依据；同时还可以在多方案比选过程中起到关键性的决策支持作用。

（2）对滑雪旅游区的开发建设而言，生态基线评估对施工方式、施工技术、施工方案，特别是施工工序的组织等都有指导性作用。

（3）对滑雪旅游区的管理运营而言，生态基线评估不仅可以评价规划建设活动对生态环境的影响，还能为旅游区的优化提升或调整提供依据。

3. 评估内容和方法

生态基线评估的内容涉及生态系统的方方面面，主要包括生态承载力、景观生态格局、生态敏感区域分布、重要的生态版块和生态廊道分布、景观连通度，也包括生物多样性、森林资源、水文条件、土壤资源现状、污染负荷等。

由于生态基线评估涉及的内容多样，因而方法也是较为综合的。既可以从定量的角度进行测算，也可以定性描述；既可以在空间层面进行界定和划分，也可以从生态过程的角度进行系统研究。常见的生态评价方法有生态系统服务功能评价、适宜性评价、环境影响评价等。可参考标准规范包括：《生态保护红线划定技术指南》、《生态环境状况评价技术规范（试行）》HJ/T 192—2006 等。

10.2.2 分区保护和开发策略

1. 分区规划策略

功能分区是规划过程中空间布局的一项重要内容，它是根据规划区的资源禀赋、土地利用、项目策划等状况对区域内空间进行系统划分，以确定次一级分区的名称、发展主题、形象定位、旅游功能和突破方向的过程。对旅游区进行功能分区，开展空间功能布局、项目落地以及旅游服务设施、基础设施和管理设施的总体布局，是空间区划的基本要求。国家旅游局和住房和城乡建设部分别针对旅游区和风景名胜区出台的《旅游规划通则》GB/T 18971—2003 和《风景名胜区规划规范》GB 50298—1999 等相关规范都对其进行了一系列界定。

从生态保护的角度来看，对旅游区进行功能分区，目的是限制开发活动和游人活动范围与类型，避免旅游活动对自然保护对象造成破坏，从而使旅游资源得以合理配置和优化利用。不论是自然保护区，还是湿地公园、森林公园等，都采用分区保护和开发的思路。例如，在我国自然保护区，一般将功能分区划分为核心区、缓冲区和实验区三部分。滑雪旅游区从资源保护与利用协调的角度可以划分为资源保护区、一般资源利用区、高强度资源利用区三大类，并根据具体功能布局开展第二层级的区划划分，针对不同分区采用不同的管理方法与措施，保障将开发活动所带来的资源环境影响控制在自然承载力范围内。

2. 基于景观生态学的分区方法

景观生态学研究表明，景观中存在某种潜在的生态安全格局，它们由景观中的某些关键性的局部、位置和空间联系所构成，生态安全格局对维护和控制某种过程来说，具有主动、空间联系和高效的优势，对生物多样性保护和景观改变有重要意义。特别是在自然生态系统中，斑块的形状、大小，廊道的走向，斑块和廊道的组合格局，对许多生物有重要影响，人为改变景观格局对各种种群的发展十分不利，某些关键种的消失可能会使整个生态系统发生退化。因此，滑雪旅游区生态安全的设计应在充分研究本区域自然生态系统特征与功能机制的基础上，构建符合本地区自然状况的安全生态格局。

景观生态学将景观空间结构分成三种基本结构或要素：斑块（patch）、廊道（corridor）和基质（matrix）。稳定的斑块有助于物种的稳定；而廊道是线性景观单元，不同于两侧相邻景观，对景观起通道、阻隔、过滤等作用，对景观连接和生物多样性保护起重要作用。1996 年 L. B. W. Nieuwkamp 提出将生态旅游地分为四大区域：野生保护区、野生游憩区、密集游憩区和自然环境区。这些分区模式在国家公园、自然保护区和生态旅游区规划中得到广泛应用并取得了生态系统保护的显著效果。根据景观格局和功能不同，按照景观功能分区原理与模式对滑雪旅游区进一步细分，在此基础上确定功能区划和交通组织等，这是基于景观生态学的分区方法。

10.2.3 环境容量控制策略

前文提到，环境容量是指在现状有明确管理目标的特定游憩区域内，保证一定的游憩体验，综合考虑空间因素、游客心理感知因素、生态影响因素、视觉影响因素、功能技术因素及国家规范标准的基础上所计算出的容量值。包括生态容量与空间容量两部分。这里主要探讨生态环境容量。

任何一种自然资源的利用都存在一定极限，自然资源或环境的过度利用会造成无法挽回的严重后果。生态系统能承受的旅游开发强度的极限值，也是旅游者与旅游地双方充分受益时旅游地所能容纳的最大游客数量极限值。因此，生态承载力通常表现出"阈值"的概念，即超过了旅游地的"阈值"就会影响到该区域内生态系统功能的正常发挥及维持。

影响生态承载力的主要因素有：用地类型、资源状况、旅游服务设施、管理水平及游客活动类型和强度等。目前对生态环境容量的概念、计算方法等尚未取得一致的看法。计算方法通常有面积法、线路法和卡口法等，一些方法可参考《风景名胜区规划规范》GB50298—1999和《景区最大承载量核定导则》LB/T 034—2014。旅游地的用地类型不同、资源条件不同，承载力也不同，如《景区最大承载量核定导则》LB/T 034—2014附录A中给出的不同类型景区基本空间承载力标准示例中，八达岭长城核心景区的人均空间承载力指标为 1～1.1m^2/人，故宫博物院为 0.8～3m^2/人，秦始皇兵马俑博物馆为 2.5～10m^2/人。一般来说，旅游区用地面积越大，承载力越大，但同时对环境的影响和破坏也越大。通常来说，提升旅游承载力有以下一些方法：通过合理规划用地提升空间承载力；加强环境监管，减少旅游活动对当地自然生态环境的负面影响，提升生态承载力；提升当地居民对于旅游文化、旅游经济与旅游活动的认可度，提升社会承载力。同时，通过门票预约、景区监控、流量控制、疏导分流、交通引导等措施保证进入的游客规模在旅游承载力范围内，实现资源环境的可持续发展。

除此之外，结合前文所述，滑雪旅游区的雪道承载力、索道承载力和服务设施承载力均影响整个项目的可容纳滑雪者人数。不同的地区或项目，其旅游管理容量的关键因子可能不同。例如除了用地面积、山体设施、服务设施和基础设施、社会文化等因子外，环境污染的负荷也可作为环境容量测算的基础，因此需要针对具体案例进行深入分析。原则是在对旅游区环境容量、社会容量等进行全面分析的基础上，识别出关键的环境因子特别是生态限制因子，并对其进行计算和评估，然后综合确定（图10-2）。

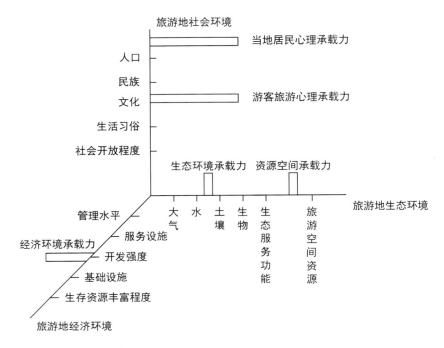

图 10-2 典型的旅游承载力因子评价系统

图片来源：熊鹰.生态旅游承载力研究进展及其展望.经济地理, 2013, 33（5）

10.2.4 物种保护策略

1. 生物多样性保护

生物多样性是生态系统服务功能的主要保障，是人类赖以生存和发展的物质基础。生物多样性为人类提供了支持、调节、供给以及文化游憩等多种功能。但不管是全世界范围内，还是在中国，生物多样性保护都面临着极大的压力。生境丧失和破碎化、过度利用、环境污染等是制约我国生物多样性有效保护的主要问题，其根源往往在于不可持续的发展方式。

生物多样性的保护是一个复杂的系统工程，需在不同的尺度和层次上展开。本章论述的基于建立生态安全格局的分区保护、环境保护、环境容量控制等，本质上都对生物多样性保护有益。这里主要强调物种多样性保护的重要性。

2. 物种栖息地和廊道保护

在滑雪旅游区中，物种保护的重点在于珍稀濒危物种的识别、栖息地保护以及入侵物种的控制上。威胁滑雪旅游区物种多样性的因素主要有雪道、索道开发造成的栖息地破坏，滑雪和旅游活动造成的人为干扰，人工景观建设带来的生物入侵以及旅游服务设施、基础设施建设带来的水污染、固体垃圾污染、空气污染等。

珍稀濒危物种和重要物种的识别，主要通过文献分析、居民访谈和现场监测等方式。完成物种识别后，对植物种群进行现场调研并在图纸上落位；对动物种，则需要通过人工观测或架设摄像器材等方式进行定期监测，以确定其栖息地范围和迁移的廊道，并做好定位和记录工作。这里需要注意的是，要考虑动物习性来确定调研时间，以免出现信息不准确。经一段时间的调研后，将上述信息汇集，以便于指导滑雪旅游区的规划设计（图10-3，彩图见文后彩页）。

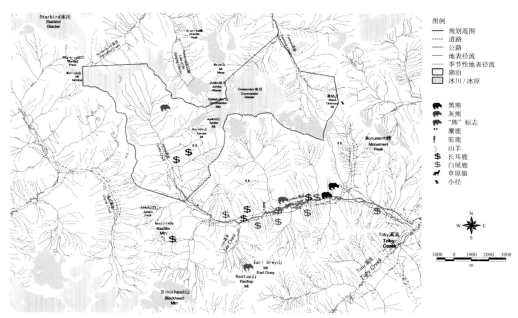

图10-3 加拿大Jumbo谷滑雪旅游度假区动物栖息地调查

图片来源：Glacier Resorts Ltd. and Pheidias Project Management Corporation. Jumbo Glacier Resort Master Plan.2010

3. 生物入侵的防治

生物入侵也是需要给予高度关注的问题。生物入侵会带来严重的生态灾难，如在美国，千屈菜和亚洲鲤鱼的入侵，使得美国每年需花费几十亿美元来进行控制。我国也饱受生物入侵困扰，紫茎泽兰、互花米草、松材线虫等都已造成严重的危害。生物入侵的成因一般为人为引入或开发破坏造成的生态系统脆弱，进而因生态位改变造成物种入侵等。对这一问题，滑雪旅游区在规划设计和开发建设阶段，都应给予足够的重视。

可参考的标准规范包括：《中国生物物种名录2015年版》、《中国生物多样性红色名录》、《中国生物多样性保护战略与行动计划（2011～2030年）》、《自然保护区生物多样性调查规范》LY/T 1814—2009、《区域生物多样性评价标准》HJ 623—2011、《自然保护区建设项目生物多样性影响评价技术规范》等。

10.2.5 水土保持策略

1. 滑雪旅游区的水土流失问题

滑雪旅游区的水土流失问题主要发生在开发建设和运营阶段。滑雪场一般建在坡度适宜、林木茂密的高山地带，其开发建设会对山坡林地造成一定的破坏，雪道所经之处的林草植被会遭砍伐，造成山坡植被覆盖率的下降。修建排水系统、挖填坡面、土建施工、建设附属设施、搭建临时设施等均会不同程度地破坏原地貌的土壤和植被，致使项目区内土体松散裸露、部分坡体不稳定，降低了土壤的抗蚀性，加剧了土壤流失。施工建设阶段除水力侵蚀外，风力侵蚀也是重要原因。

在运营阶段，水土流失更是滑雪旅游区面临的关键生态问题之一。冬季滑雪场运营期间，雪道下的草本植物由于受到挤压，在第二年很难恢复生长，很容易形成易侵蚀的地面。而在春夏季冰雪融化时，雪道上积雪融化形成的径流很容易造成坡面的侵蚀。

2. 水土保持措施

滑雪旅游区土壤侵蚀的类型，主要是降雨溅蚀、片流侵蚀、沟蚀、水流冲蚀和冻融侵蚀。常用的水土保持措施包括护坡工程、植被恢复和水利工程措施，几乎所有的项目都需要若干种措施的综合应用。同时，地形坡度对径流形成和速度影响都很大，因而在规划设计方案中对水土保持问题加以考虑是最具性价比的解决途径。

（1）护坡工程措施

护坡工程主要解决面蚀的问题，除了传统的梯田、水平沟、鱼鳞坑等之外，更常用的是生态袋、石笼、挡墙、生态植被毯等措施。

（2）植被恢复措施

植被在多个方面起到保持水土的作用。首先，它可以保护土壤免受雨滴侵蚀，植被可以很大程度上缓冲雨点降落时的冲击力。第二，植被可以增加地表摩擦力，进而降低径流速度。第三，植物根系在提高土壤吸水能力的同时，还起到固土的作用。植被恢复是水土流失源头治理的主要方式。主要做法是对开发建设场地、边沟、边坡等进行地被和植被的修复；对滑雪道铺植草坪地被等。

所选植被应满足以下条件：能保持雪道相对平顺，保证滑雪者的正常滑行安全；在滑雪季节能够被雪所覆盖，并不留硬茬以免发生伤害事故或损害设备；在冬季较长时间的雪封条件下有较高的保存率。在雪道建植植被时，主要选择液力喷播＋覆盖、撒播草种＋覆盖、分栽营养繁殖等方式，同时利用造雪的供水系统结合喷灌设施为其供水。采取覆盖和喷灌方式都是为了保证在植被形成地表覆盖之前，人工养护用水不造成坡面冲刷。

（3）水利工程与雨水蓄积利用措施

滑雪旅游区中沟蚀、冲蚀等破坏力极强，是水土保持的重点；同时由于人工造雪需要大量用水，因而收集和蓄积雨水还有着更丰富的意义。常见的措施有截水沟、淤地坝、拦沙坝、谷坊、沟头防护、排水沟、水池、水窖等设施，以形成完善的雨水和融雪水的截、汇、排、蓄、用系统。关于雨洪管理的问题将在第11章进一步论述。

除此之外，还可根据滑雪场建设特点、水土流失特点及当地的气候、地形特点，将滑雪旅游区划分为不同区域来确定不同的防治措施及布局。总之，滑雪场的水土流失防治和生态建设需要形成完善的综合技术体系，才能实现有效治理。可参考的法律与标准规范包括：《中华人民共和国水土保持法》、《水土保持工程设计规范》GB51018—2014、《水土保持规划编制规范》SL335—2014等。

10.2.6 废弃物可持续性处置策略

滑雪旅游区的环境污染问题，常与生态保护和恢复以及规划设计、建设、运营等过程交织在一起。旅游开发和旅游活动过程中产生的各种废弃物（固体废弃物、废水、废气），都会对环境造成严重的污染。同时，由于滑雪旅游区的特殊性，传统的废弃物处理方式往往成本高昂，且蕴含着很高的碳足迹，不管是从生态上还是经济上，可持续性堪忧。因此使用低影响、低碳的可持续性处置措施来解决这类问题是非常急迫的。本小节主要探讨固体废弃物和空气污染的控制原则，关于水污染控制的相关内容，将在第11章中详细介绍。

1. 固体废弃物的处置

固体废弃物的收集和处理是困扰国内很多旅游景区的一大问题。据报道，在云南省迪庆州梅里雪山景区，2015年10月，仅12天的清洁活动就清扫出垃圾150t，许多垃圾被遗弃在驿站、河道以及地势平缓之处，与美景极不协调。

滑雪旅游区一般而言都需建在高山或林区，特别是滑雪资源优良、风景优美的地区，往往交通条件比较差，或距离垃圾集中处理中心较远。同时，滑雪运动又集中在冬季的几个月内，这会导致滑雪旅游区的环境负荷在短时间内达到很高水平。目前滑雪旅游区的固体废弃物通常采用集中外运和就地填埋或焚烧的处理方式，这些方式都有着各自的缺点。如全部集中外运，由于燃料消耗会带来大量的温室气体排放，且其最终处理仍是焚烧、填埋等不可持续的处理方式；就地填埋和焚烧则会造成地表水、地下水和空气污染。因此采用经济合理、适用高效、低碳绿色的固体废弃物处理方式，就显得非常必要了。常见的固体废弃物处置策略有：

（1）垃圾减量策略

减量是垃圾低碳处理方式的重要一环，也是环境保护的源头控制策略，即生活垃圾从源头上减少。垃圾减量的工作需要与滑雪旅游区的运营管理结合起来，如在餐饮、住宿等方面，尽量避免一次性物品的使用，或采取可再生材料包装的产品；在旅游区销售的商品，尽量限制过度包装；滑雪旅游区的运营管理，实现信息化、无纸化办公等。

（2）垃圾资源化策略

滑雪旅游区的固体废弃物，主要由生活垃圾和景观养护的绿色垃圾组成。景观养护的枯枝落叶、修剪枝条、砍伐的树木等，都是可再生、可降解的绿色材料。无论是服务区的景观养护，还是雪道的修复维护、水土保持，都需要大量的有机肥料和覆盖物等，而植物绿色垃圾正是良好的来源，可以通过堆肥和粉碎化，实现上述两种用途。此外，厨余垃圾是生活垃圾的重要组成部分，一般占生活垃圾的40%～60%。而厨余垃圾正是生活垃圾臭气和垃圾渗滤液的主要来源，也是垃圾焚烧能耗升高、效率降低的主要原因之一。可通过堆肥或生物处理方式实现无害化和资源化，生产出高效的有机肥料。

（3）分类处置策略

无论如何，滑雪旅游区都会产生一定量不可降解或无法就地无害处理的垃圾，这部分垃圾会采用外运的方式进行处理。而垃圾分类的主要作用，就是尽可能降低外运的垃圾量，一方面可以降低其运输带来的温室气体排放；另一方面，也可减少垃圾填埋的土地占用或垃圾焚烧的能耗和污染排放。如前文所述，厨余垃圾可以利用资源化的方式处理，而其他垃圾若能给予适当的分类，也可以使可再生、可回收的垃圾得到更好的利用。

2. 空气污染的控制

滑雪场的造雪机、压雪机等大型设备、景观养护的机械设备（如割草机、鼓风机等），会产生严重的噪声和空气污染，影响人们的身心健康。尤其是传统汽、柴油机械，它们产生的一氧化碳等污染物是近地面空气污染的重要来源。根据美国国家环境保护局颁布的《国家环境空气质量标准》（NAAQS），一氧化碳和臭氧都是常规监测污染物。一氧化碳会危害人的心血管以及神经系统；而臭氧是烟霾的主要成因，会对人类的肺功能产生危害。

控制空气污染，一方面是控制和限制各类机械的使用时间和使用方式；另一方面是将上述设备的布置和使用尽量限制在一定范围内，在场地布局和设计过程中予以考虑。在景观设计形式和植被选择上，也可以考虑减少草坪面积，选择养护需求较少的植物种类，或在无严格几何构图要求的情况下设计成自然式的植物景观。

可参考的法律和标准规范包括：《中华人民共和国环境保护法》、《中华人民共和国水污染防治法》、《中华人民共和国大气污染防治法》、《环境空气质量标准》GB 3095—2012、《生活垃圾填埋场污染控制标准》、《绿色旅游景区管理与服务规范》LB/T 015—2011等。

第 11 章　造雪与水资源管理

滑雪场发展瓶颈之一在于水资源是否充足。我国除东北、内蒙古、新疆等地自然降雪基本满足滑雪场发展需求外，大部分区域，如华北、西南等地的雪场维护，需要靠人工造雪维系。

通常需要采用人工造雪的情况分为以下两种：一是当地自然降雪量不够，需要人工造雪来补充雪量，如我国北京及周边地区的滑雪场。二是自然降雪量丰富的地区，当遇到降雪量稀少的年份或者是早春温度波动较大的情况时，需采用人工造雪的办法来延长滑雪期，如东北、内蒙古、新疆等地区。

11.1　关于造雪

根据《中国滑雪场所管理规范》中相关内容规定，现代滑雪场所内滑雪道的雪层有天然雪、人工造雪、天然雪与人工造雪的混合、化学合成的"代用雪"等不同类型。"代用雪"的表面材质铺设要均匀，不能有逆茬，不能有杂物。雪道内经压实的雪层厚度最低为 15 厘米。雪层表面不得形成光状冰面。根据滑雪场所的实际情况，配置先进的节能节水的造雪机械，科学修建造雪系统配套工程。造雪量要适度，避免水资源浪费。人工造雪的用水要尽量利用四季地表蓄水，人工造雪的融化水要力争重复利用。通常来说，水和雪的体积关系为 1︰1.8（即 $1m^3$ 雪需要 $0.55m^3$ 水）。当条件不具备时暂停造雪，以免造成能源及水资源的浪费。

人工造雪能够缓解低海拔山体和主要雪道积雪不足的问题，同时使滑雪场在较早的雪季开始投入运营，并把滑雪季延长到春季。人工造雪对于降雪量不足的滑雪旅游区尤为重要，它能使滑雪场突破天气因素限制而保持正常运营。

11.1.1　水源选择

滑雪场造雪水源选择包括地表水与地下水。来自湖泊、河流及溪涧的地表水是最佳选择，其次才是地下水。原因有三点：首先，在寒冷的冬季，地表水比地下水温度低，更接近造雪机要求的低温水源的标准，能使造雪机在等于或低于 –4℃的温度条件下，更轻松地喷出雪来；其次，在水资源匮乏的华北等地，多数滑雪场坐落在活水源涵养地上，地下水充当着当地的应急补水水源的角色，若在这样的地区使用地下水人工造雪，对原本就十分严峻的水资源短缺形势无疑是"雪上加霜"；最后，从视觉景观的角度来讲，在滑雪旅游区初期选址时，选择有湖泊环抱或有河流、溪涧围绕的山体来布局雪道，也可同时美化滑雪旅游区的自然景观效果，给滑雪者带来丰富的视觉体验。

虽然用地表水造雪有其天然优势，但对于一些地下水资源丰富、地表水资源不足的地区，也可以使用地下水来造雪。在不破坏水资源及生态环境的前提下，采用地下水人工造雪，就要求设计者考虑当地是否具备可以信赖的高级水源供应处，同时还要求在建设用地范围内或靠近雪道的山谷汇水地带，选择合适的地形建设水库或蓄水池，便于在短时间内及时供应造雪用水，同时蓄积项目区内的雨水，并开展净化、储存和再利用，雨期还能起到滞洪、储水、生态涵养作用。

11.1.2 造雪设备

一个人工造雪系统是由天气、地形、雪道布局和风向等因素共同决定的，可以根据滑雪场所在地区的具体自然、气候条件选择常规造雪设备，以达到高效、节能、环保的目的。

人工造雪系统通常由供水设施、水泵、水管和造雪机组成。人工造雪的供水设施和造雪机按照雪道的位置而布局设计。理想情况下，蓄水池应该规划在海拔尽可能高的地方，从而利用重力来供水。但同时，海拔低的地方更有利于收集占雨水地表径流和融雪水，因此需要权衡其两方面的利弊。

造雪机从外形来看一般分为枪式造雪机（图11-1）、炮式造雪机和塔式造雪机。结构构成上，主要由喷嘴、雪核核子器、压缩机、风扇马达、水分配集合管、自动摆头装置、手动俯仰装置及电气控制等部件构成。它的工作原理是模仿天然雪的形

图 11-1　造雪枪造雪
图片来源：2014 Internationla Report on Snow & Mountain Tourism

成过程。首先，将由压缩机产生的高压空气送到核子器喷嘴；接着风扇马达把水吹成微小水雾抛射到空中，均匀散开；随后，核子器在空气与水雾达到一定的比例时产生雪核，雪核在空中遇冷形成雪花。因此，核子器是造雪的关键，没有它造出来的就是水。雪花在飘落的过程中吸附空气中的扬尘，从而达到净化空气的效果。

由于下雪时和下雪后的气象条件不同，所以雪质会呈现各种各样的形态。大自然中雪有粉状雪、片状雪、雨夹雪、易碎雪、壳状雪、浆状雪、粒状雪、泥状雪、冰状雪等。人工造雪主要有压实的粉状雪、雪道雪等60多种。根据水的物理特性，水分子在4℃时密度最大，也就是就说，相同时间内，水分子在4℃时出水量最大。出水量大，造出的雪自然也就是最多的；地下水一般水温都在14℃以上，造雪时因为水温高，水分子不能充分凝结，所以雪的含水量较高。造雪机造出的雪，形态大多为粉状雪、壳状雪，只在极少数情况下是冰状雪和浆状雪。每种雪都会使滑雪者产生不同的感受，对应每种雪质所使用的滑雪技巧也有所不同。为适合更多的滑雪爱好者滑雪，滑雪场每天都要用压雪机压雪，把它变成粉状形态，这种雪对滑雪者来说感受最好，不软不硬滑行舒适（图11-2）。

图 11-2　压雪机压雪
图片来源：www.whistlerblackcomb.com

使用人工造雪系统，还需要考虑将泵、马达和控制器等设备存放到一个建筑物中，这个维护建筑需要有专门的空间用于储存人工造雪设备和工具。

11.2　用水量需求

11.2.1　造雪用水量

水源是保证滑雪场在雪期自然降雪较少时，及时补充雪量、保证雪质的重要条件。目前我国大部分滑雪场的天然降雪都无法满足滑雪场的正常运营，需要采用人工造雪进行有效补充。据《芝加哥论坛报》估算统计，要覆盖1英亩（约6亩）的雪场，每年在雪场开放季节，需要 30 万加仑（约 1136m³）水。另据德国阿尔卑斯山地各滑雪场公认的数据，在雪场开放季节期间，基础造雪和补充造雪的用水情况为每 1m² 用水 200～600L。

人工造雪系统的供水需求要按照造雪面积与造雪深度的乘积来计算。《中国滑雪场所管理规范》中要求雪道内经压实的雪层厚度最低为 15cm。实际操作过程中，人工造雪需要根据日照、温度、风力和湿度等天气情况决定造雪深度，通常在夏天平整好的土地上需要铺上至少 35cm 的积雪（一般建议覆雪深度为 30～60cm），才能为滑雪游客提供较好的滑雪环境。而当积雪小于这个厚度时，有可能会造成植被、土壤和滑雪器材的损坏，甚至加快积雪的融化速度。在寒冷干燥区域，则需要增加积雪厚度以保证滑雪运营。同时在滑雪季节期间，需要储备一定的积雪作为补充，确保雪道积雪质量。高效的人工造雪系统对于提高滑雪游客的体验非常重要。

以崇礼某滑雪旅游区为例说明人工造雪供水量需求计算，如表 11-1 所示。

人工造雪供水量需求　　　　　　　　　　表 11-1

分区	滑雪道面积（hm²）	开始运营所需 60cm 的人工造雪量（m³）	开始运营所需 60cm 的人工造雪用水量（m³）	运营期间所需 35cm 的人工造雪量（m³）	运营期间所需 35cm 的人工造雪用水量（m³）	人工造雪总用水量（m³）
A 区	185	1110000	610500	647500	356125	966625
B 区	21	126000	69300	73500	40425	109725
C 区	64	384000	211200	224000	123200	334400
D 区	137	822000	452100	479500	263725	715825
合计	407	2442000	1343100	1424500	783475	2126575

注：本表总结了崇礼某滑雪旅游区范围内各区所需的人工造雪量和用水量。这些估算是根据水和雪的体积关系为 1:1.8 的比率来计算的。

11.2.2　生活及其他场地用水量

滑雪旅游区内除了造雪用水，还要考虑生活用水以及可能的其他场地，如高尔夫球场等用水需求。

1. 生活用水量

滑雪旅游区内的生活用水量计算，要结合前文所述的人口规模预测来开展。滑雪旅游区内的人口构成包括滑雪旅游者、管理服务人员和当地居民三类。其中，滑雪旅游者又分为住宿游客和不住宿游客。不同类别的人口用水需求是不同的。由于《旅游规划通则》中并未对旅游区内的给水排水规划做出具体内容要求，因此可以参考《风景名胜区规划规范》GB 50298—1999 和《城市给水工程规划规范》GB 50282—2016 来测算具体的生活用水量。

根据《风景名胜区规划规范》GB 50298—1999 中基础工程规划的内容要求，风景区内供水、供电及床位用地标准应在下表中选用，并以下限标准为主（表 11-2）。

供水供电及床位用地标准　　　　　　　　　　　　　表 11-2

类别	供水 [L/（床·日）]	供电（W/床）	用地（m²/床）	备注
简易宿点	50~100	50~100	50 以下	公用卫生间
一般旅馆	100~200	100~200	50~100	六级旅馆
中级旅馆	200~400	200~400	100~200	四、五级旅馆
高级旅馆	400~500	400~500	200~400	二、三级旅馆
豪华旅馆	500 以上	1000 以上	300 以上	一级旅馆
居民	60~150	100~500	50~150	—
散客	10~30L/（人·日）	—	—	—

其中，住宿游客可以根据选择的住宿类型匹配日均需水量，不住宿游客参照散客指标，管理服务人员和当地居民参照居民指标。

《城市给水工程规划规范》GB 50282—2016 中根据城市特点、居民生活水平等因素，对于人均综合生活用水量也给出了相应的指标如表 11-3 所示。

综合生活用水量指标（P）[L/(人·日)]　　　　　　　　　表 11-3

区域	城市规模						
	超大城市（$P \geqslant 1000$）	特大城市（$500 \leqslant P <1000$）	大城市		中等城市（$50 \leqslant P <100$）	小城市	
			Ⅰ型（$300 \leqslant P<500$）	Ⅱ型（$100 \leqslant P<300$）		Ⅰ型（$20 \leqslant P<50$）	Ⅱ型（$P<20$）
一区	250~480	240~450	230~420	220~400	200~380	190~350	180~320
二区	200~300	170~280	160~270	150~260	130~240	120~230	110~220
三区	—	—	—	150~250	130~230	120~220	110~210

注：1. 一区包括：湖北、湖南、江西、浙江、福建、广东、广西壮族自治区、海南、上海、江苏、安徽；二区包括：重庆、四川、贵州、云南、黑龙江、吉林、辽宁、北京、天津、河北、山西、河南、山东、宁夏回族自治区、陕西、内蒙古河套以东和甘肃黄河以东地区；三区包括：新疆维吾尔自治区、青海、西藏自治区、内蒙古河套以西和甘肃黄河以西地区。
2. 综合生活用水为城市居民生活用水与公共设施用水之和，不包括市政用水和管网漏失水量。
3. P 为城区常住人口，单位：万人。

在具体用水量测算中，可参考对应规范要求，结合所在城市的总体规划等上位、相关规划和当地自来水公司确定的单位人口用水量及日变化系数，预测出最高日生活用水量和年用水量规模。也可参考周边同类型滑雪旅游区的人均用水量进行校核。

2. 其他场地用水量

滑雪旅游区中为了避免夏季场地空闲浪费，通常要开展一些夏季旅游活动，以实现四季可游的目的。一些夏季开展的活动，如高尔夫对场地用水量也有一定需求，在用水量测算中也要一并考虑。我国目前暂无高尔夫场地规划设计方面的规范要求，因此可以参考《城市给水工程规划规范》GB50282—2016中对于体育用地的用水量指标要求［$30\sim50m^3/(hm^2\cdot d)$］，并结合周边类似高尔夫场地的用水量指标来进行测算。

总之，对于滑雪旅游区而言，总用水量分为造雪用水量、生活用水量和其他场地用水量三部分，冬季日用水量包括造雪用水和生活用水，夏季日用水量包括生活用水和其他场地用水。

为防止滑雪场建设和使用过程中的浪费用水和水土流失，根据有关法律法规以及对滑雪场用水情况调查结果，北京市水务局特制定《北京市滑雪场用水管理要求》，具体规定如下：

（1）滑雪场用水标准

滑雪场用水以滑雪道为核算单元。滑雪道年用新水量每$1m^2$不得大于$0.48m^3$；滑雪场绿地每年$1m^2$用水量为$0.3m^3$。

（2）滑雪场节水措施要求

滑雪场各类用水器具应使用节水型器具；安装使用节水灌溉设施；应安装用水计量装置，如制雪、绿地浇灌、生活供水等应单独装表计量。滑雪场应建立节水管理制度，每月应向节水管理部门报告用水量。

（3）滑雪场应建立融雪及雨洪利用系统

滑雪场应建设融雪水及雨洪收集、利用设施。滑雪道应设置截水沟，滑雪道侧面与底部设置汇水沟，并建设收集融雪水及雨洪的集水池。其容积应大于滑雪季制雪用水量的40%。集水池应进行防渗处理。

（4）滑雪场应建设污水处理设施

滑雪场没有市政(集中)排水管线的地区，应建设污水处理设施，实施污水处理再生利用。

（5）滑雪场必须做好水土保护工程

滑雪场植被覆盖率、扰动土地治理率均应达到90%以上。水土流失控制比应低于2.5，水土流失治理度达到80%以上。

（6）滑雪场加强用水管理

应加强对游客的节水宣传，提高节水意识，并加强对用水部位的巡视，杜绝浪费用水现象。

11.3 供水管理

11.3.1 水源管理

由于滑雪旅游区大多位于城郊风景秀丽的山区，与城市建成区有一定的距离，难以与建成区共享给水厂和配套管网等设施，而稳定充足的水源是保障雪场正常运营的重要条件，因此水源管理至关重要。

滑雪旅游区在雪季时最高日用水量通常可达数万吨，如城市水源供水规模较小，则需避免与城市共用水源，以防影响城市用水，需考虑由专用水源供水，如河流、湖泊、水库等地表水或地下水，抑或是采矿疏干水等水资源。若该类水体无法满足饮用水水源要求，但可针对其处理后是否能作为场地用水（造雪用水、场地浇洒等）或冲厕用水等进行可行性分析。如果可行，则可作为滑雪旅游区常供或补充水源之一。

11.3.2 储水及输水

当旅游区距离水源点较远时，可以考虑在旅游区内或旅游区附近设置蓄水池用以调蓄，可有效降低区外输水系统的负荷和投资，即降低输水成本。

当旅游区范围较大时，由于区内多为山体，地势起伏很大，因此可以结合地块开发时序、地形及用地规划，考虑分片区供水，每个片区内可根据需求设置一座小型蓄水池和提水泵站。这样一方面有利于分片区开发时互不影响，另一方面也有效地降低了旅游区内的原水输水成本。

另外，由于垂直高度较高，中高级雪道的人工造雪很难直接利用地表水，有必要安装输水管线及适当布置提水泵站。值得注意的是，应采用高性能的输水导管，以免导管泄漏喷出的水使积雪迅速融化，或使滑雪坡结冰，直接危害到滑雪者的人身安全。为防止这种情况发生，设计者可以将管线铺设在阴沟内，但要考虑到阴沟对植被以及视觉景观的影响，尽量将影响减少到最低限度。

11.4 污水处理

滑雪旅游区的污水主要为生活污水和融雪水。考虑到其一，旅游区大多距城区较远，难以利用城市污水处理厂进行处理；其二，再生水利用对于用水量大的旅游区而言是重要的补充水源；其三，山区生态环境脆弱，污水处理后的尾水排放会破坏山区林地植被，继而威胁旅游区的可持续发展。因此，滑雪旅游区内的污水处理要做到控制源头，全程监管，力争做到污水全部回用，实现污水零排放。

11.4.1 融雪水处理

融雪水的利用存在滞后性。往往雪季临近结束时才会收集到大量融雪水。根据北京周边滑雪场的统计数据,雪季临近结束的 10 ～ 15 日内,融雪速率达到最大,约每天融化 10%;融雪水收集并处理后,由于临近雪季结束,很难用于二次人工造雪,因此可以考虑进入蓄水池后用于非雪季时的场地浇洒、设施维护及冲厕等。

根据滑雪场地形和汇水量大小,在雪道上科学合理地分级布设截、汇、排水沟,在排水沟下游的适当位置设置蓄水池,对雨水和融雪水进行收集,然后再经过综合处理,进行回收利用,形成完善的雨水和融雪水截、汇、排、蓄、用系统。

11.4.2 生活污水处理

滑雪旅游区内的生活污水通常根据给水量,结合日变化系数、污水排放系数计算。亦可根据滑雪者规模,采用人均单位标准进行计算。根据美国行业标准,滑雪旅游区内人均污水产生量为 7 ～ 10 加仑/(人·d)[27 ～ 38L/(人·d)]。

滑雪旅游区内通常根据地形走势,结合用地规划,将旅游区分为若干个污水排放区,每个排放区内设置独立的污水处理设施,负责该片区生活污水的处理,区内污水由污水主干管依地势汇集导流至污水处理设施。也有部分滑雪旅游区采用人工湿地的方式净化污水。

11.4.3 再生水利用

经处理后的融雪水和生活用水被分散储存在山体的蓄水池中,这些集蓄水主要用在以下 3 个方面:雪季时可用于人工造雪;非雪季时对雪场内的绿地进行浇灌,也可作为室内外景观用水;就地回灌补充地下水。相对融雪水而言,生活污水可再生利用且水资源量比较稳定。污水经处理后,主要用于旅游区内冲厕及场地浇洒等。

根据滑雪旅游区污水处理厂 3 种进水的特征,以及经处理后所得再生水的用途,滑雪旅游区的再生水厂出水应至少达到《城市污水再生利用 城市杂用水水质》CB/T 18920—2002 标准;如果需利用再生水进行人工造雪,则再生水水质应达到《地表水环境质量标准》GB3838—2002 Ⅳ类。一些位置特殊,如周边有水源保护区,或所在区域生态敏感等的旅游区,其再生水厂出水应达到更高的水质标准,符合《城市污水再生利用 补充水源水质》GB/T 18921—2002 的相关要求。

11.5 雨洪管理

11.5.1 雨洪管理的目的

滑雪旅游区内山体众多、地势起伏较大，雨水既是灾害又是资源。如果不能正确疏导，雨水顺山体流下后会形成较大的地表径流，对附近地势较低处的建成区产生威胁。与城市相同的是，开发建设往往意味着铺装、道路、建筑等不透水面积增多，导致场地的自然蓄水能力下降以及地表径流的迅速变化，通常表现为地表径流速率和径流量增加，从而使排水系统负担变重。同时因开发带来的问题还有雨洪径流水质的下降及污染物的沉积等，这就需要通过雨洪管理系统来加以控制和引导。

11.5.2 雨洪管理的策略

关于雨洪管理问题的最新思想是将径流量、径流速度及水质问题纳入统筹考虑加以解决，从而实现雨洪的就地处理，而非转移到场地之外。对滑雪旅游区而言，则需要通过设计降低对水文循环的影响，最大程度地维持场地开发之前的排水模式，实现对雨洪系统的影响最小化。在此基础上，通过合理利用滞留、储存、下渗等雨洪管理技术，减少排水管线和构筑物的使用，进而降低开发建设中排水系统的造价。

1. 控制场地铺装面积

滑雪旅游区的开发建设，离不开各类场地、道路、建筑和构筑物等不透水表面的增长。由于透水界面向不透水表面的转化，雨水入渗受到很大限制。这导致雨洪径流速度、流量、速度的增长和集流时间（汇流时间）的下降。有研究表明，当流域内不透水表面达到总面积的20%时，河流的水质就会出现恶化。而建筑的占地面积由于受分区规划、控制性详细规划等规划条件的制约，在特定区域内的面积基本固定，对整个区域硬化覆盖率的控制较弱，因此控制铺装地面特别是道路和停车场的面积，就成为减少不透水表面的主要途径。

有时道路会占到整个区域不透水面积的70%，因此道路宽度的精心设计十分重要。严格控制道路宽度可以为绿化隔离带提供更大的空间，也可以为雨洪的生物滞留区域提供空间。在场地尺度上，缩减步行道、车行道等的宽度，也是减少不透水表面的一个好方法。

控制停车场的雨水入渗通常有两种方式，一种是在规划设计过程中精确预测将来所需的停车场面积，并针对不同大小的车辆划分不同的停车面积，尽可能减少停车场地面积浪费；另一种是在停车场铺装上采用透水材料，促进雨水入渗，从而降低地表径流。

2. 采用透水铺装

通常铺装会造成不透水的硬质地面，产生更高的径流系数和径流量。透水铺装的目的是提高铺装渗透性的同时,保持硬质铺装的性能。

透水铺装的优点和缺点都有很多。优点包括入渗率高于自然场地(植物吸收水分较少);对雨洪径流量和径流系数都有控制效果;减少水土流失;通过维持土壤含水量保育现状植被;减少地面积水;促进径流污染物清除;减少排水系统建设进而降低造价等。

影响透水铺装效果的一个主要因素是施工方和工程师是否具备丰富的经验。透水铺装的堵塞是另一个潜在威胁,不恰当的建设和维护都能造成透水铺装的堵塞。透水铺装其他缺点还包括地下水污染的威胁;土壤饱和造成地基软化等。在寒冷地区,透水铺装上不得使用沙土和融雪剂融雪。

3. 建立蓄水池

蓄水池可长期储存雨水,实现雨洪管理、污染物清除、环境美化等多重功能。其附带价值还包括提升环境品质、营造休闲空间、创造生物栖息地等。蓄水池的布置和驳岸处理可以采用自然或人工等不同风格。通过蓄水池的进水、出水控制,从而调控雨洪径流高峰时的最大流量。通过种植具有净化功能的水生植物,形成净化滞留池,延长雨洪滞留时间,更有效地去除径流中的悬浮物,改善径流水质。蓄水池可能面临的问题有安全问题、水体异味、滋生蚊蝇等,维护和清淤也是应用蓄水池必须考虑的问题。

4. 建设人工湿地

人工湿地具有丰富的环境、生态功能,包括净化污染、改善水质、控制雨洪、补充地下水、提升生物多样性等。

人工湿地设计最重要的一个问题是水量平衡问题。水量平衡是指湿地入流量、储水量和出流量之间的平衡问题。通过在湿地上游建设沉淀池,对雨洪径流进行预处理,清理淤泥,可以有效控制进入湿地的雨洪流量并隔离泥沙,防止泥沙淤积,影响人工湿地水量。

人工湿地的种植设计也非常重要,既要符合湿地的各项功能要求,也要适应场地的水文、土壤和水位变化。

5. 采用绿色屋顶

绿色屋顶是在建筑顶部集合了防水、排水、屋面保护和植物种植的工程化设施。绿色屋顶的设计除了满足建筑屋面种植植物,对建筑结构进行保护外,同时实现对不同雨量降水的吸收,也能做到对雨水的滞留和延时排放。绿色屋顶还能起到净化雨水、缓解热岛效应、建筑节能的作用。

第 12 章 安全与防灾系统

12.1 安全系统

伴随国家体育总局等各部委联合出台的《冰雪运动发展规划（2016～2025年）》、《全国冰雪场地设施建设规划（2016～2022年）》等政策性文件的实施，我国冰雪旅游发展得到了空前的高涨，各地资本已陆续开始大规模投资滑雪旅游目的地，如密苑云顶、万达长白山等带动了各地由中小型滑雪场向大型滑雪旅游目的地的成长，极大地提升了滑雪场的设施和条件，提升了冰雪旅游的发展热情。然而滑雪旅游因不确定的天气条件以及该运动中内含的危险性和挑战性，都对安全系统提出了挑战。每年都会有一些滑雪事故、索道事故或雪崩等情况发生，造成游客伤亡，给滑雪旅游蒙上了阴影，增加了公众对滑雪旅游安全问题的担忧。滑雪安全是滑雪旅游者、经营管理者以及政府监管部门不可回避的重大现实问题。

目前一些国际滑雪旅游大国和知名目的地，如阿尔卑斯山脉沿线的法国、意大利、瑞士、德国、奥地利和斯洛维尼亚、美国科罗拉多州落基山脉、加拿大惠斯勒山地的滑雪度假区、亚洲东部的日、韩等国，都建有以滑雪者为中心，以滑雪区预警、安全培训、安全标识、救援系统为主要内容的多样化服务体系。如何识别事故原因，增强滑雪风险源头识别和风险预控与评估，从经营管理者、滑雪者、器材设备、自然环境等多方面分析风险原因，采取技术干预措施，减少滑雪风险，以获取最佳事前安全保障；并通过应急处理、安全救援、保险等干预措施来提高事后处理能力，提升滑雪旅游安全管理水平，引导现代滑雪旅游健康发展。

12.1.1 滑雪旅游风险种类识别与等级评估

滑雪旅游区的安全管理是指管理者在游客进行滑雪活动时，为了保障滑雪者、从业人员以及相关的利益主体而从法规上、组织上、管理上采取有效措施，对滑雪旅游区的安全工作进行系统的预防、监督、控制、协调等方面活动，减少滑雪安全事故的发生，降低滑雪者对滑雪不安全因素的担忧，使滑雪旅游区安全顺利地开展滑雪活动。其中的风险主要涉及相关人员、装备设施和自然环境之间的关联，包括人与环境关系安全、人与各类设施关系安全、装备服务技术操作安全、设施与环境安全等。由于滑雪旅游活动面积广阔、地形复杂、空间距离大，使得滑雪旅游风险多样，其风险识别和评估包括确定风险的来源、产生条件，通过对人的行为、物的状态和管理可靠信息资料进行系统分析，分清滑雪旅游的风险因素，确定所面临的风险及其性质，进而确定预防控制措施（表 12-1）。安全风险识别监控与评估应制度化、常态化地贯穿于滑雪旅游管理始终。

滑雪旅游风险评估与预防控制表　　　　　　　　表 12-1

风险来源	问题识别	预防控制
相关人员	人的失误、错误	全员风险教育培训、预警
气象条件	勘察、监测、预防不利	监测、记录、分析、巡逻、预警
场地条件	地质条件、雪道条件差	清理、标识、监控、巡逻、封闭
器材、设备	质量差、操作不当	正确使用、必要更新、保养、维护
管理、措施	管理不规范、错误操作	规范化管理与干预、安全操作、提前计划、及时通报、应急管理、救援计划、保险等

12.1.2　风险构成

1. 自然环境风险

自然环境风险包括直接危害和间接危害。直接危害主要指因雪崩、山崩、泥石流、火灾、恶劣气候等灾难造成的建筑、基础设施、森林、草场、人员损失等；间接危害是指因公路关闭或索道停运等引起旅游者人数的下降和游客滞留等更大损失。间接危害对于滑雪场来说比直接危害更严重，经统计，全球滑雪场平均因自然环境风险引发的间接损失是直接损失的 10 倍。由于全球气候变暖和极端气候事件的增多，雪崩和雪灾等灾害对滑雪者和滑雪经营形成重大风险威胁，同时滑雪场风力较大、大雪、大雾、能见度低等天气因素造成的伤害风险也日益突出。雪道建设带来的大规模开发和微生态环境变化也带来了一些破坏生态平衡、生物种群变化等现象。

以欧洲阿尔卑斯山为例，因为自然灾害的增多也影响了其旅游业发展。1999 年，瑞士、奥地利因冬季雪崩引发滑雪伤亡事件，随后每年全球都有雪崩事故出现。2012 年我国国内也出现了因雪崩造成的滑雪伤亡事故，因恶劣气候条件引发的滑雪安全事故逐渐增多。

2. 场地、器材、设备风险

（1）雪道

我国一些中小滑雪场也因为存在前期规划不科学、施工过程随意变动等因素，加上国内对于滑雪场建设的规范约束和考核指标体系尚不健全，导致滑雪场建设过程中浪费土地资源，开发缺乏统筹性和安全性，雪道建设不合理等问题频发，给滑雪者留下安全隐患。还有一些滑雪场因为雪道面积、雪层厚度不足，雪道上有树枝、石头等杂物、雪未压实、雪面结冰、雪道铺雪不平整有断裂、光度不均等因素，从而造成安全事故和伤害。我国多数滑雪场采用天然雪与人工造雪相结合的形式，以弥补雪期降雪不足、延长雪季。然而，天然雪和人工雪雪质状态、颗粒度、硬度、含水率、挥发度和溶解系数差别很大，不同雪质混合在一起，雪况千差万别，雪场人工护理方面各环节如果不配套，则容易出现压雪不实、局部结冰、边缘融化和铺雪太薄等现象，给滑雪安全埋下隐患。

（2）索道

滑雪场的大型设备主要是运载设备，如索道、魔毯、雪地摩托等。索道的安全运行对于滑雪场的日常经营管理至关重要。因索道、魔毯等设施设备非正常运行产生的索道突停、吊椅脱落、吊椅掉人、快慢不均，上下缆车不方便，被吊椅刮倒造成摔伤、冻伤等问题时有发生。2000年发生在奥地利卡普伦滑雪场的一次索道事故中共有155人丧生，是整个阿尔卑斯山地区滑雪历史上最大的悲剧。

（3）雪具

部分滑雪场使用国外的"二手货"，特别是二手滑雪板。在国外淘汰后又在国内被廉价购买出租使用。这些二手滑雪板往往老化、残破，固定器功能失灵，很容易造成安全事故。同时，我国滑雪场在出租雪具时，只对雪具长度和雪鞋大小做选择，对固定器的安全数值没有微调。固定器的安全值域设定与滑雪者的身高、体重、年龄、性别、滑雪技术水平、雪质特点和雪道状况密切相关。既不能太紧，受到冲力后无法自动脱落；也不能太松，在滑行中无法跟脚。确定固定器的安全值域要因人而异，在国外一些成熟的滑雪场，都采用电脑测定，综合评估滑雪场的雪道状况和每个滑雪者的生理因素，对不同的滑雪者提供量身定做的滑雪用具，从而达到安全系数最大化。

（4）安全设施

一些雪场因为缺乏对雪道的长度、宽度、坡度、落差等技术指标标识，导致滑雪者迷失走丢。也有安全网设置不合理、缺乏必要的警示、指示标识和缓冲空间不足等因素造成各种滑雪冲撞等安全事故。国内每年都会发生数十起由于雪道设置上缺少防护网或防护网残缺，缺少障碍物防护垫、提示牌、警示色等必要的保护、警示措施，造成滑雪者冲出雪道冲撞到树木、造雪机或者其他障碍物的事故，以及压雪机压雪时间与停放位置不当造成冲撞伤害。

3. 滑雪旅游者自身风险

一般滑雪场经营项目主要是滑雪和戏雪。滑雪又分为双板和单板滑雪等；戏雪主要是为不会滑雪的游客开辟的以娱乐游戏为主的雪地项目，如雪圈、雪橇、雪地摩托等；部分滑雪场为吸引更多儿童滑雪，设立儿童雪地专区。在戏雪活动中，游戏者相互玩耍撞击，常常引发严重伤害，这样的事例屡见不鲜，成为滑雪场经营的安全盲区。

滑雪过程中，由于初级滑雪者缺乏基本滑雪运动技能，对滑雪技术一知半解，安全意识淡薄，对滑雪器材、雪道状况、滑雪伤害风险和自身状况认识不足，滑雪时求快、求乐的游戏心理，导致初级水平者很容易产生冒险行为，从而造成冲撞或其他安全事故。另外，酒后滑雪、带病滑雪等极易出事故，如高血压、心脏病等慢性病人在滑雪中最易发生危险。过度疲劳也是高级滑雪者造成伤害的原因之一。

4. 管理、服务人员操作风险

管理、服务人员的操作风险主要体现在：未严控滑雪场内滑雪人数，造成人满为患，超过安全承载力，增加滑雪者之间相互冲撞继而受伤的危险；未及时整理雪道，造成雪道不平、雪层厚度不够、压雪不实、局部结冰等危险隐患；同时，因为巡逻不足、器材维护不足、设备操作失误、安全措施不到位等因素也是管理服务人员应特别注意的。

5. 小结

我们可将滑雪风险依据类别不同进行排序，首先是人的因素，其次是场地、器材和设备因素，最后是自然环境因素。

人的因素主要包括滑雪旅游者和管理服务人员两方面。滑雪旅游者的因素主要体现为心理风险中的冒险意识、不遵守滑雪规则及技术不规范、缺乏经验、技术不熟练以及体能、体质、伤病等风险。管理服务人员的因素主要体现为安全服务、指导、提示、救援不到位、分流不当造成冲撞等风险。

场地因素表现为雪道有异物、不平整、雪质差、结冰、场地设计问题、防护设施不健全、警示标识不当等风险。器材因素是生命与健康的保障，包括器材过度陈旧、性能差、保养差或不适合滑雪者自身情况等风险。设备因素为索道、魔毯、压雪机等设备故障及从业人员操作不当。

自然环境中充满着许多未知的不可控因素，复杂地形、恶劣气候、大风、雪崩等都是滑雪安全风险的主要来源。

12.1.3 安全防控措施

风险防控要从人做起，以技术、设备为辅，通过分析，随时调整和控制滑雪安全要素。通过风险管理的安全培训、安全预警、安全监控、安全标识、应急管理、安全救援、保险理赔等预防干预措施来减少风险，使滑雪者在安全和谐的雪场环境中体验滑雪运动的魅力。

1. 运营管理风险控制

运营管理风险控制源于政府相关管理部门与滑雪场管理两个层面。政府部门通过出台相关管理政策和法规约束管理者采用各种类型的风险控制措施。例如欧盟国家通过制定特别立法如《包价旅游指令》来保障滑雪旅游者个体权益和安全，并建有面向滑雪者、从业人员、居民的全员安全教育、培训、安全指导和气象、地质、容量、交通、环境、治安等预警预报系统完善的安全管理和教育系统。我国通过《中国滑雪场所管理规范》《国民旅游休闲纲要（2013～2020年）》以及《冰雪运动发展规划（2016～2025年）》和《全国冰雪场地设施建设规划（2016～2022年）》，规定加强休闲旅游便捷安全化设施、旅游咨询设施建设，完善安全、卫生保障系统，加强突发事件应急处置能力建设，健全旅游安全救援体系。加强对冰雪场地设施的安全监管制度。引导保险公司根据冰雪运动特点开发冰雪场地责任保险等产品，鼓励具备条件的单位和个人购买运动伤害类保险。

滑雪场管理层则需提供全方位优质服务确保滑雪者安全。建立健全对滑雪者的安全提示及标识，设置场地向导图，安排安全巡察员，配备急救医疗设备和应急救援方案，设立禁止进入区域、危险物的警示、特殊情况的应急通告，维护各类标识物的正常使用，维持滑雪秩序，遇恶劣气象危害及时发出警示等。雪道部分安装视频监控设施，以便第一时间发现受伤的滑雪者，以最快的速度开展救助工作。尤其要做好安全教育服务，拟定各类防风险安全措施。北美滑雪场在这方面有较多经验，通常在设计上由山区规划专家测算和实时监控游客流量，设计索道的最佳地点，遇高峰日时开设新的滑雪道进行人员分流，同时进行游客数量等信息预警通报及现场指引，提醒注意雪道等级、滑雪安全及分流。建立完善的滑雪指导服务、设备操作安全流程和安全档案制度，为索道操作员和滑雪巡逻员提供适当的在职训练，不断执行严格规定的安全计划，密切追踪不良的降雪状况、坠冰及雪崩的可能性，巡逻检查一旦发现风险，就需加强安全防护检查管理，及时关闭危险地带。每天滑雪结束时由安全巡察人员进行"收尾"视察，开放之前，特别是降雪、刮风之后，应有专业人员沿雪道视察，及时发现和清除隐患。

2. 滑雪者自身风险控制

滑雪者要为自己的行为负责，滑雪前要进行相关知识与信息的储备，了解目的地的历史、地理、气候、雪道难度等级和分布情况、近期容量信息、急救知识、野外与现场求助的机构电话及服务范围。

滑雪者应明确滑雪有危险，在滑雪时安全意识和能力是关键，做好心理、物质及体力上的准备，滑雪者应摒弃侥幸心理，主动躲避危险，选择综合条件好的滑雪场所滑雪。根据自己的体能健康状况、技术水平能力及地形、雪情、天气情况等，控制速度和选择适宜的雪道、滑行路线和滑行方式。不要冒险越级滑雪，观察即将滑行方向的情况，注意教练或其他引导人员、安全标识提示；遵守滑雪"优先"规则，牢记禁止事项，避免失控造成与他人或物体相撞，把安全意识装在大脑中是最好的风险防范，强化旅游保险意识。

滑雪者应在滑雪教练或工作人员帮助下选择适合自身情况的器材，进行必要的滑雪培训，掌握行走、减速、转弯、摔倒等要领后结伴进行滑雪，提高自身滑雪技能水平和应急反应能力。遵守滑雪场安全规范、禁止事项，熟悉告示牌、提示板、标识含义、禁止事项等。滑雪者要知晓自身的"伤害保险"，发现他人受伤时，应进行救护和帮助，并尽快通知雪场工作人员。滑雪者如成为伤害事故当事人时，应将自己的姓名、住址及联络方式等告知雪场工作人员或相撞的对方，并出示身份证再离开现场，为了救助不得不立即离开现场时，应在事后马上补办。

3. 场地及器材设施风险控制

滑雪场的正常运营需要对雪道进行有规律的杂物清扫和平整压实，在滑雪场入口和其他醒目的地方，设置滑雪场整体导向图，并配有全国统一的滑雪场所标识；还应该在重要的交通节点，如索道上、下站，摆渡车停靠点等位置设置导向图以及各种交通标识等设施。滑雪场应采用明显的雪道难度等级标识和危险警示标识等提示游客注意安全，并且定期开展器材设备如雪具、索道、魔毯、压雪机、造雪机、雪地摩托、大型机械操作的维护、保养和更新。有危险的地方须用安全网围住或用弹性软体物裹围。在器材选择上可依据电脑测定的滑雪者综合评估来选择个性化、规范化的器材，建立滑雪场独立的滑雪器材匹配系统，同时强化设备的日常检测、保养、维护和科学规范操作等措施，以减少伤害。

4. 自然环境风险控制

滑雪活动能否顺利进行受自然条件制约因素很大，天气和地质情况是两个不可控的外在因素。国际上通常采用滑雪地气象、自然灾害、地质灾害的记录、检查和旅游预警系统及同行间的信息通报和互助，加强易发区域的监控巡逻，采取爆破引爆大片雪区，从而预防雪崩隐患等措施，同时旅游者应注意滑雪预警信息提示。

根据我国的灾害天气报警系统，预警信号分为四级，其报警内容分别是：台风、暴雨、暴雪、大风、寒潮、雷电、高温、冰雹、大雾、霾、道路结冰、霜冻、沙尘暴。由于户外滑雪在冬季，所需的灾害天气预报也稍有选择。与滑雪相关的常见地质灾害主要包括滑坡、雪崩、地震等。滑雪场所通常依附山脉或坡地，若遇到大雪、大风天气，则很容易发生雪崩、滑坡等自然灾害。因此，滑雪旅游区需与当地的气象局、交通局等有关部门紧密联系，实时准确地获取周边交通情况、天气预报及各种自然灾害信息，做出准确预测并及时发布信息，提示滑雪者禁止进入易发生雪崩、滑坡的危险地区。

5. 安全救援

滑雪旅游本身的综合性、复杂性和挑战性就决定了即便是旅游安全体系设计得很全面也不能完全保证滑雪旅游绝对安全，滑雪旅游救援是为在滑雪活动中发生旅游安全事故的相关当事人（包括滑雪者、管理服务人员等）所提供的搜救、紧急救护和援助。

滑雪活动中，尤其是高山滑雪，山体面积大、山势条件复杂，安全救援涉及面广、专业性强，分工、协作的救援工作体系包括救援组织、安全风险信息警示、安全行为决策、现场救援、救援调度、雇佣医疗、交通等商业服务代理机构以及相关的政策法规和救援保险等。滑雪旅游安全援救的准备是能够及时应对频发且类型多样的安全事故，起到保障滑雪安全的作用。紧急救援比事前预警与控制、事后补偿的旅游保险具有更多的人道主义和人文关怀，需依照统一指挥、分级负责执行的原则。在预防为主的前提下，分国家、省、市、县和滑雪场等层级，分别制定相应的旅游安全应急救援预案，救援中心接到信息后进行风险评估后及时做出救援方案，并派出现场人员开展救援与救护工作。

滑雪旅游区同样需要自组织安全救援指挥中心，这是保障游客安全救援系统能够顺利实施的重要环节。指挥中心要在事故发生的第一时间迅速做出反应和判断，组织各部门及时进入救援状态，避免混乱。指挥中心应定期举行救援演练，提高员工面对突发事件时的反应能力、应对能力以及救人与自救能力，使救援效率达到最高。同时，指挥中心要与政府公共救援部门和外界各个相关部门相互沟通合作，必要时需要政府公共救援组织的帮助（图12-1）。

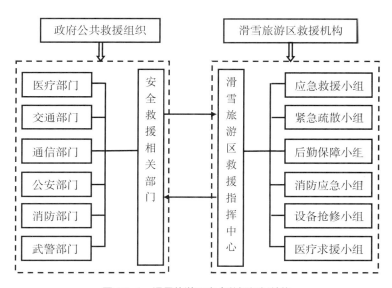

图 12-1　滑雪旅游区安全救援组织结构
资料来源：郭宁. 冰雪旅游景区游客安全管理体系构建研究［D］. 华侨大学，20_3.6：61

6. 滑雪保险

保险分担了滑雪场的压力，滑雪保险促进了滑雪运动的健康、可持续发展。国际上有各种多样化、人性化、合理科学化的滑雪保险产品来保障滑雪者安全。我国在滑雪保险方面也逐步推进，2016年国家体育总局出台的《全国冰雪场地设施建设规划（2016—2022年）》中明确规定，引导保险公司根据冰雪运动特点开发冰雪场地责任保险、滑雪人身意外伤害保险、冰雪场地设施财产保险等产品，鼓励具备条件的单位和个人购买运动伤害类保险。一旦滑雪事故发生，滑雪场将通知保险公司并协助认定事故，滑雪者将在事故发生后获得保险公司的补偿。滑雪者和经营者应增强滑雪保险认知和体验，解除后顾之忧。

12.2 防灾系统

旅游灾害是指对旅游业造成直接影响的各种灾害。旅游灾害近年来屡有发生，如1994年青岛崂山龙潭瀑突出洪水造成15名游客死亡、2人失踪；2003年四川省丹巴县"7·11"特大泥石流共造成51人死亡或失踪；2007年云南省梅里雪山景区发生雪崩，最终导致1名游客死亡，7名游客受伤。

对于滑雪旅游区而言，常规的旅游灾害主要有雪崩、火灾、洪灾（包括山体滑坡和泥石流）等。无论是自然原因还是人为原因，旅游灾害的发生不仅会造成生命和财产的损失，还可能对自然生态环境造成严重影响。因此对于滑雪旅游区规划设计中的防灾问题，要给予足够的重视。

12.2.1 雪崩

从近几年冰雪旅游安全事件报道中可以看出，由于自然灾害导致的冰雪旅游安全事故发生频率较高，死亡人数所占比例较大。其中10起由于雪崩导致的安全事件当中，国外7起，国内3起。可以说，雪崩是冰雪旅游业的一个重大威胁。

对于一些高山冰川处的滑雪旅游地，因海拔高，常年气温低，积雪留存，在适宜全年滑雪的同时，也面临雪崩等自然风险。雪崩通常发生在降雪期或降雪后温度升高时。降雪后的几周内，雪层结构不稳定，会因自然因素或人为滑雪行为引发雪崩。一旦发生雪崩，滑雪者将面临巨大危险。雪崩的形成条件和过程非常复杂，影响因子包括地形条件、气候条件、积雪特性和外部因素。地形条件是雪崩形成的唯一不变的恒量因子，研究表明，绝大部分雪崩发生在坡度30°～50°，海拔2000m以上的范围内。其中，坡度在39°左右时，雪崩频数比例几乎占全部雪崩数的40%以上。同时，积雪区域的植被状况、地表粗糙程度等下垫面状况也对雪崩的形成有复杂的影响。

气候条件与雪崩关系紧密，一次暴风雪后新雪积累深度在1m时被认为是极端雪崩发生的临界点，30~50cm是一般天然雪崩释放的临界点。积雪的特性也是雪崩形成的重要条件。另外，火山喷发、地震、旅游活动、滚石等外部条件往往也可以打破松雪层张力和引力之间的平衡,继而激发雪崩事件发生。例如,在欧洲和北美地区大部分雪崩事件中,几乎85%的致命性雪崩事件均由人类触发。

应对雪崩的措施一般包括以下几个方面:

(1)开展风险评估与区划

对雪崩易发区域进行风险评估与区划是应对和适应雪崩灾害风险增加的必然需求,其区划也被看作是雪崩防护和规避其灾害最谨慎的方式。通常根据雪山地区多年的雪崩状况进行分析,绘制雪崩路径和分区图纸是非常必要的。如在阿尔卑斯山区编制山区土地空间利用规划,便优先考虑了该区的雪崩灾害风险评估与区划结果(表12-2)。

瑞士和加拿大雪崩灾害分区标准 表12-2

分区颜色	瑞士标准	加拿大标准
红色	$I>30kN/m^2$;$T<300a$	$I \geq 30kPa$;$T<30a$;或$I \times 1/T>0.1$,$T=30-300a$
蓝色	$I<30kN/m^2$;$T=30-300a$	$I \geq 1kPa$;或$I \times T>0.1kPa$,$T=30-300a$
黄色	$I<3kN/m^2$;$T>30a$	无直接的等值标准
白色	无限制	$I<1kPa$,$T>30a$;或$T>300a$

注:I为雪崩冲击力,T为复发周期;$1kPa=1000N/m^2$。

(2)开展日常监督,适时释放雪崩

雪场运营期间,应对其开展日常监管,同时对于可能发生雪崩的危险区域,也可采用适时释放雪崩(通过直升机投掷炸弹等方式)并关闭一些不稳定雪层下的雪道,保证雪道的雪层稳定,一般来说并不推荐采用永久性施工措施来避免雪崩,除非为了保障部分设施(如索道站)的安全。

(3)完善防控雪崩的设备,并开展相关培训

完善气象预警等管理措施,稳雪栏、稳雪墙、挡雪坝等雪崩防治工程措施的操作方法需要对工作人员开展培训与考核,同时采取植被恢复等生物措施也是预防雪崩灾害的有效途径。

(4)提供安全指示

对于可能发生雪崩的区域,要做好安全指示工作,防止不明情况的滑雪者进入,发生危险。

(5)明确营救方案

提前做好雪崩发生后的营救方案,责任落实到人,明确行动计划,预备可能使用的设备与设施,对外联络的紧急救护车辆与对应医院等都需要作为日常安全工作的一部分。

12.2.2 火灾

由于气候和地理位置的原因，大多数滑雪旅游区都位于温带、寒温带，且都是有大片森林覆盖的区域，而几乎所有温带和寒温带地区的森林都容易发生火灾。全世界每年平均发生森林火灾 20 多万次，烧毁森林面积约占全世界森林总面积的 1‰ 以上。中国每年平均发生森林火灾约 1 万多次，烧毁森林几十万至上百万公顷，约占全国森林面积的 5‰~8‰。发生火灾的原因可以分为自然火源和人为火源。自然火源有雷击火、火山爆发和陨石降落起火等，其中最多的是雷击火；而人为火源则包括烧荒、机车喷漏火等生产原因或野外做饭、取暖、吸烟等非生产性原因。

在滑雪旅游区，由于在火灾易发季节冬季有大量游客涌入，很大程度上加大了火灾的发生概率，因而加强滑雪旅游区防火是保护旅游者生命安全和生态旅游资源不容忽视的一个重要环节。防火问题主要从山林雪道区和旅游服务区两个区域来考虑。

对于山林雪道区，主要考虑的核心问题是森林防火问题。主要策略是加强与有关部门的沟通与合作，开展防火知识、防火器材使用等方面的培训；严格控制野外用火，尽量杜绝人为原因火灾；配合有关部门，建设防火道、防火沟等阻隔网络。

对于旅游服务区，主要考虑降低山火对服务区的威胁，保护游客的人身财产安全，核心是解决建筑防火问题。要形成建筑周边的防火隔离区，在建筑物周边种植低矮、不易燃植物以形成对火势的隔离，并为消防车和灭火设备预留通道和场地。景观家具或其他小品、构筑物应采用不可燃材料，如金属、砖石等。

12.2.3 洪灾

山洪灾害是指因山洪暴发而给人们带来的危害，包括洪水泛滥、泥石流、山体滑坡等造成的人员伤亡、财产损失、基础设施毁坏及环境资源破坏等。洪灾的形成原因有以下几个方面：地形地貌因素、地质因素、降雨因素和人类活动因素等。例如，泥石流一般发生在高度差大于 80m、坡度大于 30°、表层松散、岩屑土层厚度大于 0.5m 的山坡上。

滑雪旅游区在非滑雪季同样需要开展一定的生态旅游活动，对温带和寒温带地区的高山滑雪旅游区而言，春季冰雪消融和夏季降雨集中的时间段，都是洪水、山体滑坡和泥石流易发的季节。

防洪问题常与水土流失、人工造雪和旅游区管理等问题交织在一起。在规划设计和开发建设阶段，要注意统筹考虑植被保护、水土保持工程、场地布局以及雪道生态修复等问题。而在管理运营阶段，则要注意将天气预报预警、警示标志设置、应急方案制定等与滑雪旅游区的日常管理结合起来。

第3篇
管理运营篇

第13章 滑雪产业发展引导

13.1 滑雪产业与滑雪经济

13.1.1 滑雪产业

滑雪产业是指为滑雪者提供滑雪运动中所需的各种有形产品和无形服务的诸多行业及其相互连接所形成的完整经济链条。纵观世界滑雪产业的发展情况，其内容主要以滑雪基地为依托，融合发展冰雪运动、冰雪观光、冰雪娱乐、体育赛事、健康养生、文化、会展等关联产业，配套发展酒店、餐饮、特色商业等旅游服务业，并以此来拉动与之相关的市场发展。

滑雪产业的上游是滑雪用品、滑雪器材、滑雪机械装备（造雪机、压雪机等）、索道等设计和加工制造。滑雪产业的本体产业为滑雪竞技比赛、滑雪运动、滑雪表演、滑雪培训、滑雪场等，其中滑雪场/滑雪旅游区是产业的核心。下游则是由交通运输、房地产、酒店、餐饮、传媒、医疗、保险等保证主体产业服务质量而开展的吃、住、行、游、购、娱等相关产业（图13-1）。

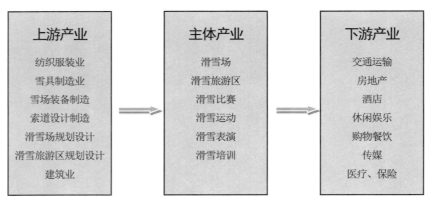

图13-1 滑雪产业链构成

1. 欧洲滑雪产业

欧洲滑雪产业起步早、专业性强，已形成完整的产业体系，在全球滑雪市场的占有率达到56%，占据着世界冰雪旅游的霸主地位。以阿尔卑斯山区域为代表的欧洲滑雪产业文化深厚，赛事节庆活动丰富，每年冬季都有上百场滑雪比赛举行，并且举办过12届冬奥会，赛事承办经验丰富。滑雪产业已成为相关国家的支柱产业，并形成了涵盖滑雪旅游度假区、冬季体育设施生产与销售、滑雪教育培训等完整的大冰雪产业体系。

在发展模式方面，欧洲滑雪产业以专业化著称，主要由各产业环节对应企业建立企业联盟，实行"统一协调、分开经营、独立核算"的经营管理模式，即滑雪旅游区内的索道公司、滑雪学校、区内公共汽车/摆渡车以及其他服务相互独立，滑雪场经营者、索道经营者、器材经营者、酒店经营者分开经营、独立核算。

2. 北美滑雪产业

北美滑雪旅游目的地分布相对集中，主要滑雪场/滑雪旅游区集中分布在美加交界地带和阿拉斯加、落基山脉，并形成了冰雪产业集聚区。北美的滑雪基地多以综合性滑雪旅游度假区形式存在，并围绕度假区形成大量的房地产业。

在发展模式方面，北美的综合性滑雪旅游度假区通常以滑雪为主导，提供滑雪、住宿、餐饮、房地产等多元化度假服务，并大多采取统一运营模式。滑雪旅游区常以明星滑雪场为主导，整合并购周围其他滑雪场，重组打包上市。以著名的美国范尔（Vail）和加拿大惠斯勒（Whistler）为例，两家滑雪场通过并购、重组，再打包上市，形成了包括索道、滑雪场、住宿、餐饮、购物、娱乐、房地产等相互依托、共同发展的多元化产业格局。

3. 东亚滑雪产业

亚洲的冰雪产业以日、韩为代表，凭借良好的自然与社会经济条件，日本在20世纪50年代开始大力开发滑雪场，到70年代末，其滑雪场建设达到顶峰。据统计，数量最多时接近900家，滑雪人数达1800万，占全国人数的15%之多。到了20世纪90年代初，日本经济经历严重的萧条期，房地产受到很大冲击，很多滑雪场融资困难，滑雪人次也显著减少。如今，日本滑雪产业正积极转型发展成为大型综合度假区，滑雪只是众多活动中的一项。

韩国的冰雪产业起步比日本稍晚，1975年韩国第一家滑雪场正式开业后，滑雪产业快速发展，1998年的经济危机减缓了滑雪产业发展，2002年开始复苏，2010年又停滞。停滞的原因更多还是与当时国内乃至整个亚洲的经济状况和低迷的市场有关。近年来，韩国滑雪场也积极向其他休闲活动转变，希望通过2018年平昌冬奥会带动滑雪产业进一步发展。

在发展模式方面，日、韩冰雪产业将滑雪作为旅游项目的一部分，纳入区域整体旅游线路当中，通过多元化发展，突出联动效应。在操作上，日、韩通过规划旅游线路，将冰雪旅游与自然景观观光、名胜古迹观光、参与地方民俗风情活动以及温泉洗浴、蒸汽浴、美容、按摩、美食、购物等本土旅游资源相结合，充分发挥各类旅游产品的联动作用，打造高水准的度假旅游目的地。

4. 小结

从气候和地形条件来说，滑雪产业的集聚受客观环境的影响，有一定的区域性。同时，滑雪产业链各环节的专业性、技术性要求较高，其发展需要一定的积累和投入。总体而言，相比其他运动产业，冬季冰雪项目的门槛相对较高，更高的参与成本、更长的闲暇时间、更专业的器材要求、更复杂的生产工艺、更高的综合统筹和管理要求，是滑雪相关上下游产业的共同特点。

纵观国际滑雪产业发展情况，可以看出目前全球滑雪产业表现为专业化与多元化并存的发展格局，并逐步呈现相互融合的发展趋势。在发展区域上，欧洲传统滑雪强国仍然代表最高水平，但以日、韩为代表的新兴滑雪旅游目的地正在崛起。从发展规律来看，都是以滑雪运动为主题，通过专业化赛事和节庆活动聚集人气，同时依托自身资源，发展多元化、特色化和高品质的旅游服务内容，营造冰雪度假氛围，提高游客消费水平，从而将所在区域发展成为全球化的冰雪度假热点区域。其中，欧洲阿尔卑斯山区域的滑雪产业，已经成为世界的滑雪参照系。

13.1.2 滑雪经济

滑雪经济是以滑雪产业链为主体所构成的一个开放体系。滑雪产业通过交通、通信、旅游、文化等基础部门的交互经济活动而构成滑雪经济圈，从而使滑雪经济成为当代国民经济的一个有机组成部分。

据统计，全世界现有滑雪场约6000余家，滑雪人口达4亿，年收入约700亿美元，主要集中在欧美及亚洲的日本、韩国等发达国家。欧洲的滑雪产业占据世界2/3的份额，已经成为雪资源富集国家的重点发展产业。

以瑞士和奥地利为例，虽然瑞士与奥地利的总人口仅有1500万，但每年接待的滑雪者就多达1亿人次。奥地利的因斯布鲁克小镇曾经举办过两届冬季奥林匹克运动会，虽说仅有12万人口，但每年接待的旅游人数达150万人次。瑞士是名副其实的冰雪王国，也是世界的冰雪运动中心，国土面积的3/4为阿尔卑斯山地，全国一半以上在海拔1200m以上，滑雪期达到10个月以上，滑雪场遍布全国。

亚洲的日、韩两国的滑雪场开发程度较高。随着经济的持续增长，日本从20世纪50年代开始大力开发滑雪场，由于日本国土比较狭长，其滑雪场分布区域较广。1972年札幌冬奥会的举办进一步推动日本滑雪场的建设与国民参与滑雪运动的热情，到20世纪70年代末日本的滑雪场建设达到顶峰。日本目前有滑雪场接近350个，全日本滑雪人数已达2000万，约占全国人口的14.5%。韩国的滑雪产业起步比日本稍晚，随着基础设施的完善，滑雪逐渐成为韩国冬季旅游的热点，韩国滑雪人数已经占国民总数10%左右，2018年冬奥会即将在韩国平昌举办，也象征着韩国跻身滑雪产业大国之列。

据美国自然资源保护协会（The Natural Resources Defense Council，NRDC）的调查估计，2012年美国的滑雪经济总产值达到122亿美元，为各个州提供了总共22万个工作岗位，同时为劳动者带来了70亿美元的收入。据统计，在2009年，世界滑雪产业总产值已达750亿美元。

中国的滑雪产业也在蓬勃发展，我国已有29个省份开展了冰雪运动，滑雪场总数达到500家，滑雪人次突破1000万。以2022年冬奥会举办地张家口崇礼区为例，2015年，崇礼区共接待游客277万人次，实现旅游综合收入19.6亿元，同比分别增长37.5%和39%，入境游客已突破14万人次，"冰雪经济"已成为当地经济发展的新增长点。北京滑雪产业的目标是到2022年产业收入达到400亿元，实现增加值80亿元左右，此外，北京将不断提升冰雪消费人口数量，实现每年以大于10%的速度增长。

13.2 我国滑雪旅游产业发展现状

13.2.1 现状特征

滑雪场的建设选址，必须满足三个基本条件：第一，有足够的雪资源；第二，必须有使雪资源持续存在的气象条件；第三必须有适宜滑雪的地理地貌。在这三条基本条件制约下，目前我国已经形成以东北地区为首，包括东北、华北、西部地区等在内的全国冰雪旅游发展态势，总体上呈现出以下特征：

（1）东北地区的冰雪旅游开发在规模和影响程度上"独占鳌头"，属于典型的资源导向型旅游目的地，能够克服空间距离障碍，对远距离的国内外市场产生巨大吸引力，并将继续引领我国冰雪旅游的发展趋势。

（2）以北京郊县及相邻的河北北部为代表的华北地区属于市场导向型冰雪旅游目的地，着眼于特定的客源市场进行旅游开发，有着良好的交通区位优势和先进的人工开发技术。2022年北京—张家口冬奥会的举办必将带领该地区滑雪产业更好地发展。

（3）我国西部的内蒙古、新疆、四川等地冰雪资源条件很好，但在市场影响力方面远不及东北地区，旅游便利程度则弱于华北地区，旅游开发规模和客流较小，但是其巨大的发展潜力已经崭露头角。

（4）我国东南沿海的一些经济发达城市，如上海、深圳等，正逐步兴起室内冰雪运动。室内滑雪场的兴建打破了气候和地域的分布限制，已经成为都市休闲运动的重要组成部分。

13.2.2 经验与不足

1. 东北地区

我国东北地区的冰雪旅游发展是一种典型的资源导向型开发模式。在长期的发展过程中，总结形成的具体经验为积极创新，形成竞争优势。具体包括在产品结构与组合、线路开发、市场营销等方面不断推出新鲜的主题和产品；利用资源优势承办国际性的冰雪赛事，提高国际影响力，同时提高民众参与的热情；通过市场与政府两股力量的共同作用，实现滑雪场建设的优胜劣汰与集团化经营，树立良好的旅游形象，开展对外营销，逐步扩大规模，将冰雪旅游产业做大做强。

但同时，在长期发展过程中也产生了一些问题，主要包括：各地纷纷开发冰雪旅游活动，整体发展水平良莠不齐；缺乏系统的规划设计，大多数滑雪场规模小、档次低，造成对环境资源极大的破坏与浪费，经营管理水平也亟待提高。

2. 华北地区

以北京为核心的华北地区的主要经验包括：首先，始终以所确定的目标市场为核心，不断改善基础设施和旅游服务，通过开发的可行性研究明确未来可持续发展的基础性条件，并且找准自己的优势和特点；其次，明确而精准的市场定位能够带来良好的收益，目标市场的细分落实到整体市场的不同类别和同类市场的不同阶层，如此才能开展有效的市场营销。

这种市场导向型的冰雪旅游发展模式，在休闲度假旅游和假日旅游不断升温的环境下将拥有巨大的发展空间，只要能够随时把握市场变化，开发相应的旅游产品，便可以得到长久的发展。反之，盲目性的开发会加剧景区的同质化，经济利益唯上也会导致恶性竞争频现。目前，由于资源环境的承载力、水资源不足等问题导致的供求矛盾，是影响北京周边地区冰雪旅游长期可持续发展的重要问题。

3. 西部地区

我国西部的众多地区从发展阶段上属于旅游发展的后发地区，冰雪旅游的进一步开发提升了旅游地的生命周期与活力，从而能够克服气候性条件的制约，实现一年四季开门迎客，随着西部旅游业的深入发展，西部冰雪旅游发展潜力巨大。西部模式的主要经验是：首先，由于冰雪旅游开发所所对的目标市场较为特殊，资源环境亦不同于东北和华北地区，因此，在市场定位和开拓方面要采取不同的策略，更强调自身优势的发挥，体现地方特点。其次，西部地区的冰雪资源无论从地域上还是文化上都能带给游客巨大的反差与感受，形成强烈的旅游感知，因而市场拓展空间巨大，创新性的营销策略和市场冲击策略非常重要。再次，冰雪旅游开发要本着既不盲目上马也不错失良机的原则，对于冬季旅游市场可能实现的规模大小做出准确的评估，充分利用夏季客源进行冬季宣传，充分利用与主要客源市场的差异进行市场营销。

西部旅游业正在探索中不断前进，在学习中总结经验，因此，开发新兴的冰雪旅游活动更是需要量体裁衣，科学而谨慎。若对其今后的发展势头把握不足，一味套用其他发展模式，则可能导致开发规模无法满足市场需求。若预测过于乐观、夸大事实，则可能导致计划超前、盲目投资。

4. 东南沿海地区

东南沿海区域，受整体社会、经济发展水平较高影响，人民的闲暇需求发展较高，因而克服气候因素的不利影响，不少大、中城市陆续发展建设室内冰雪运动场地，满足了当地人民群众冰雪运动的需求，同时为北方室外滑雪运动场地储备了潜在客源。目前东南沿海的室内冰雪运动正处于蓬勃发展过程中，需求旺盛，常常以运动、休闲综合体的方式与其他室内运动场馆联合建设，需要在不断发展中总结经验，探索前进。

13.3 产业布局与引导

13.3.1 产业集群

根据前文所述，滑雪产业是指为滑雪者提供滑雪运动中所需的各种有形产品和无形服务的诸多行业。包括上游的滑雪用品、滑雪器材、滑雪机械装备（造雪机、压雪机等）、索道等设计和加工制造。滑雪场/滑雪旅游区是滑雪产业的本体核心。下游则包括交通运输、房地产、宾馆、餐饮、传媒、医疗、保险等相关产业。与其他产业类似，"集群化"发展也成为滑雪产业发展的重要趋势。滑雪产业的集群通常围绕滑雪场/滑雪旅游区为核心，在一定范围内形成由大量提供滑雪服务或产品的企业及与之相配套的城市公共服务功能所构成的紧密联系的生产、生活服务网络。根据运营方式的不同，可分为政府主导型和市场主导型滑雪产业集群。这一点在欧美各大滑雪旅游区的经营管理方式中均有所体现。

13.3.2 案例研究

以瑞典奥勒（Are）为例，它位于瑞士中部的耶姆特兰省，是北欧最大且设备最完善的冬季滑雪胜地，已有超过100年的发展历史。早期，由于地形和气候条件的影响，该地区的交通条件异常恶劣。随着政府对铁路、高速公路和机场等大型交通基础设施的投资修建，该区域的滑雪旅游产业得到了极大发展。2007年、2009年世界高山滑雪锦标赛的成功举办，更使之成为世界最著名的滑雪旅游产业集群之一。这里拥有极具挑战性的越野滑雪坡，也有适宜初学者和儿童的平缓滑雪场地，同时提供惊险的直升机高空滑雪。目前，该集群每年吸引约150万过夜游客和35万冬季游客。

1. 产业发展

优质的滑雪资源是奥勒滑雪旅游产业集群发展的基础，而其运营则依赖集群的核心企业——奥勒度假公司。该公司旗下包括雪道公司、滑雪区运营公司、滑雪学校、滑雪租赁商店、市场开拓公司和中心预订处等部门。以此为基础，户外设施运营商，滑雪衣、滑雪鞋和雪橇制造公司，旅游信息中心，出版商，网络运营商，以及设计、研发、时尚、广告、户外设备等大量相关配套产业不断进入，随之，居住、餐饮、住宿和娱乐等配套城市功能也不断完善。

2. 空间布局

奥勒滑雪产业集群主要有4个滑雪场，分别满足不同年龄段和滑雪水平的人群需求。4个滑雪场入口处依托相对平坦的地形和便利的交通条件布局相关的配套设施。

本文选取规模最大的克尔卡滑雪场，分析其产业空间布局特征。在紧邻克尔卡滑雪场的地势相对平坦和开阔的地区，分布着游客管理中心、旅游信息中心、市场开拓公司、体育中介和滑雪学校等部门，周边聚集了大量的酒店、餐饮、购物及休闲娱乐等配套功能设施（图13-2，彩图见文后彩页）。奥勒滑雪旅游产业集群围绕四大滑雪场，形成4个既相对独立又分工合作的滑雪产业集聚区，其各类产业和设施均与滑雪运动有着高度的关联性，体现出滑雪旅游"专业镇"的布局模式。

图13-2 "克尔卡"滑雪场相关体育产业分布示意图

图片来源：作者参考文献：韩文超，贺松，李亚洲.国内外体育产业集群空间发展模式及启示.规划师.2015（7）：30-35绘制

3. 总结

以奥勒为例可以看出，国外滑雪旅游区在产业集群与多元发展方面，已经形成了"核心资源＋相关产业＋城市功能配套"的完整产业链。而核心资源是带动滑雪产业集群发展的根本动力。滑雪产业集群往往围绕滑雪场/滑雪旅游区聚集相关配套产业和城市功能。因此空间上，不同的企业之间不强求地理空间的绝对集中，也不一定形成绝对的核心企业，而是分散布局在一定的地域范围内，通过产业链间的联系形成合作和竞争并存的有机整体，体现出"专业镇"式的布局模式。

13.3.3 产业发展引导

1. 以滑雪场/滑雪旅游区为空间触媒，布局相关产业集群

从国内外若干成熟的滑雪旅游目的地产业集群发展的规律看，相关产业和城市配套功能围绕核心资源就近选址的特征明显，无论是从产业发展还是空间布局看，核心资源都是滑雪产业集群发展的触媒。因此，做好滑雪场/滑雪旅游区核心资源培育是健全和发展相关产业配套的前提。

2. 围绕核心产业，采用"专业镇"的规划布局模式

滑雪旅游区中以滑雪场为核心，围绕滑雪场的经营管理，还包括有上下游相关产业链和配套城市服务功能。相关产业围绕滑雪场进行布局，采用"专业镇"的规划布局模式，既满足了相关产业链条的互相促进与发展，同时也具有空间上的弹性。

3. 提前规划预留相关配套产业用地

城市配套功能是滑雪产业集群的有机组成部分，产业的发展、人才的吸引都依赖完善的城市服务功能。因此，滑雪产业集群的发展不能就滑雪谈滑雪，还应注重滑雪产业与城市发展的互动，两者的有机结合才是滑雪产业集群发展的重要路径。在滑雪产业集群的规划建设过程中，应提前预留相关配套产业用地，完善配套服务功能。

4. 市场力量推动与政府规划引导相结合

对比国内外典型滑雪产业集群的发展，不难看出，国外滑雪产业集群既有市场主导形成的，也有政府推动形成的。国内的滑雪产业集群发展，地方政府往往希望通过自上而下的规划引导，快速聚集体育资源和城市配套功能，实现跨越式发展。近年来，一些西方国家也着手培育各类体育产业集群，如俄罗斯提出借助2014年索契冬奥会，打造世界级体育旅游业集群。因此，市场主导和政府主导两种模式并不一定存在优劣之分，两者的有机结合更为重要。

第 14 章　滑雪旅游区开发与管理

14.1　资源特点

旅游资源是自然界和人类社会能对旅游者产生吸引力，可以为旅游业开发利用，并可产生经济效益和社会效益的各种事物和因素。

滑雪旅游资源是滑雪旅游目的地赖以生存和发展的首要条件，是旅游业发展的本源和依托。滑雪旅游资源具有以下特征：

1. 季节性

地球上大部分中高纬度地区气候的时间性、周期性变化都较明显，呈明显的季节规律变化。由于雪资源主要分布在中高纬度地区严寒的冬季，具有明显的季节性，因而导致了滑雪旅游存在明显的淡旺季。

2. 地域性

由于雪资源的形成和存在受到地理环境的制约和影响，因此，雪资源主要分布在地球两极及中高纬度地区，具有明显的地域性。在我国，雪资源主要分布在东北、华北和西北地区，特别是在东北地区分布较广泛，为开发冰雪旅游创造了有利的资源条件。

3. 资源规模的限定性

在目前的科学技术水平下，人类还不能够影响地球大气运行规律，因此，也就不能够影响地球上冰雪资源的总体状况，包括地域分布、时间变化、规模总量等。所以，无论从总体上还是从地域上讲，冰雪资源都是有限的。

4. 有限的可再生性

由于雪资源是在特定的温度、湿度条件下才能形成，在现有的科学技术水平上，人类可以通过模拟环境条件，小规模、有限地再生一部分雪资源，但同大自然形成的资源规模相比微乎其微。因此，从总体上讲，雪资源总体规模是有限的，虽可再生，也只是有条件、有限的再生。这几大特点使得滑雪旅游目的地自身的旅游资源在其竞争力构成要素中占有更为突出、重要的地位。

14.2　开发特点

研究滑雪旅游区与其他各类旅游区之间的差别，总结其自身的特点，更能有效地指导后续的开发。与一般旅游区相比，滑雪旅游区有其自身的特点：

14.2.1 以运动为主体旅游产品的旅游区

从前文第 3 章中关于滑雪旅游区的产品设计来看，滑雪旅游区的产品体系包括核心产品和辅助产品两大体系。其中，核心产品主要围绕冬季滑雪运动而展开，辅助产品则主要包括非雪季的会议、观光和度假等内容。目前国际成熟的滑雪旅游区大多是综合自然景观、人文景观以及游乐活动的综合型旅游区，雪季期间所有的旅游产品均是围绕着滑雪运动而全面展开的，非雪季期间，山地自行车、徒步、越野等各类户外运动也占据很大比例。从而形成重点突出、配套完善的产品体系。

如全球十佳滑雪胜地之一——惠斯勒的旅游产品体系非常完善。长达 5～6 个月的滑雪季，设计布局合理的雪道，每年都吸引大量的滑雪者光顾。同时，徒步是北美地区最受欢迎的山地运动，惠斯勒建立了完善的徒步和山地自行车游径系统。目前夏季游客规模平均达到全年总规模的 52% 左右，形成冬夏两季平衡发展，以中产阶级家庭为主的稳定客源结构。

14.2.2 以冬季运营为主的四季型旅游区

依据国外多年的发展经验，成功的滑雪旅游区除了冬季发展滑雪旅游外，在非雪季时间，旅游产品也必须具有一定的吸引力。因此滑雪旅游区要实现可持续发展，开发理念应侧重四季旅游。

比如法国的霞慕尼、拉克吕萨、瑞士的策马特、圣莫里茨和加拿大的惠斯勒（图 14-1、图 14-2）等。这些知名滑雪胜地的成功经验中，很重要的一点就是实现四季可游，不但是冬季滑雪胜地，也是春、夏、秋的户外运动天堂。

以加拿大惠斯勒为例，通过各类交通设施将惠斯勒山、黑梳山及小镇有机衔接，提高游客的可达性及交通体验。惠斯勒通过全年不间断的赛事与节庆活动，丰富四

图 14-1　加拿大惠斯勒黑梳山（冬季）
图片来源：www.whistlerblackcomb.com

图 14-2　加拿大惠斯勒黑梳山（夏季）
图片来源：www.whistlerblackcomb.com

季活动内容，营造舒适、便捷的度假氛围，各类商业服务设施齐全，鼓励家庭游客前来度假，从而实现一年四季度假、观光旅游长久不衰。

14.2.3　兼顾赛时设计与赛后利用

根据国际滑雪协会统计分析，很多国家的冰雪旅游都是在举办冬奥会前后进入高速发展期，如美国（1960年美国斯阔谷冬奥会）、法国（1968年法国格勒诺布尔冬奥会）和日本（1972年日本札幌冬奥会）。同时也需要注意到，奥运遗产并非总是积极的，需要提前规划好遗产利用。通常来说，冬奥过后5～10年为地方发展利好时期，10～20年后则快速下滑。对于举办奥运的城市来说，为奥运建设的各类城市基础设施、服务设施和志愿服务体系是非常有价值的，且在奥运后仍然能为当地城市持续使用。但奥运期间为建设场馆而付出的财力，则需要在赛后通过永续利用实现资金平衡与回笼。

因此，在规划设计之初就考虑兼顾赛时设计与赛后利用是非常必要的。通常，奥运遗产按物质形态分为有形遗产与无形遗产。有形遗产通常包括各类比赛场馆、基础设施与服务设施等；无形遗产则包括为奥运设立的各类政策、机制与奖励计划。

对于比赛场馆等有形遗产，其规划设计既要体现奥运精神与地方文化，展现时代建筑特色与技术要点，同时又要考虑比赛项目和场地要求，场馆的尺寸、规模要符合奥组委的相关规定。还要考虑观众的座席布置与视线分析，动态、静态交通流线分析、新闻媒体报道要求、安保与消防要求等。而赛后则要结合大众日常需求，开展多功能、多元化利用，以避免对场馆资源的闲置浪费。一般奥运场馆的赛后利用除了开展大众休闲运动和其他国内外赛事活动外，还可以转为旅游利用、商业利用、展览利用、休闲娱乐与餐饮利用等方式。如北京鸟巢，在北京2008奥运结束后，积极拓展转型,通过市场化方式开展大量运营探索和模式创新,积极举办国际体育赛事,开展各类文化演出活动,支持青少年赛事和公益活动,构建全新商业产业链,形成了以大型活动、旅游服务、商业开发为主体的产业构架,实现了鸟巢多元化经营和可持续性发展。

冬奥场地可以结合市场需求,考虑将部分场地设施转化为旅游性质的各类"冒险乐园",如室外的雪道、跳台等设施,结合当地的市场情况,开展各类大众滑雪、健身、戏雪活动;各类交通设施也可以转化为旅游、休闲运动类设施,如索道、有轨电车、山地自行车等;室内部分则借鉴奥运场馆的赛后利用,转型开展商业、餐饮、休闲娱乐与展览、宣传以及各类运动培训课程,实现多元化经营。奥运村等接待设施也可转化为公寓、酒店等城市商业服务设施。

对于各类政策、机制等无形遗产,可以考虑通过各类激励计划促进大众运动的开展,同时通过各类节庆和赛事活动激发公众的奥运记忆,通过宣传与培训提高当地社区居民的自豪感与凝聚力。

14.3 开发建设模式

研究发现国外滑雪场的建设模式大体包括三种:超级滑雪度假区模式、竞技滑雪场模式和家庭滑雪场模式。

14.3.1 超级滑雪度假区模式

这种模式的滑雪场主要为旅游产业服务,在初期选址方面,多利用自然环境本身条件,选取山峦较多,海拔较高的山峰,借助山和山之间的连接,延长滑雪场的跨度。同时这种模式的滑雪场对于软、硬件设施都有较高的要求,通常雪道数量庞大,索道运载能力强,住宿设施较集中,同时建有乡村式或别墅式居住区,并配套有酒吧、健身房等其他服务设施。

1. 特点

(1)滑雪场规模大,雪道数量多

采用这种开发模式的滑雪场,通常占地规模大,拥有至少两处以上的主要山峰,可以利用自然环境的山峦起伏建设雪道,山峰之间以高速索道相连。造雪设施完善,以弥补降雪不足时所需的用雪量。雪道等级分布合理,数量较多,长度、坡度理想,满足不同滑雪者的滑雪需求,甚至还有为滑雪发烧友提供未经人工修整过的天然雪铺成的野雪道。同时滑雪场设有滑雪学校,可以为初学者及各滑雪级别的游客提供服务。

（2）索道种类多，运载能力强

大规模、多类型的雪道，意味着需要配备足够的索道设施，以便快速将滑雪者安全、有效地输送到所需地点。通常这类滑雪场索道数量庞大，种类繁多，运载能力强，有些甚至达到一条雪道配备一条索道，大大提高了滑雪场的运载能力与速度，为滑雪者节省了大量的运载时间。

（3）配套设施完善

为了满足雪季期间大规模滑雪者的餐饮、休闲需求，这类滑雪场通常配套设施完善，为滑雪者提供充足的餐饮、住宿、交通等各项服务，有些还配套提供各类休闲、娱乐等服务项目，让游客在体验滑雪乐趣的同时，可以全方位享受休闲度假的惬意。这种模式的高山滑雪场在软、硬件设施上均有较强的接待能力，可极大地带动周边地区的经济发展。

（4）分包经营，统一管理

由于滑雪场规模庞大，为了减少庞大管理系统造成的沟通阻滞、效率低下。国外高山滑雪场在建设规模及后期运营管理等方面也已形成一套行之有效的理论。将滑雪场按分区分包给不同的公司经营，这些公司负责自己管辖区域内的设施维护和改善，但同时又都归属于滑雪度假区统一管理。这样不仅可以形成公司间的良性竞争，同时又在经营和管理上形成紧密联系。滑雪者仅购买一张索道票从一个峡谷滑到另一个峡谷，真正享受大规模滑雪场完善的配套设施所带来的快感。

1. 案例

（1）日本纳一巴高山滑雪度假区

日本是亚洲滑雪运动发展较早的国家，纳一巴高山滑雪度假区是汤泽最受欢迎的滑雪场，2001年滑雪期内游客数量为248万。纳一巴高山滑雪度假区雪期较长，能持续半年，而且晴朗天气居多，各类硬件设施建设完备，造雪设施多，雪道等级分布合理，索道数量庞大，种类繁多，运载能力强。同时配建停车场、居住区及娱乐配套设施，使游客在享受滑雪之余可以真正体会度假的乐趣。因为滑雪消费水平并不高，使它拥有庞大的滑雪市场规模（表14-1）。

（2）日本苗场超级滑雪度假区

日本苗场超级滑雪度假区占地面积较大，利用自然环境的山峦起伏建设雪道，两座主要山峰高度分别为2029m和1789m，为了使两座山峰能够相连，便于滑雪者更换雪道，两座山顶间以一条高速索道进行连接，索道全长达到5481m，大约需要15分钟。滑雪场整体跨度大，横向跨度达到25km。雪道建设多依靠自然山峰坡度，数量达到63条，其中包括初级雪道39条，中级雪道14条，高级雪道10条，此外还提供未经人工修整过的天然雪铺成的野雪道。滑雪者可以通过雪场发放的宣传册明确各条雪道的级别，任何技术级别的滑雪爱好者都可以在这里体验到滑雪的乐趣。

日本纳—巴高山滑雪度假区设施及条件一览表　　　　表14-1

海拔		季节和气候情况		雪道和滑雪学校		索道		价格（日元）	
最高海拔/最低海拔	1789m/900m	雪期	11月～翌年5月	雪道总数	28条	吊箱	2个	单日价格	5000
顶部到底部	889m	晴朗天气占比	11月 67%	初级雪道占比	30%	多人	9个	半日价格	2500
			12月 39%	中级雪道占比	40%	双人吊椅	19个	夜间价格	2200
			1月 23%	高级雪道占比	30%	单人拖牵	2个		
			2月 18%	最大坡度	30°				
			3月 48%	最长雪道	4000m				
			4月 47%	人工造雪机	162台				
			5月 71%	滑雪学校	有				

资料来源：黑龙江省滑雪产业发展规划。

另外，滑雪场的索道设施配备完善，基本达到一条雪道配备一条索道，并且索道以运载能力较强的吊椅和吊厢为主，没有拖牵式索道，这大大节省了滑雪者上山的时间。同时苗场高山滑雪度假区重视配套服务设施的建设，在山脚设有多处休闲广场，为游客提供喝咖啡、啤酒等的休闲和用餐场所，方便省时，而且缓解了用餐高峰期宾馆和餐厅的用餐压力。滑雪场共有8个停车场、6家星级宾馆以及为个人提供的家庭旅店，并且还为游客提供温泉等服务设施。

（3）多罗米堤超级滑雪度假区

意大利的多罗米堤超级滑雪度假区建于20世纪30年代，但真正转变经营理念始于20世纪70年代。当时由于度假区正从农村经济转向旅游经济，冬季旅游业的需求发生变化，因此滑雪场的建设多选在山区村庄附近。多罗米堤超级滑雪场的经营理念是将460条索道和1200km长的雪道分包给150家公司负责，这些公司负责自己管辖区域内的维护和改善，但同时又都归属于多罗米堤超级滑雪度假区，提高管理效率的同时，促进内部形成良性竞争。

14.3.2　竞技滑雪场模式

随着竞技体育影响力的逐步提高，承办国内外赛事尤其是国际赛事对于承办国家和城市的政治、经济、文化发展都将产生不可估量的影响。2022年北京—张家口冬奥会申办成功，竞技模式的滑雪场开发建设研究对我国成功承办冬奥会及赛后利用具有借鉴意义。

竞技模式的滑雪场在建设和经营上可以参考超级滑雪度假区模式，不同之处在于它还需要为国内外赛事提供服务，服务人群更加专业化，因此相对来说在软、硬件设施配套上要求更高。赛事级别可从冬奥会、世界杯到国内赛事，因此要求滑雪场在建设初期的规划方面就要有合理的定位，不仅要在硬件设施上达标，同时要有完善的接待能力，能够容纳大量运动员、教练员、观众以及新闻媒体工作者。竞技模式滑雪场在无赛事期间也可以为旅游服务，这将避免大量的资源浪费，创造更多的经济价值。

1. 特点

（1）选址

通过分析历届冬季奥运会举办地可以得出，承办大型国际赛事的地区正发生着转变，主要城镇占到50%，冬季运动胜地占40%（图14-3）。可以看出竞技模式的滑雪场一般都选在距离城市较近的城镇，交通便利，又可以建设能容纳大量运动员的运动员村，同时周边配套设施较完备。

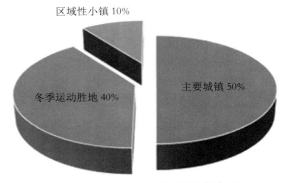

图14-3 历届冬奥会举办城市分布情况图

（2）雪道建设

国际高山滑雪赛事包括多个小项，其中又分男、女比赛项目，因此对雪道的坡度和长度要求不尽相同。根据国际雪联高山滑雪实施规则和指南（表14-2）可以看出，不同级别的赛事对雪道的垂直高差要求是不同的。因此，竞技模式的滑雪场在建设之初，就应结合国际、国内比赛标准进行选址和规划设计。

另外，滑雪比赛有可能在夜间举行，故竞技模式的滑雪场雪道建设除了要考虑坡度、落差等因素外，还需要夜间照明设施。根据国际雪联对国际高山滑雪竞赛规则的灯光设计要求，在灯光设计上要做到：①线路上的任何灯光在地面测量应不低于80lx，灯光应尽可能一致；②要求泛光灯的安装不得使灯光改变雪道的表面形态，灯光应给运动员表现确切的地形，而不应改变深度感和精度；③灯光不应将运动员的身影投射在比赛线路上，也不应使运动员感到炫目。

高山滑雪项目雪道垂直落差一览表（单位：m） 表14-2

项目	竞赛	冬奥会/世界滑雪锦标赛	世界杯	洲际杯	国际雪联比赛
高山滑降	女子	500-800			
	男子	800～1100		550～1100	500～1100
回转	女子	140～220		120～200	
	男子	180～220		140～220	
大回转	女子	300～400		250～400	
	男子	300～450		250～450	
超级大回转	女子	400～600		350～600	
	男子	400～650			
平行大回转	女子、男子	80～100			

资料来源：国际滑雪联合会（FIS）。

（3）服务设施

通常在承办国际级赛事时，滑雪场内包括运动员、教练员、随队医生、新闻媒体等工作人员，可能同一时间要聚集上千至上万人。因此，对滑雪场的餐饮、住宿、医疗、保健、对外信息联络、交通等配套服务都是一个挑战，同时还要设有新闻中心方便媒体工作。因此该模式的滑雪场对各类服务设施均有较高的要求。

（4）医疗、安保设施

大型运动会的安全保障、医疗救助工作是不可缺少的重要环节之一。这种模式的滑雪场相较于其他模式在安全保障、医疗保障等方面要更为复杂。影响体育赛事成功举办的潜在危险可分为自然灾害和人为灾害两大类。自然灾害包括：冰雹、雷电、地震、雪崩、飓风等，而人为灾害包括：恐怖袭击、赛会期间的社会治安、疾病、火灾、交通事故、交通拥堵、城市工业污染、运动场馆的设计及建筑安全问题、供电问题、网络信息系统问题、体育事故等。

2. 案例

以2006意大利都灵冬奥会为例，该届冬奥会共接待了来自80个国家和地区的2508名参赛运动员。为了更好地做好各项接待服务工作，都灵冬奥会共设有3个奥运村。其中有2个奥运村是为雪上运动项目教练员以及运动员提供休息的场所。奥运村分为国际服务区和居住区两部分。国际服务区为世界上来自80个国家和地区的代表团成员提供生活服务，运动员可以在此区域享受免费的就餐、医疗、保健等休闲娱乐服务，同时还包括网络、医疗、自助洗衣、健身房以及兴奋剂检测中心。餐饮方面还考虑不同国家的饮食习惯，提供亚洲和欧洲两种不同口味的正餐服务，并且24小时运营。

都灵冬奥会在安全保障方面的工作也得到了世界各方的认可。除警察、消防员和特警值守以保障比赛安全外，医疗系统更覆盖了所有的比赛场馆，冬奥会期间共受理了5600起紧急救护电话，其中79%的伤、病人员经过紧急处理以后，当场就可以离去；更为重要的是冬奥会组委会的救护系统专门在赛场配备了6架都灵市政府提供的直升机来应付比赛中出现的意想不到的安全事故问题，还在场地外设有多部救护车及大量专业的医护人员，在圣西卡里奥的高山滑雪赛道还专门配备了雪地摩托车作为紧急救护待命，保证了冬奥会的顺利进行。这些都值得我们借鉴。

14.3.3 家庭滑雪场模式

通过对国外滑雪场的调查研究发现，目前在欧洲、加拿大、美国等地出现了一种家庭模式的滑雪场。这种模式主要针对不便远行又热爱滑雪运动的老人和小孩服务，一般距离市区较近。雪道坡度不大，长度适中，索道运载能力较弱，而且数量有限，造雪设施相较于前两种模式的滑雪场也减少很多，但对夜晚照明设施有较高的要求，可以为下班后以家庭为单位的滑雪爱好者服务，使他们不必驾车到郊区就可以开展滑雪运动，方便省时。这一模式的滑雪场的特点主要包括：

（1）选址

家庭模式的滑雪场服务人群明确，主要为老人、小孩及由于工作原因不能去外地滑雪的人群。因此，这种模式的滑雪场在初期规划的选址方面通常会选在市区周边或离市区较近的地方，规模不大，交通便捷，以便滑雪爱好者在工作之余可以随时开展滑雪运动。

（2）雪道、索道建设

家庭模式的滑雪场由于主要面对家庭市场，考虑到选址主要在市区附近，可利用的自然环境较少，山峰坡度不高。同时由于老人和小孩的运动能力相对较低，因此在雪道建设上应该以初级雪道为主。同时，由于这种模式的滑雪场建设规模不大，接待能力不高，因此在雪道和索道的需求上相对较低，数量和级别也较少，极大地减少了滑雪场的运营成本。但由于国外滑雪水平相对较高，因此对雪道的雪质要求相对较高。

（3）服务设施

家庭模式的滑雪场接待的多是当地居民，以短时滑雪爱好者为主，通常都无须住宿和餐饮服务。但为了方便游客休息及租换雪具，需要建有休息大厅。休息大厅面积无须过大，但要与雪道保持一段距离，防止游客冲撞受伤。

14.4 管理运营模式

通过对全球三大主体滑雪旅游区分析发现，目前主要有三种不同的管理运营模式：以阿尔卑斯山区域为代表的政府引导、产业集群模式；以北美地区为代表的公司管理、四季运营模式和以日本为代表的产品配套、民族风情模式。

14.4.1 政府引导、产业集群模式

该模式的代表地区为阿尔卑斯山区域。该区域是现代滑雪旅游度假区的发源地，瑞士、奥地利、法国、德国、意大利等国在阿尔卑斯山建立的滑雪旅游度假区成为享誉世界的知名滑雪度假胜地。该模式的主要特征是地处阿尔卑斯山的各国针对日益增长的滑雪市场需求，国内市场与国际市场并重，依托当地的滑雪资源优势，重视滑雪对社会经济发展的积极作用，将滑雪产业确定为国家战略产业来重点发展，建立组织架构和政策法规体系，规划、管理并监督滑雪产业的发展，通过提供公共服务、强化基础建设、进行有限干预，实施全面引导。同时在各国政府的引导下，许多经营性组织进入滑雪的供给领域，依靠市场机制，运用市场化的手段以产业集群的方式来发展滑雪产业。

以法国为例，在政府层面上，法国通过制定"冰雪规划"，充分利用和开发山区资源，帮助山区人民脱贫致富。具体措施包括开展山区冰雪资源普查，并在普查基础上进行规划；采取国家、地方政府、银行联合扶持的办法，解决滑雪基地建设的投资问题；鼓励企业和个人进行投资；鼓励科研单位和工业企业进军滑雪旅游市场等。在企业层面上，通过成立专门的机构来处理和协调各大滑雪场的关系，并由政府出面进行招商，促使一家公司出面收购其他滑雪场，统一开发、运营。在营销层面上，法国滑雪度假区70%的营销费用是由国家拨付，仅30%的费用是由公司承担。法国滑雪旅游业发展模式以政府推动为主导，有力地调动了地方、企业和个人的积极性，使法国冰雪资源的开发和滑雪旅游得到了快速发展，山区的社会经济水平取得了长足发展。

瑞士通过成立瑞士滑雪协会，与旅游局一起规范滑雪度假区，加强对滑雪场的总体规划与管理，进行合理的规划开发，并推出多项管理认证，形成一套完善的体系，最终各司其职、共同盈利。

意大利则通过组建超级滑雪集团，吸引当地社区和股东的参与，以索道和雪道系统将区域内各村庄与滑雪度假区连接起来，对内鼓励每一个独立的公司之间进行良性的服务竞争，对外以集团优势与法国、瑞士、奥地利等国进行滑雪旅游国际竞争，实现区域内滑雪旅游产业的良性发展和旅游企业间的共同进步。同时通过构建集滑雪科研、生产、咨询、策划为一体的滑雪旅游产业集聚区，促进产业链的全面发展，从而起到了很好的经济带动作用，推动了整个地区滑雪旅游产业的整体发展。

14.4.2 公司管理、四季运营模式

该模式的代表国家是美国和加拿大。美国和加拿大地区的滑雪场一般是由一家商业公司来管理或代理，公司的主要工作就是经营滑雪旅游区的"体育或滑雪产品"，包括索道经营、滑雪学校、雪具出租、食品饮料和零售业务经营权等。在北美，滑雪旅游区常常以明星滑雪场为主导，整合并购周围其他滑雪场，重组打包上市，并对滑雪旅游区投资结构进行社会分工，对投资项目进行市场分解。

同时，北美地区的滑雪旅游区非常注重夏季旅游开发与运营，因此在规划设计初期就更多考虑非雪季的运营管理，开展何种类型的活动，如何创造更多的经济效益等。通常滑雪场在项目初期就选址在自然风光秀丽的地方，以便于将其建成为休闲度假胜地。利用迷人的自然风光，在尽量维护自然环境的前提下，将其建成为冬季滑雪、夏季观光的好地方。利用现有林地提供野外生存训练、山地自行车、徒步等活动，若有水面，还可以考虑开展一些水上活动，这些项目都会吸引大量的夏季游客。目前北美地区该模式运用较为广泛，因为它解决了滑雪场"夏闲"的问题，有助于提高滑雪场的经济效益。

14.4.3 产品配套、民族风情模式

该模式的代表国家是日本。日本的滑雪场素来以设施优良、降雪量大、雪道种类丰富著称。滑雪者可以在不同的海拔地区尝试单板、双板、雪橇及雪上摩托等多种滑雪运动。滑雪场内索道的起点、换乘和终点处均设有餐饮、休息和购物区，便于滑雪者中途休息及用餐。住宿方面也有极丰富的选择余地，部分酒店坐落于滑雪场内的雪道边，酒店大门与索道站只有百米之隔，非常便捷。此外，还有众多的民营旅店遍布滑雪场周围，旅店内一般都有天然温泉、丰盛的乡土料理。泡温泉在日本是一项传统休闲方式，历史悠久。许多日本滑雪场同时也作为温泉胜地，滑雪场内一般都有较好的温泉设施，滑雪结束后，晚上泡进温暖的温泉中缓解一天的寒冷和疲劳。这样也就形成了日本式冬季旅游的特有方式：滑雪与温泉结合在一起。

同时，日本的滑雪产业非常注重多重产品配套组合。以北海道为例，北海道地区的滑雪旅游发展特色主要是"航空＋市内观光＋套餐式"的滑雪旅游产品。由于北海道地区与主要的滑雪客源地在空间距离上的原因，滑雪时间一般在3日以上，因此交通方式以航空为主。在滑雪旅游发展方面主要是将滑雪与市内观光相结合的模式。北海道的滑雪旅游目的地主要分为两大区域，为网络式格局。以两大机场为中心，将机场周边的滑雪场、温泉等衔接起来，形成滑雪—温泉旅游区。旅游区内以及市内观光则由休闲观光列车相连接，形成网络化的滑雪旅游发展格局。

参考文献

[1] 中国产业调研网.2016年版中国室内滑雪场市场现状调研与发展趋势分析报告,2016(8).

[2] 杨晶晶.滑雪旅游促进县域经济发展的实证研究——以崇礼县为例.西安:西安体育学院硕士学位论文,2010.

[3] 石玲,李淑艳,程兆豪.国际滑雪旅游业发展模式研究.北京林业大学学报(社会科学版),2013(9):75-80.

[4] 李松梅.论黑龙江省滑雪体育旅游的营销策略.冰雪运动,2005(3):63-66.

[5] Laurent Vanat. 2014 International Report on Snow & Mountain Tourism. 2014(4).

[6] Francis E. Amuquandoh, Laud A. Dei. Tourism development preferences among the residents of Lake Bosomtwe Basin, Ghana.Geo Journal, 2007, 70:173-183.

[7] Marc Pons, Juan Ignacio López-Moreno, Martí Rosas-Casals, Èric Jover. The vulnerability of Pyrenean ski resorts to climate-induced changes in the snowpack. Climatic Change, 2015, 131:591-605.

[8] 任桐.冰雪旅游目的地引力模式的理论与实证研究——以吉林市为例.长春:东北师范大学博士论文,2012.

[9] 保继刚,楚义芳.旅游地理学.北京:高等教育出版社,1999:95-96.

[10] 张凌云,杨晶晶.滑雪旅游开发与经营.天津:南开大学出版社,2007.

[11] http://sports.sohu.com/20170207/n480127066.shtml.

[12] 李润华.黑龙江省冰雪旅游竞争力及提升对策研究.长春:东北师范大学硕士学位论文,2008.

[13] 李卫星,孙威.欧洲滑雪体育旅游的起源、现状和发展趋势研究.北京体育大学学报,2013(1):30-35;45.

[14] Hudson,She Phard,GW. Measuring Service Quality at Tourist Destinations: An Application of Importance-Performance Analysis to An Alpine Ski Resort, Journal of Travel and Tourism Marketing, 1998, 7(3).

[15] 伍斌,魏庆华.中国滑雪产业白皮书(2015年度报告).2016,2.

[16] 周淑贞.气象学与气候学.北京:高等教育出版社.2001.

[17] 刘昕昱,隗广清.越野滑雪运动员高原训练模式[J].冰雪运动,2007,29(5):26-28.

[18] 杜杰.我国高山滑雪场选址方法研究.哈尔滨:哈尔滨体育学院硕士学位论文,2012.

[19] 赵兴.北京南山滑雪场营销策略的研究.北京:北京体育大学硕士学位论文,2013.

[20] 柴寿升，付艳慧，郭晶.旅游目的地竞争力构成要素分析——以滑雪旅游为例.中国海洋大学学报（社会科学版）.2009,3：61-64.

[21] 李菲.太原市滑雪体育旅游环境质量评价的研究.山西：山西大学，2010.

[22] 阎婧.北京市南山滑雪场发展现状研究.北京：首都体育学院硕士论文，2013.

[23] 田有年.我国滑雪产业的现状和发展趋势.沈阳体育学院学报，2006（4）.

[24] 明君.影响中国滑雪旅游场地分布的因素初探.哈尔滨职业技术学院学报，2011（5）.

[25] 伍斌，魏庆华.2016年中国滑雪产业白皮书.2017,2.

[26] 刘家明，刘爱利，陈田.滑雪旅游开发布局影响因素与对策研究——以内蒙古自治区滑雪旅游开发为例.地理科学进展，2005，24（5）：105-112.

[27] 韩杰，韩丁.中外滑雪旅游的比较研究.人文地理，2001,16（3）：26-30.

[28] 2015年黑龙江省旅游市场报告.百度文库.

[29] 白梅瑛.系统论视角下崇礼滑雪旅游项目的发展现状及对策研究.石家庄：河北师范大学硕士学位论文.2015.

[30] 杨诺.乌鲁木齐冰雪旅游开发研究.乌鲁木齐.新疆大学硕士学位论文.2010.5.

[31] 陈文婷，韩春鲜，董琳.新疆滑雪旅游资源评价及市场分析.呼和浩特.干旱区资源与环境，2009（6）：192-195.

[32] 张毅超.新疆滑雪旅游的现状分析.运动，2010 (11)：148-149.

[33] http://www.xiling.cn/.

[34] 朱建伟，李朝晖.四川省体育产业发展战略研究.成都体育学院学报，2004（5）：14-17.

[35] 国家体育总局.冰雪运动发展规划（2016～2025年）.北京，2016（11）.

[36] 国家体育总局.全国冰雪场地设施建设规划（2016～2022年）.北京，2016（11）.

[37] Glacier Resorts Ltd. and Pheidias Project Management Corporation. JUMBO GLACIER RESORT MASTER PLAN. Canada, 2010.

[38] James H. Gilmore, B. Joseph Pine. The Four Faces of Mass Customization. Harvard Business Review, 1997.

[39] Natali Dologlou, Vaios Kotsios. The Views of Greek Mountain Travelers on Mountain Tourism During Summertime: A Questionnaire Web-Based Analysis. Business and Economics, DOI 10.1007/978-3-319-15859-4_1.

[40] 陈娟.体验型旅游产品的开发设计研究.大连：大连海事大学硕士论文，2006（3）.

[41] 北京统计信息网 http://www.bjstats.gov.cn/.

[42] 杨强.我国滑雪旅游区非雪季发展对策.上海.体育科研.2011（6）：31-33.

[43] 世界滑雪旅游研究报告.豆丁文库.

[44] http://mini.eastday.com/mobile/160617172023179.html.

[45] http://www.yabulichina.com/index.shtml.

[46] 董建明.张家口市滑雪旅游市场的运营现状分析.石家庄：河北师范大学硕士学位论文，2009.

[47] 北京清华同衡规划设计研究院. 崇礼四季文化旅游度假区总体规划（2012～2025年）. 北京，2012.

[48] 北京清华城市规划设计研究院. 崇礼密苑生态旅游度假产业示范区总体规划（2009～2025年）. 北京，2009.

[49] 太舞滑雪小镇微信公众号.

[50] 中国城市规划设计研究院. 乌鲁木齐县丝绸之路雪上运动基地及配套服务区概念性规划（2014～2025年）. 北京，2014（5）.

[51] 赵欣. 乌鲁木齐冰雪旅游发展现状和对策分析. 乌鲁木齐：新疆师范大学硕士论文. 2008：4-5.

[52] 阚军常，李克良，王紫娟. 黑龙江省与北京市及周边地区滑雪场经营现状的对比研究. 哈尔滨体育学院学报，2008（12）：96-98.

[53] 吴必虎，党宁. 中国滑雪旅游市场需求研究. 地域研究与开发，2004，23（6）：78-82.

[54] 国家体育总局冬季运动管理中心，中国滑雪协会. 中国滑雪场所管理规范，2005.

[55] 明君，蒙猛，陈秀兰，徐金庆. 对我国滑雪场合理布局的研究. 冰雪运动，2009年第4期.

[56] 谢燕娜，朱连奇，王少华，朱纪广. 国外山地旅游区土地利用变化的研究进展. 中国人口·资源与环境，Vol. 25, No. 5, 2015.

[57] Chin-Tsai Lin, Pin-Ju Juan. Measuring location selection factors for international resort parks. Qual Quant, 2010, 44: 1257-1270.

[58] Jeffrey Englin, Klaus Moeltner. The Value of Snowfall to Skiers and Boarders. Environmental & Resource Economics, 2004, 29: 123-136.

[59] PAUL JOE, BILL SCOTT, CHRIS DOYLE, etc. The Monitoring Network of the Vancouver 2010 Olympics. Pure Appl. Geophysics, 2014, 171: 25-58.

[60] M. Breiling, P. Charamza. The impact of global warming on winter tourism and skiing: a regionalised model for Austrian snow conditions. Regional Environmental Change 1 (1) November 1999.

[61] Matteo Negro, Marco Isaia, Claudia Palestrini, Antonio Rolando. The impact of forest ski-pistes on diversity of ground-dwelling arthropods and small mammals in the Alps. Biodivers Conserv, 2009, 18:2799–2821.

[62] Qianhong Wu, Yesim Igci, Yiannis Andreopoulos, Sheldon Weinbaum. Riding on Air: A New Theory for Lift Mechanics of Downhill Skiing and Snowboarding. The Engineering of Sport 6: 281-286.

[63] SE Group. Eldora Mountain Resort 2011 Mater Plan.USA.2011（2）.

[64] Bradley Morris Montana Snowbowl，Beat vonAllmen Alpentech，Robert Brandenberger. Montana Snowbowl Master Development Plan. USA.2004（12）.

[65] FIS. Standards for the Construction of Jumping Hills-2012.2012（6）.

[66] 国际滑雪联合会官方网站 http://www.fis-ski.com/.

[67] 徐颖. 抱索力测试仪数据处理系统及数据分析. 青岛：山东科技大学硕士学位论文，2004（5）.

[68] 徐远龙. 架空索道脱挂抱索器的设计研究. 昆明：昆明理工大学硕士学位论文，2008.

[69] Cox Architecture Master Planners. Mt.buller Alpine Resort Master Plan. Australia. 2010.

[70] 住房和城乡建设部. 城乡用地评定标准 CJJ132—2009. 2009.

[71] May, V. Environmental Implications of the 1992 Winter Olympic Games. Tourism Management, 1995, 16(4).

[72] Mandy Pohl, Frank Graf, Alexandre Buttler, Christian Rixen. The relationship between plant species richness and soil aggregate stability can depend on disturbance. Plant Soil, 2012, 355: 87-102.

[73] J. Kasˇaˊk • M, Mazalovaˊ • J, Sˇiposˇ • T. Kuras. The effect of alpine ski-slopes on epigeic beetles: does even a nature-friendly management make a change? J Insect Conserv, 2013, 17: 975-988.

[74] G.R. Miller, R.P. Cummins. Soil seed banks of woodland, heathland, grassland, mire and montane.

[75] communities, Cairngorm Mountains, Scotland. Plant Ecology, 2003, 168: 255-266.

[76] L.B.W.Nieuwkamp. Zone Medalling in Ecotourism. 生态旅游规划与发展国际研讨会论文集，1996.

[77] Allan M. Strong, Catherine A. Dickert, Ross T. Bell. Ski trail effects on a beetle (Coleoptera: Carabidae, Elateridae) community in Vermont. Journal of Insect Conservation, 2002, 6: 149-159.

[78] 赵方莹，陈芳孝，张晓辉等. 北京市滑雪场水土流失综合防治体系研究. 中国水土保持. 2007（7）：35-37.

[79] 徐新洲. 城市湿地公园植物景观研究. 南京：南京林业大学硕士学位论文，2008.

[80] 田贺. 谈矿区景观生态规划. 煤炭经济研究. 2002,（5）.

[81] 于利. 城市近郊生态旅游区规划研究——以哈尔滨呼兰东区沿江生态旅游区为例. 哈尔滨：东北林业大学硕士论文，2012.

[82] 陈光磊. 论可持续发展生态经济模式的构建. 中国市场，2007,（13）：92.

[83] 汪明林，陈睿智. 基于景观生态学理论下的生态旅游线路规划设计——以峨眉山为例. 北京第二外国语学院学报，2005（3）.

[84] 熊鹰. 生态旅游承载力研究进展及其展望. 经济地理，2013（5）.

[85] 环境保护部. 生态保护红线划定技术指南（环发〔2015〕56号）. 2015（4）.

[86] 环境保护部. 生态环境状况评价技术规范（HJ 192—2015）. 2015（3）.

[87] 国家质量监督检验检疫总局. 旅游规划通则（GB/T18971—2003）. 2003（2）.

[88] 建设部. 风景名胜区规划规范（GB50298—1999）. 1999.

[89] 国家旅游局. 景区最大承载量核定导则（LB/T 034—2014）. 2014（12）.

[90] 中国科学院，环境保护部.中国生物物种名录2016版.2016（5）.

[91] 中国科学院，环境保护部.中国生物多样性红色名录.2015（5）.

[92] 环境保护部.中国生物多样性保护战略与行动计划（2011—2030年）.2010（9）.

[93] 国家林业局.自然保护区生物多样性调查规范（LY/T 1814—2009）.2009（6）.

[94] 环境保护部.区域生物多样性评价标准（HJ 623—2011）.2011（9）.

[95] 国家林业局.森林生态系统生物多样性监测与评估规范（LY/T 2241—2014）.2014（12）.

[96] 国家林业局.自然保护区建设项目生物多样性影响评价技术规范（LY/T 2242—2014）.2014（12）.

[97]《中华人民共和国水土保持法》.2010（12）.

[98] 住房和城乡建设部.水土保持工程设计规范（GB51018—2014）.2014（12）.

[99] 水利部.水土保持规划编制规范（SL335—2014）.2014（5）.

[100]《中华人民共和国环境保护法》.2014（4）.

[101]《中华人民共和国水污染防治法》.2008（2）.

[102]《中华人民共和国大气污染防治法》.1987（9）.

[103] 环境保护部.环境空气质量标准（GB 3095—2012）.2012.

[104] 环境保护部.生活垃圾填埋场污染控制标准（GB16889—2008）.2008（4）.

[105] 国家旅游局.绿色旅游景区管理与服务规范（LB/T 015—2011）.2011.

[106] 杨晶晶.北京市滑雪场经济、社会、环境影响初步研究.北京第二外国语学院，2006：64-65.

[107] 张凌云，杨晶晶.关于北京市滑雪场水资源影响的研究——兼与王富德先生商榷.北京社会科学，2007，（1）：35-39.

[108] 住房和城乡建设部.城市给水工程规划规范（GB 50282—2016）.2016（8）.

[109] 北京市水务局.北京市滑雪场用水管理要求.2005（11）.

[110] 张义斌，董淑秋，毕莹玉.滑雪旅游区给排水工程规划探讨.2012中国城市规划年会论文集.

[111] 住房和城乡建设部.城市污水再生利用 城市杂用水水质（CB/T 18920—2002）.2002（12）.

[112] 环境保护部.地表水环境质量标准（GB3838—2002）.2002（4）.

[113] 住房和城乡建设部.城市污水再生利用 补充水源水质（GB/T 18921—2002）.2002.

[114] Rosalind H. Bark, B. G. Colby, F. Dominguez. Snow days? Snowmaking adaptation and the future of low latitude, high elevation skiing in Arizona, USA. Climatic Change, 2010, 102: 467-491.

[115] 唐云松.冰雪体育旅游产业的本土特色与国际化成长.体育科研.2011（6）.

[116] 唐云松.滑雪旅游风险管理与安全救援研究.2013中国旅游科学年会.2013.

[117] 郭宁.冰雪旅游景区游客安全管理体系构建研究.厦门：华侨大学硕士论文.2013.

[118] 国务院办公厅.国民旅游休闲纲要（2013～2020年）.2013.

[119] 张桂海, 黄清. 滑雪场安全问题探究. 冰雪运动, 2008 (1).

[120] 中国滑雪协会. 中国滑雪运动安全规范. 2005 (12).

[121] 《森林防火条例》. 2008 (11).

[122] 林业部. 森林防火工程技术标准 (LYJ127—91). 1991.

[123] 国土资源部. 泥石流灾害防治工程勘查规范 (DZ/T 0220—2006). 2006 (6).

[124] Oliver Bender, Kim Philip Schumacher, David Stein. Landscape, Seasonality, and Tourism: A Survey with Examples from Central Europe. Palang H, Soovali H, Printsmann A. Seasonal Landscapes. Netherlands:Springer, 2007: 181-213.

[125] Terkenli T. Tourism and Landscape. Lew A A, Hall C M, Williams A M. A Companion to Tourism. Oxford: Blackwell companions, 2004:339-348.

[126] 王楠. 黑龙江省滑雪场景观规划设计研究——以乌吉密滑雪场为例. 哈尔滨：东北农业大学硕士论文, 2007.

[127] 刘石磊. 风景旅游区度假酒店设计的地域性表达. 大连：大连理工大学硕士论文, 2008.

[128] 张衡宇. 城市规划中建筑色彩选择的影响因素分析. 中国建设教育, 2007 (6).

[129] Oberto Oberti Architecture and urban Design Inc. Mountain Resort Design Guidelines for Crystal Mountain Resort.2006,6.

[130] 唐云松, 赵宏宇, 李松梅. 滑雪旅游产业. 哈尔滨：黑龙江教育出版社, 2009.

[131] 王立国. 东北滑雪产业发展问题研究. 长春：东北师范大学, 2010.

[132] 韩文超, 贺松, 李亚洲. 国内外体育产业集群空间发展模式及启示. 规划师, 2015 (7): 30-35.

[133] http://www.he.xinhuanet.com/traval/20160801/3326716_c.html.

[134] http://beijing.qianlong.com/2016/1020/1028196.shtml.

[135] 孙宏亮. 奥运会体育馆的赛时设计与赛后利用. 上海：同济大学硕士论文, 2006.

[136] 王玲. 国内外冰雪旅游开发与研究述评. 生态经济, 2010 (3).

[137] 徐淑梅, 张德成, 李喜娜. 欧洲冰雪旅游产业发展特点对我国的启示. 东北亚论坛, 2011 (6).

[138] 杨明. 我国度假体育发展模式研究. 上海：上海体育学院博士论文, 2010.

[139] 吕婵, 王姝, 姚小林. 国外高山滑雪场建设模式的研究. 哈尔滨体育学院学报, 2013 (6): 34-39.

[140] 郭鑫. 日本滑雪旅游地域特征、发展趋势研究. 上海：上海师范大学硕士论文, 2014.

致　谢

本书在编著、出版过程中，得到了很多师长、朋友的关心和帮助。感谢恩师同济大学建筑与城市规划学院的严国泰教授和北京清华同衡规划设计研究院副院长、总规划师袁牧先生提出的宝贵意见。

感谢北京清华同衡规划设计研究院参与《崇礼密苑生态旅游度假产业示范区总体规划》、《崇礼密苑生态旅游度假产业示范区旅游策划》、《崇礼四季文化旅游度假区总体规划》等相关规划编制人员：江权、王彬汕、杨明、刘岠、王林、孙广懿、岳超、孙艺松、罗丽、王斐等；感谢清华大学郑光中教授在项目进行过程中给予的悉心指导和鼓励。感谢北京清华同衡规划设计研究院市政规划所副所长张义斌在水资源管理方面给予的技术支持。感谢中国城市规划设计研究院《乌鲁木齐县丝绸之路雪上运动基地及配套服务区概念性规划（2014-2025）》项目组人员：王璇、高飞、叶成康为本书提供的案例支持。

感谢原崇礼密苑云顶乐园项目经理滕铁舟先生、北京瑞意投资有限公司董事长齐宏先生、张家口崇礼太舞旅游度假有限公司总经理周文茜女士和总建筑师谭欣荣女士在《崇礼密苑生态旅游度假产业示范区总体规划》、《崇礼密苑生态旅游度假产业示范区旅游策划》、《崇礼四季文化旅游度假区总体规划》项目编制过程中提供的帮助、配合和宝贵意见。

感谢原供职单位北京清华同衡规划设计研究院院长助理潘芳女士、科研与信息中心副主任邢琰女士的关心和鼓励，使我们有良好的工作环境与学术氛围，推进本书的写作。

感谢中规院（北京）规划设计公司规划师叶成康先生为本书提供的部分精美照片。

感谢中国建筑工业出版社的各位领导和责任编辑兰丽婷女士，在他（她）们的大力支持和富有效率、严谨求实的工作配合下，才促使本书能很快与读者见面。

感谢家人在我长达两年的写作过程中给予的关怀、理解和支持。正是因为这些师长、朋友和家人的付出与帮助，才促成此书的出版，在此一并致谢。

图书在版编目(CIP)数据

滑雪旅游区规划方法与实务 / 秦芳，贾培义，李路平著．
北京：中国建筑工业出版社，2016.9
ISBN 978-7-112-19562-6

Ⅰ.①滑⋯ Ⅱ.①秦⋯ ②贾⋯ ③李⋯ Ⅲ.①雪上运动—旅游区—旅游规划—研究 Ⅳ.①F590.1

中国版本图书馆 CIP 数据核字（2016）第 152966 号

责任编辑：杜　洁　兰丽婷
责任校对：李美娜　王　瑞

滑雪旅游区规划方法与实务
秦芳　贾培义　李路平　著
*
中国建筑工业出版社出版、发行（北京海淀三里河路9号）
各地新华书店、建筑书店经销
北京市密东印刷有限公司印刷
*
开本：787×1092毫米　1/16　印张：13½　插页：4　字数：272千字
2018 年 1 月第一版　2018 年 1 月第一次印刷
定价：68.00元
ISBN 978-7-112-19562-6
（29085）

版权所有　翻印必究
如有印装质量问题，可寄本社退换
（邮政编码 100037）

图 3-2　河北崇礼密苑云顶滑雪旅游区

图 3-3　瑞士达沃斯

图 3-17　惠斯勒冬季景观

图 3-18 惠斯勒夏季景观

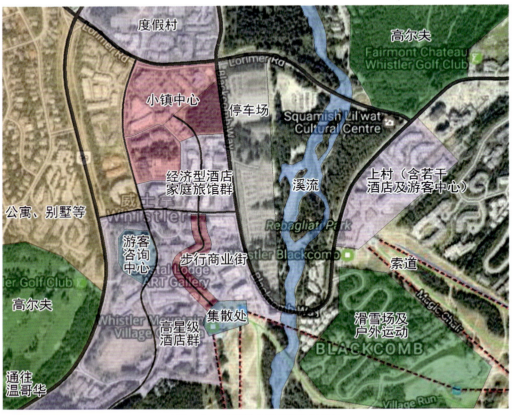

图 3-27 惠斯勒小镇空间布局意向

图 3-28 圣莫里茨冬季滑雪

图 3-29 圣莫里茨冬季夜景

图 3-30 冰川列车

图 3-35 丝绸之路滑雪场鸟瞰图

图 5-2 加拿大惠斯勒的雪道布局

图 5-3　法国蒂涅滑雪区的 U 形场地

图 5-5　雪圈滑雪

图 5-4　越野雪道

图 5-6　半管雪道

图 5-7　地形公园

图 5-9　牵引式拖牵

图 5-10　儿童魔毯

图 8-5　瑞士铁力士雪山脚下服务区入口

入门级　　　中级　　　中高级　　　高级　　　地形公园

图 8-10　区分雪道难度等级的导视标识

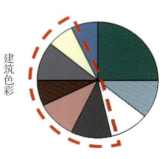

建筑色彩

图 9-1　因特拉肯色彩分析图

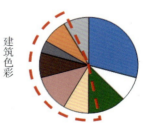

建筑色彩

图 9-2　文根色彩分析图

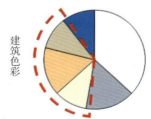

建筑色彩

图 9-3　哈尔施塔特色彩分析图

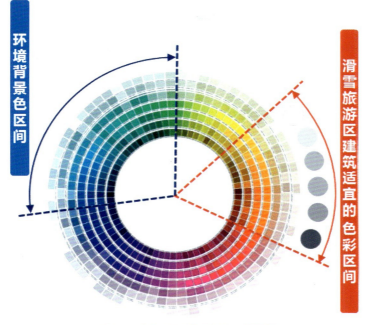

图 9-4　滑雪旅游区建筑色彩推荐范围

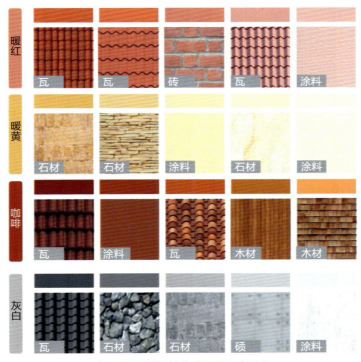

图 9-5　建筑材质与色彩协调表现图

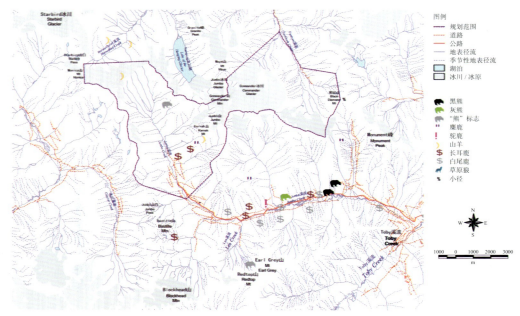

图 10-3 加拿大 Jumbo 谷滑雪旅游度假区动物栖息地调查

图 13-2 "克尔卡"滑雪场相关体育产业分布示意图